백제사 미로찾기

이희진 지음

소나무

백제사 미로찾기

초판발행일 2009년 9월 7일

펴낸이 | 유재현
지은이 | 이희진
기획편집 | 유재현 이혜영 김석기
마케팅 | 장만
인쇄 · 제본 | 영신사
필름출력 | ING
종이 | 한서지업사

펴낸곳 | 소나무
등록 | 1987년 12월 12일 제2-403호
주소 | 121-830 서울시 마포구 상암동 11-9, 201호
전화 | 02-375-5784
팩스 | 02-375-5789
전자우편 | sonamoopub@empal.com
누리집 | www.sonamoobook.co.kr

책값 15,000원
ISBN 978-89-7139-074-0 03910

소나무 머리 맞대어 책을 만들고, 가슴 맞대고 고향을 일굽니다

백제사 미로찾기

이희진 지음

소나무

들어가면서

우리 역사에서 백제라는 나라만큼 익숙하면서도 실체를 알기 어려운 나라도 없다. 익숙하다는 의미는 중요한 역사적 사실과 관련이 많아 교과서나 매체를 통해 많이 접했다는 뜻이 될 터이고, 한국 고대사에 끼친 영향력도 제법 컸다는 얘기가 된다. 그럼에도 불구하고 아직도 백제의 역사에 대해서는 국민들에게 윤곽조차 분명하게 그려주지 못하는 경향이 있다. 이렇게 된 근본 원인은 전문가라는 사람들끼리도 백제 역사의 해석을 놓고 의견이 엇갈리는 데서 찾아야 할 것이다.

똑같이 백제라는 나라의 역사를 다루면서도 이 사람 말 다르고 저 사람 말 다른 형편이니, 일반 사람들이 백제 역사에 대해 명확한 인식을 갖기는 더욱 어렵다. 그 만큼 백제의 역사는 아직도 논란의 와중에 있다고 해도 과언이 아니다.

그렇기 때문에라도 백제 역사의 윤곽과 논란을 정리해 보려는 시도는 꾸준히 이어져 왔다. 최근에는 백제의 역사를 제대로 알고 싶어하는 사람들의 요구에 부응하듯, 한 지방자치 단체의 후원으로 『백제문화사대계 연구총서』가 시리즈로 출간되기도 했다. 이러한 사실들만 놓고 보면 대한민국 사회에서도 이제 백제 역사 복원 같은 사업에 관심을 가지고 투자하게 되었고, 이제 결실을 거두는 단계로 접어드는 것 아니냐고 생각하기 쉽다.

하지만 내막을 자세히 알고 보면 그렇게 되고 있지 않음을 알 수 있다. 많이 정리가 되었다고는 하지만, 막상 내용을 들춰보면 한계가 뚜렷한 경우가 너무나 많기 때문이다.

이즈음에서 어쩔 수 없이 『백제문화사대계』에 대하여 언급하지 않을 수 없다. 내용에 상관없이, 이 책은 지방정부가 설립한 공신력 있는 기관에서 백제 역사를 총정리한 책이라고 편찬했다. 그렇기 때문에 백제 역사는 1차적으로 정리가 되어 버린 셈이다. 따라서 일반 국민들이 보기에 여기에 수록된 내용은 이른바 '정설'로 자리잡을 수밖에 없다.

여기서 의문이 생길 것이다. 수십 명의 전문가들이 투입되어 백제 역사를 총정리한 책이 나왔다. 그럼에도 불구하고 무엇 때문에 혼자서 같은 내용을 나름대로 정리한 책을 내겠다고 나섰는지 의아할 수 있기 때문이다. 잘못하면 이 책의 가치까지 의심받을 수 있다. 그래도 이왕 해 보겠다고 나선 데 대한 변명거리가 없지는 않다.

우선 막대한 자금과 수십 명의 연구자를 투입해서 편찬했다고는 하지만, 『백제문화사대계』 같은 책은 역사 전문가가 아닌 사람들이 읽기에는 너무

어렵다. 한자만 섞여 있어도 읽기를 포기하는 요즘 풍조에서, 풀어 놓지도 않은 전문 용어가 난무하는 책은 일반 대중들에게 없는 거나 마찬가지일 것이다.

물론 읽기 쉽게 풀었다는 점에서만 이 책의 가치를 찾아달라는 뜻은 아니다. 사실 『백제문화사대계』 같은 책은 일반 대중 뿐 아니라 역사 전문가들이 읽어도 백제 역사에 대해 감을 잡기 어렵게 되어 있다. 어쩌면 그렇게 된 배경이 이런 책을 써야 하는 더 중요한 이유가 될 지도 모른다.

『백제문화사대계』 같은 책을 읽다보면 백제의 역사를 이해하게 되는 것이 아니라 더욱 헷갈리게 만드는 부분이 하나 둘이 아니다. 수많은 사람들이 연구해서 성과를 낸 내용 전부가 그렇다는 뜻은 아니지만, 백제의 역사를 이해하는 데 결정적인 몇 부분에서 분명히 이러한 현상이 나타난다는 점에 대해서는 단언할 수 있다.

몇 줄 되지도 않는 기록들을 꿰어 맞추어 천년이 훨씬 넘게 지난 옛날 역사를 복원하는 작업이 완벽해야 한다는 뜻에서 이런 말을 하자는 것은 아니다. 하지만 아무리 기록이 없다 하더라도 전혀 없는 것이 아닌 이상, 고대사 연구를 직업으로 하는 사람들이 수십 년 동안 제대로 연구를 해서 성과를 냈다면 전문가 아닌 사람이라 할지라도 흐름 정도는 쉽게 감을 잡을 수 있도록 정리가 되어 있어야 정상이다.

뒤집어 말하자면 막대한 세금을 써가며 백제 역사를 정리했다는 책부터가 정상이 아니라는 뜻이다. 정상이 아닐 수밖에 없는 이유가 있다. 관련된 연구 성과를 종합적으로 정리해야 한다는 원래 목적은 실종되어버리고, 원고 때우기에 급급한 부분이 많기 때문이다. 더 나아가 파렴치하다는 표현이 어울릴 만큼 애초부터 백제 역사를 정리하는 데는 별 관심도 없이 막대한 세금을 투입했다는 명분과 기관의 공신력을 팔아 자기 패거리의 학설

광고에 열을 올린 경우도 있다.

『백제문화사대계』만 하더라도 '대계' 답지 않게 빠진 부분이 너무나 많다. 수십 권에 이르는 양이 무색할 만큼 비슷한 내용이 반복되는 등, 백제 역사에 대한 모든 내용을 다루고 있지 못한 것이다. 이 책에서 다룬 내용만 하더라도 상당 부분이 『백제문화사대계』에서는 아예 다루지도 않은 부분이거나 다루었다 해도 자신들의 주장과 다른 부분은 편집한 것들로 채웠다.

'끼리끼리 해 먹는다' 는 말이 나올 만큼 몇 안 되는 사람들이 백제사를 정리한다고 하다가 생긴 현상이다. 『백제문화사대계』뿐 아니라 떼돈 들여 벌이는 국제학술대회 등, 속 모르는 사람들 보기에 그럴듯한 학술대회에서 발표된 연구들 중에서도 백제사를 이해하는 데 방해만 되는 글들이 수두룩하다.

그나마 이런 짓에 일관성이라도 있으면 비록 거짓말이라고 해도 이해하기는 쉬워질 수 있다. 하지만 어떤 경우에는 글을 쓴 사람 자신이 무슨 말을 하고 있는 건지 알 수 없을 정도로 앞뒤가 맞지 않는 말을 늘어놓기도 한다. 남의 말을 쥐 뜯어먹은 것처럼 아무렇게나 갖다 붙이다 나타난 현상이다. 그러니 내용이 애매모호해 지면서 일관성조차도 찾기 어렵게 된다.

조금 더 노골적으로 말하자면 처음부터 이해를 해주려 해도 할 수 없도록 내용을 꼬아 버린 경우도 많다는 것이다. 이런 내용을 읽으면서 감을 잡을 수 있다면 그게 오히려 비정상이다. 그러니 백제 역사를 알고 싶어 하는 사람들은 마치 미로를 찾는 것처럼 헤매게 될 수밖에 없다.

이 정도면 또 다른 정리를 시도할 명분은 되는 것 같다. 그렇다고 관계되는 이야기들을 모두 다룰 수는 없어, 『백제문화사대계』나 국제학술대회 발표에서 제기된 내용들을 주로 다루었다. 한국 사람은 물론 지구촌 가족들

이 백제 역사를 이해하는 데 영향력이 큰 것들 위주로 골라서 서술했다는 뜻이다. 그 내용들 가운데, 필자가 알고 있는 학설만큼은 빼놓지 않고 정리하려 했다.

물론 그렇다고 해서 여기서 어느 학설이 옳다 그르다 하며, 필자가 내린 결론을 아무 생각 없이 그대로 믿어달라고 하려는 뜻은 없다. 단지 학설에 따라 그리는 백제 역사의 시나리오가 어떻게 달라지는지, 무엇을 근거로 서로 다른 학설이 나오게 되는지만 제대로 다루어도 독자들께서 백제의 역사를 이해하는 데 도움이 되리라 생각한다. 그러니 독자들께서도 한 판의 바둑을 즐기는 기분으로 보아주시면 되겠다.

하지만 '이건 진짜 안 되는 수'라는 정도의 언급은 해 두려 한다. 바둑에 있어서도 '어떻게 두는 게 좋은 수인가'를 짚는 것은 난감하지만 '안 되는 수'나 '패착'에 대해서는 단언하는 경우가 많다. 그 정도는 가려 두어야 미로 같은 백제사의 길을 찾는 데 도움이 될 것이다.

물론 필자라고 그 동안 나온 학설을 하나도 빠짐없이 공정하게 정리할 자신이 있는 것은 아니다. 혹시라도 오해가 있을지 모르니, 막대한 자금 끌어들여 백제 역사를 정리하려는 시도 자체를 비난하자는 뜻이 아님도 덧붙여 둔다.

하지만 지방 정부와 기관의 공신력을 등에 업고, 우리나라를 넘어 외국에까지 백제 역사를 팔아 사리사욕이나 채우는 행각을 뻔히 보면서도 아무 것도 하지 않는다면, 이른바 '학문적 폭력'을 방조하는 결과밖에 되지 않을 것이다. 부족함이 있는 줄 알면서도 무리하게 책을 내는 이유가 최소한의 균형을 유지하기 위한 시도로 너그럽게 보아주시면 감사하겠다.

아울러 독자 여러분께 한 가지만 더 양해를 구하고 싶다. 책을 기획하면서 욕심을 내기는 했지만, 지면 등의 여러 한계 때문에 이 책 한 권에서 백제사의 모든 부분을 한꺼번에 다루기는 어려웠다. 그래서 당시 국제 사회에서 백제가 가졌던 위상에 관련된 문제부터 다루기로 했다. 아직도 다루어야 할 주제가 많겠지만, 이는 '기회가 닿는다면' 이라는 기약 없는 약속으로 미루어야 할 것 같다.

2009년 7월 글쓴이

I

백제의 건국과 정비

I. 백제는 언제 세워졌나?

백제 건국에 대한 두 시나리오

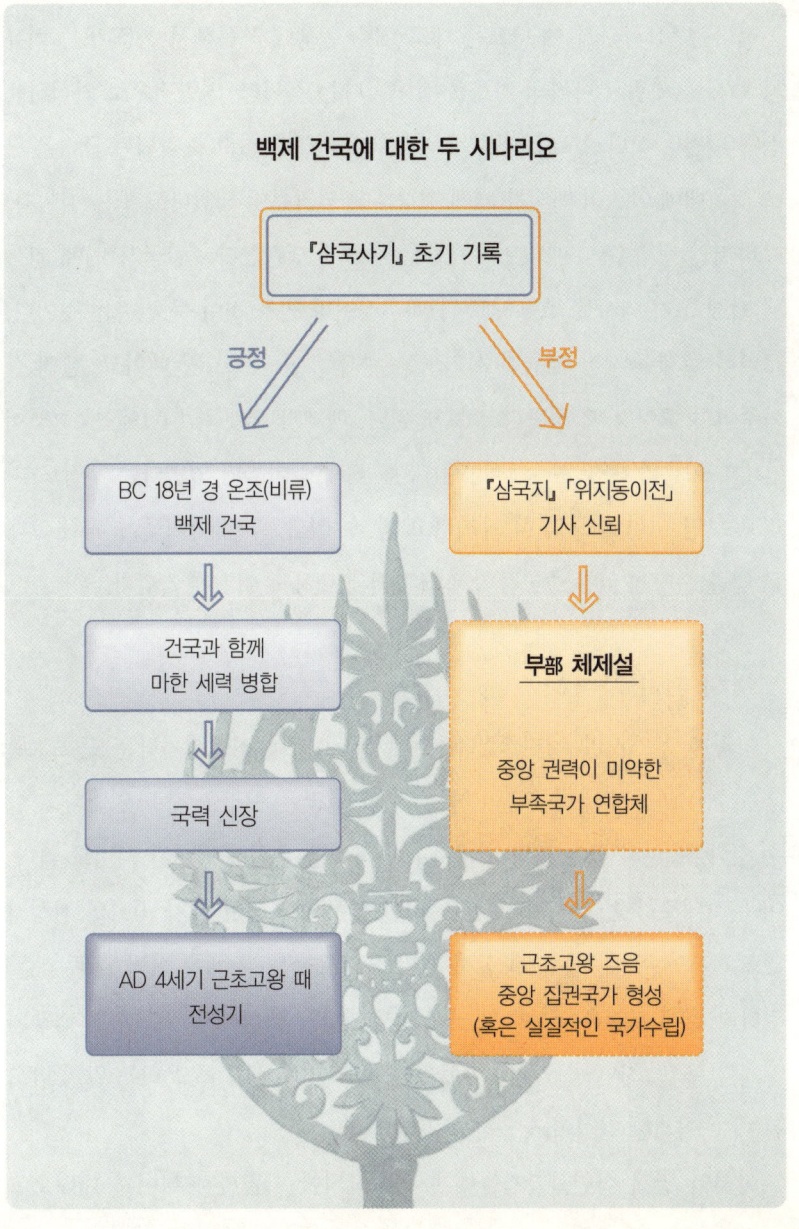

『삼국사기』 초기 기록

긍정   부정

BC 18년 경 온조(비류)
백제 건국

건국과 함께
마한 세력 병합

국력 신장

AD 4세기 근초고왕 때
전성기

『삼국지』「위지동이전」
기사 신뢰

부部 체제설

중앙 권력이 미약한
부족국가 연합체

근초고왕 즈음
중앙 집권국가 형성
(혹은 실질적인 국가수립)

백제 역사의 시작이라고 할 수 있는 '건국建國'에 대한 시나리오는 아주 크게 나누면 두 가지다.

하나는 『삼국사기』에 나오는 대로 예수 탄생에 즈음해서 온조 또는 비류가 백제를 세워서 나라의 기틀을 잡아갔다는 것이다. 일반적으로 인식하는 백제의 건국 시나리오다. 이렇게 일찍부터 기틀을 잡고 축적되던 국력은 근초고왕 대에 이르러 백제가 크게 팽창하는 밑거름이 되었다고 보는 것이다.

하지만 상당수 백제사 전문가들은 다르게 생각한다. 『삼국사기』에 기록된 백제 초기 역사는 조작되고 과장된 것이라 믿을 것이 못 된다는 것이다. 그러니 실제 백제가 세워진 시기도 늦게 잡으면 근초고왕 때이고, 빨리 잡아주어야 고이왕 때 정도라고 보게 된다. 백제가 오랫동안 (거의 근초고왕 이전까지) 이른바 (중앙 권력이 미약한) 부部 체제에 머물러 있었다는 주장도 따지고 보면 이런 주장의 한 갈래라고 할 수 있다. 우리 아이들이 배워 그대로 믿을 수밖에 없는 중고등학교 교과서의 내용도 여기에 가깝다.

백제 폄하 시나리오 🌀

이렇게 늦게서야 나라꼴을 갖추게 된 백제는 최전성기라는 근초고왕 (?~375년) 때까지 나라를 정비하는 데 그리 많은 시간을 갖고 있었다고 할 수 없다. 당연히 국가 경영의 노하우나 국력을 축적해 나아간 시기도 짧다. 이 논리대로라면 극단적으로는 나라를 세운 근초고왕 때가 최고의 전성기였고, 그 이후로는 성왕 때 잠시 재기를 시도했을 뿐 계속 쇠퇴 일로一路를 걷다가 끝내 분열을 극복하지 못하고 망했다는 해석까지 가능하다. 백제의 체제를 두고 '지역 공동체에 파고들지 못한 국가 권력' 운운하는 말이 나오는 데는 이러한 인식이 작용하고 있다.

이것이 일제 식민사학자들에게서 시작되어 지금까지 이어져 내려오고 있는 백제 폄하 시나리오다. 이 시나리오대로 하자면 백제의 초기 역사에 대해서는 별로 할 말이 없게 된다. 백제에 대해 가장 많은 기록이 남아 있는 『삼국사기』의 백제 역사가 조작되었다니까 너무나 당연한 결과다. 대한민국 사회에 백제 초기 역사에 대한 이야기가 별로 없는 이유도 바로 기성 학계 대다수가 두 번째 시나리오를 추종하고 있기 때문이라 할 수 있다.

『백제문화사대계』에서는 『삼국사기』 초기 기록을 무비판적으로 수용하는 이른바 '긍정론'과, 대략적인 추세는 인정하지만 구체적인 왕실 계보에 문제가 있다고 보는 '절충론'을 구별하기도 한다. 그러면서 절충론에 힘을 실어주는 태도를 취하고 있다. 하지만 '절충론'이라는 것은 말만 그럴듯할 뿐이지, 실제 내용은 사건이 일어난 시점을 제멋대로 갖다 붙이는 짓에 불과하다.[1] 더구나 『삼국사기』 초기 기록을 인정하자는 태도가 무조건 믿자는 것이 아님은 삼척동자도 알 만한 상식이다. 그런데도 별로 어렵지도 않은 구별을 외면하는 사람들이 이런 식으로 분류하고 싶어 할 뿐이다. 그러니 '긍정론' '절충론' 운운이 그다지 큰 의미를 가질 수는 없을 것이다.

어쨌든 백제의 역사에 대해 많은 사람들이 혼란의 느끼는 이유 가운데 하나도, 이렇게 나라가 세워져서 힘을 갖추어 나가는 과정부터 전문가들의 말이 엇갈리고 있기 때문이라 할 수 있다. 이런 시비의 근거 역할을 하는 것 가운데 하나가 바로 백제의 초기 수도가 어디였느냐는 문제다.

백제의 초기 도성을 찾아서 ⌒

백제가 언제 세워졌느냐를 얘기하다가 난데없이 도읍지 얘기가 튀어 나오는 점이 의아할 것이다. 얘기가 이렇게 진행되는 배경은 이렇다. 그 동안

01 ••• 여기서는 지면의 한계 때문에 그 양상에 대해 자세히 다루기 어려우니, 이전에 쓴 글(『거짓과 오만의 역사』, 동방미디어, 2001)과 『식민사학과 한국고대사』(소나무, 2008)를 참조해주시기 바란다.

고대사 학계에서는 『삼국사기』에 기록된 백제의 초기 역사는 '조작된 역사'라는 주장이 우세했다. 그래서 『삼국사기』의 내용과는 전혀 다른 백제의 역사가 교과서에 실려 우리 아이들이 배우게 된 것이다.

이러한 주장에 힘을 실어준 주요 근거 가운데 하나가 초기 백제의 도읍지라고 할 만한 4세기 이전의 성城이 발견되지 않았고, 이것이 "마한에는 성곽이 없다"는 『삼국지三國志』「위지魏志 동이전東夷傳」의 내용과 일맥상통한다는 것이었다. 즉 백제가 『삼국사기』에 쓰여진 대로 세워졌다면 그에 걸맞은 도읍지가 발견되어야 하는데, 그런 흔적이 발견되지 않으니 『삼국사기』의 기록은 믿을 수 없다는 주장이다. 그것은 온조(또는 비류)에서부터 시작된다는 백제의 초기 역사가 조작되었다는 증거로까지 여겨졌다.

그런데 이런 주장이 성립하려면 4세기 이전에 세워진 백제의 성城 같은 것은 나타나지 않아야 한다. 4세기보다 훨씬 빠른 시기에 대규모 백제 성이 발견된다면 이 주장 자체가 완전히 뒤집히는 것이 되기 때문이다. 『삼국지』「위지 동이전」의 삼한 관계 기사는 남의 나라 사정도 모르면서 제멋대로 써버린 기록이 되는 셈이고, 반대로 『삼국사기』의 정확성은 상대적으로 높아지는 셈이 된다. 그래서 백제 초기 도읍지가 언제 생겼느냐는 문제는, 그 자체보다 백제의 실질적인 건국 시기는 물론 『삼국사기』에 기록된 초기 백제 역사를 인정할 수 있느냐는 문제와 밀접하게 연결되고 있다.

위례성의 위치 🌊

하지만 백제의 첫 수도가 건설된 시기를 알자면 우선 백제의 위례성이 지금의 어디인지를 알아야 한다. 백제가 세워진 시기에 논란이 있었던 원인도, 따지고 보면 그 동안 위례성이 지금의 어느 곳에 있었는지부터 확실하지 않았기 때문이라고도 할 수 있다. 한국 고대사에 있어서 가장 기본적인 기록이라 할 수 있는 『삼국사기』에서부터 '어디인지 모르겠다'는 식으로 되어 있기 때문에 혼선은 더욱 증폭되었다.

물론 『삼국유사』에는 좀 더 분명하게 위치를 지목하고 있다. 지금의 충남 천안 일대를 위례성이라고 기록해 놓은 것이다. 그러나 현재 『삼국유사』 기록을 믿는 전문가는 별로 없다. 자신보다 훨씬 앞 시대 사람인 김부식도 몰랐던 사실을 자신 있게 결론지은 것부터가 의심살 일인 데다가, 실제로 지금의 천안 지역에서는 백제 첫 수도의 흔적이 발견되었다고 믿을 만한 발굴 보고도 없다.

이래서 한동안 백제의 초기 역사에 대한 『삼국사기』 기록은 백제의 첫 도읍지와 함께 매장되어 왔다. 그렇다고 해서 모든 사람이 백제의 초기 역사가 묻혀 버리도록 손을 놓고 있지는 않았다. 백제의 초기 역사에 애정을 가진 사람들은 온갖 어려움에도 불구하고 『삼국사기』에 나오는 위례성에 대한 묘사와 근처에서 백제의 왕릉급 무덤이 발견되어야 한다는 근거를 바탕으로 추적해 왔다. 그렇게 해보니 후보지는 지금의 한강 근처로 좁혀진다. 이를 전제로 한 구체적 후보지는 풍납토성, 몽촌산성, 삼성동 토성, 경기도 하남시에 있는 이성산성, 남한산성 정도가 된다.

여기에 몇 가지 사실을 감안하면 후보지는 더 좁혀진다. 먼저 삼성리 토성은 거의 훼손되어 흔적조차 별로 남아 있지 않다. 심지어 그 지역에 제대로 된 토성이 있었는지조차 확인이 곤란한 수준이다. 여기에 왕성王城으로 보기에는 너무 작다는 점까지 추가된다. 따라서 현재 남아 있는 흔적으로 보면 백제 수도 후보로서 탈락시킬 수밖에 없다.

남한산성과 이성산성은 한강을 끼고 있다는 『삼국사기』 기록에 비추어 보면, 너무 내륙 깊숙이 들어가 있는 데다가 발굴 성과로 보아도 백제 유물이 거의 나오지 않는 것으로 보고되어 있다.[2] 이때문에 후보지로 힘을 받

© 2009 **NHN** Corp.

한성 백제기의 주요 유적 배치도
① 풍납토성 ② 몽촌산성 ③ 삼성동토성 ④ 아차산성(고구려군의 전진기지) ⑤ 석촌동 적석
총 ⑥ 방이동 고분 ⑦ 이성산성 ⑧ 남한산성

백제 초기 수도인 위례성의 위치를 놓고 몇 가지 시나리오가 있다. 맨 먼저 제기된 것이 몽촌산
성 안이다. 몽촌산성은 성을 쌓은 시기가 늦으므로 『삼국사기』 초기 기록이 의심받고 『삼국지』의
신뢰성이 높아진다. 그러나 성을 쌓은 연대가 훨씬 올라가는 풍납토성이 위례성일 경우 그 반대
로 『삼국지』의 기록이 의심되고 『삼국사기』의 백제 건국 기사가 믿을 만한 것으로 판단된다. 또
이 두 성을 별개의 성으로 볼 것이 아니라 서로 다른 기능을 가진 한 세트의 성으로 보아야 한
다는 의견도 있다. 이와는 별도로 풍납토성이나 몽촌토성에서 왕궁의 주춧돌이 출토되지 않고
다른 나라의 왕성보다는 너무 협소하므로 이 일대 어딘가에 출토를 기다리는 대규모 왕궁이 있
을 것이라는 의견도 있다.

지 못하고 있다.

그래서 풍납토성과 몽촌산성이 가장 강력한 후보지로 남게 되었다. 한때 두 곳을 두고 어느 쪽이 백제 왕성이었는지 논란이 있었으나, 최근에 들어서서는 별로 의미가 없는 논쟁이 되고 말았다. 사실 두 성 사이의 거리는 500m 남짓에 불과하다. 이 정도밖에 떨어져 있지 않은 두 개의 성을 두고 어느 쪽이 왕성이냐를 따지는 것 자체가 우스운 일이라는 것이다. 결국 몽촌산성은 평지에 있는 풍납토성의 여러 약점을 보완하기 위하여 나중에 쌓은 세트였다고 보는 편이 타당할 수 있다. 그래서 지금은 서로 보완하는 기능을 가진 두 개의 성이라고 해석하는 방향으로 자리가 잡혀가는 추세이다.

그러면 이제 무엇 때문에 백제의 수도가 어디였는지 그토록 집요하게 찾아왔는지를 따져야 할 차례 같다. 앞서 언급했듯이 이 문제는 백제라는 나라가 언제 세워졌느냐와 밀접한 관계가 있기 때문이다. 즉 백제가 세워진 시기는 중심지인 수도를 건설한 시기라고 보아도 무방할 것이고, 그 지역을 조사하면 언제 개발되었는지를 파악해 볼 수 있다는 것이다. 이러한 맥락에서 백제 수도 후보지인 풍납토성과 몽촌산성의 건설 시기에 관심이 모여졌다.

여기서 먼저 주목받은 곳이 몽촌산성이다. 대략 15년 전까지만 해도 많은 사람들이 이곳을 백제 왕성이라고 주장했으며, 3세기 중반 이전에 개발되었다고 주장을 하는 사람은 거의 없다시피 했다. 지금까지도 이런 주장은 강하게 남아 있다.

이렇게 3세기 이전의 성이 발견되지 않은 꼴이 되니 "마한에는 성곽이

---

02 ••• 여기서 조금 다른 주장을 소개해야 할 것 같다. 하남시의 이성산성 등에 대한 발굴 보고서에는 백제 유물에 대한 시사가 있었다. 그럼에도 불구하고 지금은 백제 유물에 대하여 입도 못 떼는 분위기가 되었다. 학계의 서글픈 단면을 보여주는 일이겠으나, 이 책의 취지상 여기서 다룰 수 없으니 이쯤에서 그치기로 한다.

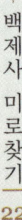

몽촌산성

현재의 서울 송파구 방이동에 있는 백제 초기의 토성. 풍납토성은 한강변 평지에 세워졌으나 몽촌산성은 약 45미터 높이의 구릉지에 건설되었다. 축조 시기가 아무리 빨라야 3세기 후반 이전이 될 수 없는 몽촌산성이 백제의 왕성이라면 그만큼 백제의 건국 시기도 늦었다는 뜻이 된다. 따라서 백제의 발전이 빠르지 않았고, 고구려·왜 등과 각축을 벌이던 4세기 같은 시기에 큰 역할을 할 수 없었다는 얘기로 해석한다.

몽촌산성 성벽의 남은 부분　　　　　몽촌산성의 해자

없다"는 『삼국지』 「위지 동이전」의 기록을 대충 맞는 것으로 치게 되었다. 따라서 백제도 3세기 고이왕 때가 되어서야 겨우 나라꼴을 갖추게 되었다는 얘기가 설득력을 얻었다. 자연스럽게 『삼국사기』의 백제 초기 역사는 조작된 것이라는 두 번째 시나리오가 힘을 받았다.

풍납토성의 발견

여기에 일대 전환을 불러일으킨 것이 풍납토성의 발견이다. 사실 '발견'이라고 하기에는 너무나 새삼스러웠다. 한강변에 10여 미터의 높이로 우뚝 솟아 있는 성을 두고 '바람에 날린 흙이 쌓여 만들어진 것'이라는 억울한 소리까지 들었던 것이다. 존재 자체를 지워버리고 싶어 했다는 말이 나올 만큼 학계의 편견을 적나라하게 보여주는 사례라 할 수 있다.

그만큼 이전에 발견된 다른 성들에 비해 풍납토성은 만들어진 시기가 훨씬 빠를 가능성이 대두되었던 것이다. 아직도 학자들 사이에 논란이 있기는 하지만, 강력한 증거들이 자꾸 나타나고 있다.

물론 딸랑 성 하나 지어놓았으니 백제가 대한민국 교과서에 나와 있는

것보다 훨씬 일찍 중앙집권적인 왕국을 이루고 있었다고 믿으라는 얘기는 아니다. 풍납토성은 지금까지 보수적인 학자들 중심으로 구성되어 왔던 백제사 내용을 뒤집어 버릴 만한 증거가 될 수 있다는 것이다.

먼저 그 존재 자체만으로도 풍납토성이 지어질 당시의 백제가 제법 잘 발달된 나라였다는 점을 보여주는 증거로 손색이 없다. 규모부터가 만만치 않다. 성벽의 길이가 4Km에 가깝고, 너비는 40m, 높이는 최소 9m에서 최대 12m까지로 추정된다. 또 단순히 흙더미만 잔뜩 쌓아 규모만 부풀려 놓은 성이 아니다. 성벽을 쌓은 기법 또한 당시 기술 수준으로는 제법 발달된 것이다.

이른바 판축기법版築技法이라고 불리는 기술을 대충 설명해 보자면 이렇다. 일단 나무로 상자 같은 틀을 짠다. 그리고 그 안에 일일이 체를 쳐, 작은 돌멩이까지 걸러낸 고운 흙을 쌓는다. 일정 두께를 쌓으면 차근차근 다진다. 그리고 또 몇 번이고 고운 흙을 붓고 다진다. 이렇게 만든 틀을 옆으로, 또 위로 쌓아 성의 형태를 갖추는 것이다. 지금 날림으로 지어놓은 고속도로보다도 훨씬 손이 많이 가는 정교한 작업을 통해 성이 쌓였다.

쌓은 흙만 해도 최소 150만 톤은 훨씬 넘을 것으로 추산한다. 손이 많이 가는 성벽을 이렇게 큰 규모로 쌓기 위해서는 엄청난 인력이 동원되어야 한다. 그런데 중앙집권화도 되지 않은 부部체제 정도 수준의 나라였다면 이런 성을 쌓는다는 것은 불가능하다.

오늘날처럼 월급 주며 일을 시키던 시대가 아니다. 나라에 대한 의무랍시고 몇 달, 몇 년이고 공짜로 부려먹는 시대였다. 이런 일에 사람들이 자발적으로 몰려들 리 없다. 왕과 맞먹는 부部의 수장들이, 왕 살면서 권위 높이자고 짓는 궁궐 공사에 자기 밑에 있는 사람들의 불만을 무릅쓰고 협조해 주었을 리도 없는 것이다. 뒤집어 말하자면, 그런 사람들을 대규모로 동

© 2009 NHN Corp.

풍납토성
현재의 서울 올림픽대교와 천호대교 사이 한강 남변에 배 모양의 성곽을 흙으로 쌓아 올렸다. 우측 하단에 몽촌산성이 있다. 두 성은 서로 보완하는 기능을 가진 겹 성으로 보여진다.

풍납토성 판축기법 상상화

원하는 데는 지방까지 통제할 수 있는 강력한 국가 권력과 행정력이 필수적이다.

풍납토성이 쌓인 시기와 그 의미

따라서 풍납토성 정도의 성이 쌓였다는 사실은, 그 성을 쌓은 백제가 적어도 성을 쌓을 때부터는 강력한 체제를 갖춘 나라였다는 뜻이 된다. 그런데 바로 풍납토성을 쌓은 시기가 상당히 빠른 시기였음을 시사하는 증거들이 속속 발견되고 있다.

우선 풍납토성이나 몽촌산성 지역에서 발견되는 기와가 그렇다. 불교가 백제에 도입된 이후로는 그 영향을 받아 일관되게 연꽃무늬가 새겨진 기와를 만들었다. 그런데 풍납토성과 몽촌산성에서 나오는 기와는 기하학적인 무늬가 새겨진 것이 많다. 물론 이 사실이 결정타가 되지는 못한다. 불교가 도입되었다 하더라도, 상당 기간 동안에는 이전에 만들던 전통대로 기와를 만들 수도 있지 않냐고 받아치는 수가 있기 때문이다. 하지만 그렇다고 해서 이런 수로 풍납토성이 일찍 지어졌다고 주장하는 측이 밀릴 것은 없다. 적어도 상당히 앞선 시기에 풍납토성이 세워졌을 가능성이 훨씬 커지기는 한 셈이다.

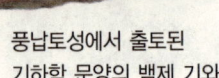

풍납토성에서 출토된
기하학 문양의 백제 기와

뿐만 아니라 여기에 힘을 받쳐주는 증거가 더 있다. 성벽 안에서 발견된 목탄과 목재 등으로 연대 측정을 해 본 결과, 지금까지 보수적인 학자들이 펼친 주장보다 훨씬 빠른 시기에 성벽이 세워진 것으로 나타났다. 빠르면 기원전 2세기에서 늦어도 서기 200년 정도면 성이 완성되었다는 계산이 나온다는 것이다. 이것도 오차를 극단적으로 인정해 줄 때 그렇다는 얘기지 일반적인 오차 범위로는 예수 탄생을 전후한 100년 전후, 조금 더 욕심을 낸다면 50년 전후까지 범위를 좁혀 볼 수 있다.

연대 측정을 위하여 채취된 샘플의 오염 가능성에 대해 시비를 거는 경우도 있다. 그렇다면 이는 샘플을 채취하고 연대를 측정한 사람들에 대한 모욕이 된다. 하지만 연대 측정의 당사자인 문화재연구소의 공식 입장은 별로 틀릴 게 없다는 쪽이다. 사실 당사자들의 입장에서는 '우리가 그렇게까지 엉터리였다면 어떻게 여러 개의 샘플에서 비슷한 결과가 나오겠느냐고 억울해 할 법도 하다. 대놓고 말은 못해도, 불리한 증거는 무조건 믿지 못하겠다고 우기고 보는 학계 기득권층의 버릇이 이번에도 튀어나온 것 아니냐는 불만도 있다.

또한 여기서 많이 양보하여 서기 200년 즈음 성이 완성되었다고 해서 백제가 그때서야 생겨났다는 논리가 아님에 주의해야 한다. 성 자체는 훨씬 일찍부터 쌓기 시작했지만, 증축과 보수가 서기 200년까지 이어졌다고 볼수도 있는 것이다.

비록 현 상황에서는 보수적인 학자들이 주장하는 토기의 상대 편년과 성벽의 나이 사이에 격차가 워낙 크다. 즉 성벽은 늦어도 3세기로 넘어가기 전에 지어진 것으로 나타나는 반면 토기는 이보다 훨씬 늦은 시기의 것으로 연대측정을 하는 것이다. 그래서 전문가들이 눈치를 보고 있기는 하다. 그렇지만 이조차 해결의 여지가 없는 것도 아니다. 이른바 '교차 연대'라고 해서 사용하던 토기가 바뀌어가던 시기가 걸려 있을 뿐이다.

쉽게 말해서 이런 것이다. 전통적인 그릇을 쓰면서 살던 중에, 새롭게 발달된 그릇이 개발되어 유행하기 시작하는 시기가 생긴다. 그러면 사람들은 앞을 다투어 새로 개발된 그릇을 쓰기 시작한다. 하지만 그렇다고 해서 이전에 쓰던 그릇을 한꺼번에 갖다 버리고 새것만 쓰지는 않는다. 새것을 구하기가 어려울 수 있고, 이전에 쓰던 것에 대한 익숙함과 미련을 한 번에 버리기도 쉽지 않기 때문이다. 그래서 적어도 한동안은 이전에 쓰던 그릇과 새로 개발된 그릇을 같이 쓰게 되는 시기가 생긴다. 이것이 고고학 용어로 '교차 시기' 라는 것이다.

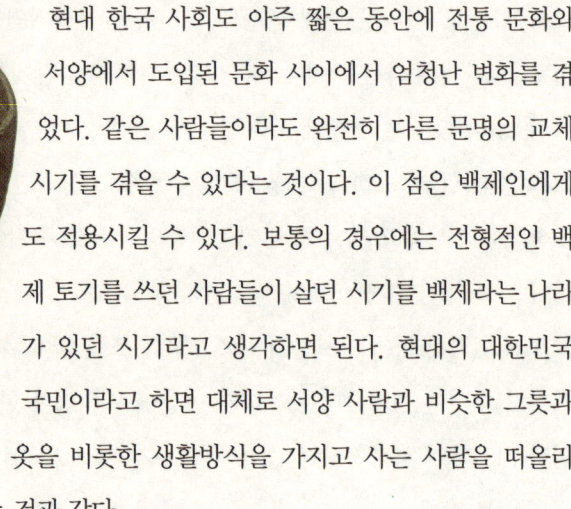

현대 한국 사회도 아주 짧은 동안에 전통 문화와 서양에서 도입된 문화 사이에서 엄청난 변화를 겪었다. 같은 사람들이라도 완전히 다른 문명의 교체 시기를 겪을 수 있다는 것이다. 이 점은 백제인에게도 적용시킬 수 있다. 보통의 경우에는 전형적인 백제 토기를 쓰던 사람들이 살던 시기를 백제라는 나라가 있던 시기라고 생각하면 된다. 현대의 대한민국 국민이라고 하면 대체로 서양 사람과 비슷한 그릇과 옷을 비롯한 생활방식을 가지고 사는 사람을 떠올리는 것과 같다.

풍납토성 발굴 토기

하지만 백제식 토기와 이전에 쓰이던 토기가 같이 나오는 시기가 있다면, 이전의 토기를 쓰던 사람들은 '백제인이 아니다' 라는 식으로 몰 수 없다는 뜻이다. 그런 식의 논리는 대한민국 국민은 해방 이후 급격하게 서양화한 문명에서 살았으니, 해방 이후의 기록이나 사진에 갓 쓰고 도포 입고 다니던 사람들이 나오는 것은 모조리 조작된 것이고 혹시 조작이 아니라면 조선 시대의 것이라고 몰아버리는 논리와 다르지 않다. 이러한 근거들이 나타나면서 이 지역에서 나오는 토기의 상대 편년과 성벽의 나이 사이의 격차도 해결의 가능성을 찾아가고 있다.

풍납토성도 왕성이 아니다! ✨

그렇다고 해서 풍납토성이 바로 백제가 세워지면서 쌓은 왕성이라고 바로 결론을 짓자는 뜻은 아니다. 조금 더 신중해야 한다는 주장도 있기 때문이다. 근거는 이렇다.

현재로서는 가장 오래되었다고 할 수 있는 풍납토성조차 왕성의 흔적이 나타나지 않는다는 것이다. 역사 건축학자의 주장에 따르면 풍납토성 전체를 조사해 보아도 왕성 같은 대형 건물을 짓는 데 쓰였을 만한 초석조차 발견되지 않았다고 한다. 강 건너 아차산에서 훤히 내려다 보이는 지역에 왕성을 지었을 것 같지 않다는 점도 지적된다. 아차산에 적군인 고구려군이 주둔했었다는 사실을 고려하면 일리가 있는 지적이다.

더구나 풍납토성의 면적 18만평(성벽까지 합쳐 봐야 22만평)은 물론, 몽촌산성의 14만평까지 합쳐 봐야 왕성치고는 너무 적다. 이 정도 면적이면 기껏해야 6천 명 정도밖에 기거하지 못했을 것이라 추산된다. 참고로 나중에 백제 도읍지가 된 웅진이나 사비의 왕성 면적이나 비슷한 시기 고구려와 신라의 왕성 면적은 수백 만 평에 달한다는 것을 고려해야 한다.

결국 백제의 왕성은 다른 곳이거나 풍납토성, 몽촌산성을 포함한 훨씬 광범위한 지역이고, 쌓여진 시기나 전형적 백제 유물과 다른 것들이 나오는 것으로 보아 풍납토성은 백제가 아닌 마한 세력이 쌓았다는 추정도 가능해지는 것이다. 풍납토성을 쌓은 주체가 이렇게 달라지면 백제 역사는 또 한 번 완전히 뒤집힐 수도 있다.

그래도 백제가 세워진 시기는… ✨

하지만 좀 더 따져보면, 적어도 백제가 세워진 시기라는 측면에서만큼은 꼭 그렇지 않을 수도 있다. 풍납토성을 쌓은 세력 자체는 백제가 아니더라

도 나중에 백제가 그 지역을 차지했음은 분명하다. 그렇다면 이 사실은 마한이 백제를 세운 세력에게 땅을 내주었다는 『삼국사기』 기록과 여러 가지 측면에서 맞아떨어진다. 이 과정에 대한 자세한 내용은 백제의 마한 흡수 과정에서 다루어야 하겠지만, 어쨌든 『삼국사기』 초기 기록을 믿지 못할 것도 없지 않느냐는 뜻이 되는 것이다.

그리고 보면 백제 초기 역사를 지워버린 가장 강력한 근거라고 할 수 있었던 『삼국지』의 기록에도 이상한 점이 있다. 마한 지역을 두고 '성곽이 없다'고 했던 바로 그 기록 말이다. 쉽게 말하자면 이렇다. 앞부분에서는 "산과 바다 사이에 흩어져 살았으며 성곽이 없다"고 해 놓고서 뒤에 가서는 "그 나라 안에 무슨 일이 있거나 관가에서 성곽을 쌓게 되면"이라고 앞뒤가 맞지 않는 소리를 하고 있다. 이런 기록을 떠받들면서 『삼국사기』를 통째로 엉터리로 몰아버린 것이다.

물론 그렇다고 해서 『삼국사기』 기록을 글자 하나 틀리지 않는다고 액면 그대로 인정하자는 뜻은 아니다. 많은 사람들이 사건을 직접 경험한 현대의 기록까지도 100% 진실만 남기는 기록은 거의 없다. 그렇지만 그 시대에 대한 기억이 아주 없다시피 한 고대라고 해서 별다른 근거도 없이 새빨간 거짓말로 몰아버리는 행위는 차원이 다르다. 『삼국사기』에 나타난 백제의 초기 역사에 대해 지금까지 바로 그런 짓을 하고 있었다. 그래서 백제의 역사 상당 부분을 지워버리지 않았냐는 반성을 해 볼 필요가 있다는 주장이 힘을 얻고 있다는 얘기다.

다시 말해서 온조가 나라를 세워 『삼국사기』에 나와 있는 그대로 백제의 왕위가 이어졌다고 액면 그대로 믿는 것에는 검토의 여지가 있을 수 있다는 점은 인정할 수 있다. 하지만 그렇다 하더라도, 지금 기득권층 학자들이 주장하는 것처럼 백제가 성 하나 제대로 못 쌓는 수준이 사회 단계로 유지되어 오다가 고이왕이나 근초고왕 때가 되어서야 비로소 '중앙집권적인 고대 국가' 단계로 접어들었다고 믿을 필요는 없다는 뜻이다.

그렇기 때문에 점점 많은 사람들이 풍납토성은 지금까지 생각해 온 것보다 일찍 지어졌으며, 백제라는 나라도 『삼국사기』에 기록된 것처럼 일찍 세워져 나라의 체제를 갖추고 있었다고 믿게 되는 추세이다. 이어지는 내용에서 좀 더 구체적으로 다루겠지만, 근초고왕 때에 이르면 백제가 자기 나라나 보존해 보겠다고 수세적으로 움직이는 상황이 아니다. 주변 세력을 제압하고 세력권 안으로 끌어들이며 팽창하는 시기였다. 당대 또는 기껏해야 백 년 남짓한 시간 동안 국력을 축적해 온 나라였다고 보기는 어려운 움직임이 나타났던 것이다. 그렇다면 상대적으로 『삼국사기』에 나타나는 대로 서기전 18년경에 백제가 세워져 400년 가까이 나라를 발전시켜 나가다가 근초고왕 때에 전성기를 맞았다는 첫 번째 시나리오가 역사적 사실에 가까울 가능성이 높아진다고 할 수 있을 것이다.

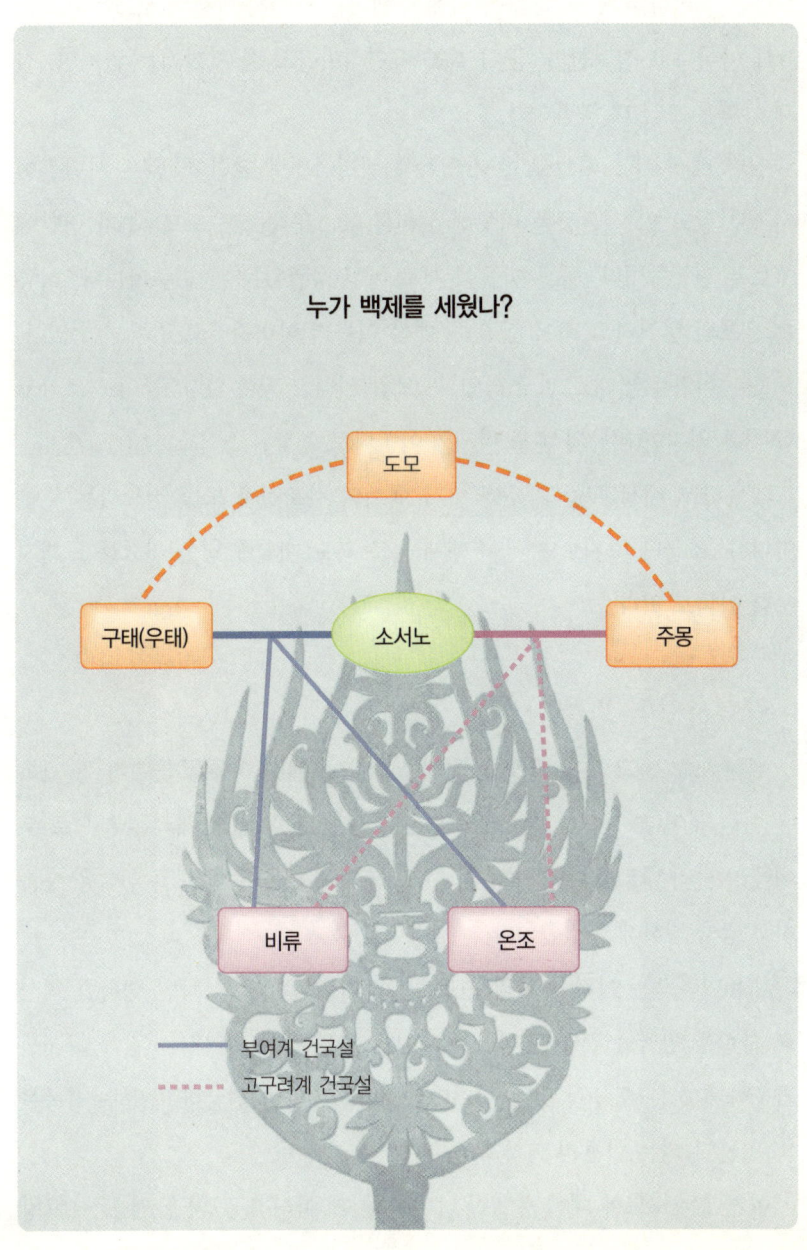

누가 백제를 세웠나?

도모

구태(우태)   소서노   주몽

비류   온조

―――― 부여계 건국설
•••••••• 고구려계 건국설

　언제 백제가 세워졌느냐와 함께 떠오르는 문제가 과연 백제는 누가 세웠느냐는 것이다. 많은 사람들이 이에 대해서는 당연히 백제의 시조는 온조溫祚가 아니냐고 생각한다. 굳이 잘못된 인식이라고 할 것까지는 없지만, 실제 상황은 조금 더 복잡하다.

　일단 백제 시조 후보로 올라 있는 사람만 4명에 달한다. 많은 사람들이 시조로 알고 있는 온조를 비롯해서 비류沸流, 구태仇台, 도모都慕가 명단에 오르는 인물들이다. 물론 이들이 서로 아무 상관없는 관계는 아니다. 비류는 온조의 형이라고 되어 있고, 구태는 이들의 아버지라고 기록되어 있다. 도모는 이와는 별개로 먼 조상인 '도모왕'이라고 되어 있다. 굳이 시조라고 할 것은 없지만 비류와 온조 형제의 어머니로 설정된 소서노召西奴도 있다.

　그렇다고 해서 이들 가운데 누가 백제의 시조인지 모를 정도라는 뜻은 아니다. 조금만 따져보면 굳이 백제 시조 후보 대열에 넣을 필요를 느끼지 못할 인물도 있다.

탈락시킬 후보들

　우선 도모가 그렇다. 도모를 백제 시조 후보에 올려놓은 근거가 된 기록은 이런 것이다. "백제의 태조 도모대왕은 태양신이 몸에 내려온 분으로 부여에 머물러 나라를 열었습니다. 천제天帝가 녹錄을 주어 모든 한韓을 통솔하고 왕을 칭하게 하였습니다."

　내용이라고는 이것이 거의 전부다. 또 기록의 논조도 과연 정확한 역사적 사실을 언급한 것인지 의심을 사기에 충분하다. 이어지는 말에 고개를 갸웃하게 하는 내용이 있는 것이다. 도모에 대하여 언급하고 있는 기록은 『속일본기』라는 일본의 역사서이다.

　여기에는 도모에 대한 설명만 나와 있는 게 아니라, 그와 함께 "근초고왕 때부터 왜를 사모하여 조공을 바치기 시작한 이래 (백제인들이) 천황의 은혜를 입어 대대로 잘 살게 되었다”는 말이 이어져서 나온다. 그런 말을 했던 의도는 뻔하다. 이 말을 했던 사람들은 백제가 망하고 나서 일본으로 넘어가 천황의 신하가 된 사람들이다. 내용 자체가 백제계 신하들이 천황에게 아부를 하면서 나오는 말인 것이다.

이러한 점을 알게 되면 도모에 대한 언급이 나오게 된 맥락을 감안해야 함을 알 수 있다. 즉 기록 자체가 도모에 대하여 설명해주려고 남겨진 것이 아니라, 일본으로 건너간 백제계 도래인渡來人이 천황에게 아부를 하면서 자신의 조상을 연결시켜 소개한 사례 가운데 하나일 뿐이다.

이런 경우에 사실보다 과장이 들어갈 확률이 높다는 사실은 일본 유력 호족들의 계보인 『신찬성씨록新撰姓氏錄』에서 알 수 있다. 이 자체로만 보면 일본 유력 가문 상당수가 고구려·백제·신라·가야 같은 한국계 고대 국가 출신으로 되어 있다. 하지만 내용을 들여다보면, 도대체 있지도 않았던 고구려·백제·신라왕의 후손이라고 되어 있는 경우가 많아 액면 그대로 믿을 수가 없는 실정이다.

그래서 도모를 실제 백제의 시조로 여기는 사람은 별로 없다. 그저 백제의 기원을 설명하는 상징적 인물 정도로 여길 뿐이다. 따라서 이 정도면 실질적인 백제의 시조 후보 대열에서 도모를 탈락시켜도 무방할 것이다.

구태(또는 우태優台)도 도모와 별로 다를 것은 없다. 구태에 대한 이야기는 주로 중국의 기록에 나타나는데 내용부터가 매우 간략하다. “백제는 부여에서 나왔으며, 구태가 처음으로 대방에 나라를 세웠다”는 내용이 거의 전부라 할 수 있다.

더욱이 구태가 동명東明의 후손이라느니, 한漢의 요동태수 공손탁公孫度의 사위가 되었다느니 하는 기록도 있다. 그런데 중국의 정사正史인 『삼국

지」에는 공손탁이 요동태수로 있을 때 부여왕 위구태尉仇台가 복속했다는 기록이 나타난다. 한漢나라 때라는 시대, 그리고 위구태나 구태가 공손탁이라는 하나의 인물로 연결된 정황을 보아서는 『삼국지』의 기록이 부여왕 '위구태'를 백제 시조 '구태'와 혼동한 것이 분명해 보인다. 구태를 백제의 시조라고 보았다면 비류, 온조 형제의 아버지인 구태는 동명과 같은 세대가 되어야지 후손이 될 턱이 없으며, 한漢나라 요동태수 공손탁과 같은 시대에 활동할 수도 없기 때문이다.

구태가 실은 온조나 비류였다는 주장도 있다. 하지만 온조나 비류를 구태로 착각했다기에는 발음부터 너무 다르다. 게다가 온조나 비류라는 이름이 있는 시조를 놔두고 나중에 굳이 또 다른 이름을 만들어 불렀다는 논리도 이상하다.

이렇게 보면 그다지 믿을 만한 기록이 못되는 중국의 정사正史 기록을 중심으로 나타나는 구태를 확실한 백제 시조로 여길 필요는 없을 것 같다. 굳이 정리해 보자면 도모나 구태는 백제를 직접 세운 시조라는 뜻이 아니라, 시조의 조상 또는 아버지라는 의미가 강하다.

그래서 이보다 신빙성 있는 내용은 역시 『삼국사기』 기록이라고 보아야 한다. 그런데 『삼국사기』에도 두 가지 시나리오가 제시되어 있다.

두 개의 시나리오

하나는 잘 알려진 것이다. 고구려 시조 주몽이 북부여에서 졸본부여로 피난 와서 왕의 딸을 부인으로 맞아 비류·온조 두 아들을 낳았다. 그런데 북부여에 있을 때에 낳은 아들이 찾아와 태자가 되자 그에게 '용납되지 못할까봐' 남쪽으로 도망가서 나라를 세웠다. 이때 비류는 미추홀彌鄒忽(지금의 인천으로 추정하는 경우가 많다)에, 온조는 위례(지금의 서울 지역)에 자리를 잡았다. 미추홀은 지역이 좋지 않아 비류가 죽은 다음 신하와 백성들이 온조에 귀부歸附하여 결국 온조가 백제의 시조가 되었다.

다른 하나는 이에 비해 잘 알려지지는 않았지만, 같은 『삼국사기』에 나와 있다. 앞의 이야기에 이어 주석에 붙어 있는 내용은 이렇다. 백제의 시조는 비류이고 그 아버지는 북부여北夫餘 왕王 해부루解夫婁의 서손庶孫인 우태優台, 어머니는 졸본卒本 사람 연타발延陀勃의 딸 소서노다. 소서노는 처음에 우태에게 시집가서 아들 둘을 낳았는데 큰 아들은 비류라 하고 둘째는 온조라 하였다. 우태가 죽자 소서노는 졸본에서 과부로 지냈다. 뒤에 주몽이 부여夫餘에서 남쪽으로 도망하여 졸본에 이르러 도읍을 세우고 국호를 고구려高句麗라 하고, 소서노를 맞아들여 왕비로 삼았다. 주몽은 나라를 세울 때 도와주었던 공을 잊지 않고 소서노와 그 아들을 잘 대해 주었으나, 부여에 있을 때 예씨禮氏에게서 낳은 아들 유류孺留가 오자 그를 태자로 삼아 왕위를 이었다. 그러자 비류는 동생과 함께 어머니 소서노를 모시고 남쪽으로 가서 미추홀에 이르러 백제를 세웠다.

얼핏 보기에는 별 차이가 없는 시나리오 같지만, 조금 더 깊이 들어가면 나름대로 의미가 달라질 수 있다. 온조를 시조로 보는 설화에서는 온조 자신이 비류와 함께 고구려 시조인 주몽의 아들로 설정되어 있다. 백제를 세운 세력이 고구려 계통이었음을 강조한 셈이다.

반면 비류가 시조인 설화에서는 얘기가 다르다. 비류의 친아버지부터 부여 사람인 우태이며, 어머니인 소서노도 졸본 사람이니 당연히 부여 사람이다. 이렇게 되면 백제를 세운 세력은 부여 계통이 된다. 고구려 시조인 주몽은 백제 시조의 새아버지에 지나지 않는다. 고구려와 백제 시조의 관계는 백제 시조의 어머니 소서노의 재혼으로 인하여 잠시 맺어진 인연에 불과한 것이다.

이런 차원까지 주목하는 것은 백제 시조의 문제가 단순히 '어떤 사람이 시조였는가?' 라는 문제 이상의 의미를 가질 수 있기 때문이다. 사실 백제의 역사를 큰 안목으로 본다면 온조이건 비류이건 시조가 어떤 사람이었느냐는 사실 자체가 그렇게 큰 의미를 가지는 것도 아니다.

그래서 정작 백제사 전문가들은 대체로 단순히 누가 백제를 세웠느냐는 차원에서 백제의 시조에 대하여 관심을 갖지 않는 경향이 있다. 그보다는 어떤 계통의 집단이 백제를 세웠느냐에 초점을 맞추는 경향이 강하다. 이에 대하여 백제 시조에 대한 『삼국사기』의 두 가지 설화는 백제를 세운 세력에 대해서도 두 가지 시나리오를 제공해 줄 수 있다.

시나리오의 의미 🌿

먼저 비류를 시조라고 한 시나리오는 부여 계통의 이주민들이 고구려를 거쳐 남쪽으로 내려와 백제를 세웠다는 그림이 된다. 이 시나리오가 그럴듯해 보이는 근거도 있다. 백제 왕족이 자신의 성을 '부여씨' 로 자칭했다는 점, 개로왕이 북위에 보낸 국서에 백제는 "고구려와 더불어 근원이 부여에서 나왔습니다"라고 한 점, 성왕이 일시적으로 나라 이름을 '남부여' 라고 한 점 등이 근거로 제시된다. 물론 이러한 근거만으로 백제사 전문가들이 '백제는 부여 계통의 집단이 세웠다' 라고 단정하지는 않는다.

온조를 시조로 보는 시나리오 역시 만만치 않은 근거를 가지고 있기 때문이다. 이 시나리오가 그리는 그림은 일단 정치적 분쟁에서 패배한 고구려 지배층의 일부가 남쪽으로 내려와 백제를 세웠다는 것이다.

이를 뒷받침하는 주요 근거는 백제가 대대로 고구려 시조 주몽에게 제사를 지냈다는 사실이다. 고고학에서도 근거를 찾는다. 백제인들이 만든 적석묘 같은 고고학 유물·유적을 보면 백제를 세운 세력은 고구려계에 가깝

백제 초기 적석총

고구려 양식과 아주 흡사한 백제 돌무덤으로 알려져 왔다. 서울 석촌동에 위치하고 있어 하남 위
례성이 이 부근일 가능성을 높여주는 유적이라는 지적도 있었다. 하지만 자세히 보면 고구려 것
과는 양식이 조금 다르며, 백제 것이 아닐 수 있다는 주장도 있다.

다는 주장이 힘을 얻어 가는 추세이다.

　물론 그렇다고 해서 백제의 시조는 온조이고, 고구려 계통의 유민이 나라를 세웠다고 단언할 수 있는 것은 아니다. 고구려의 시조 설화가 부여와 거의 비슷한 점도 시조의 권위를 높이기 위하여 베껴냈기 때문이라는 설도 있다. 그러니 고구려보다 역사가 짧은 백제가 사실에 상관없이, 고구려가 부여에 대해 그랬던 것처럼, 주몽을 시조로 모셨다고 몰아버릴 여지가 있다.

　백제의 무덤 역시 반론의 여지가 없지 않다. 따지고 보면 백제처럼 새로운 무덤 양식을 진취적으로 받아들이는 나라도 흔치 않다. 예를 들어 무령왕릉은 전형적인 중국의 양梁나라 식이다. 주인이 밝혀지지 않았다면 양나라 사람의 무덤이라고 해도 할 말이 없을 정도다. 그러니 초기에는 지역적으로나 시기적으로 가까운 고구려와 비슷하게 만들었다고 해서 백제인이 꼭 고구려 계통이라고 단언하기가 곤란하다. 그리고 적석총과 같은 유물에 대한 해석은 언제든지 뒤집혀 버릴 가능성을 항상 안고 있다.

　그래서 백제를 세운 세력에 대해서는 고대사 학계에서도 대체로 애매하게 표현하는 경향이 있었다. '부여계 고구려 주민' 또는 '부여족 계통의 고구려 유민'이라는 식이다. 일종의 타협책인 셈이다. 건국 세력에 대한 표현만큼 백제가 세워지는 과정도 이런 식으로 대충 타협점을 찾아 나아가고 있다.

　고고학적 성과까지 활용해서 최근 타협을 보아가는 시나리오는 대략 이렇게 된다. 기원전 2세기 말에서 기원전 1세기에 걸쳐 철기 문화를 가진 북방계 집단이 한강으로 남하했다. 이러한 집단에 의하여 백제국을 비롯한 마한의 소국들이 나타났다. 이런 와중에 고구려에 정착했던 부여계 유민이 고구려 안에서 벌어진 정치적 분쟁에서 밀리며 남하했다. 온조를 중심으로 한 세력은 상당히 나중에 내려와 합류한 세력으로 추정된다. 그들이 주변

백제 무령왕릉 내부 양식
이 무덤의 축조 양식은 그 이전의 백제 무덤과는 전혀 다른, 전형적인 중국 남조의 양梁나라 형식이다. 그래서 무덤 주인이 밝혀지지 않았으면 해괴한 학설로 발전할 가능성도 있었다고 한다.

의 여러 소국들을 병합하면서 결국 자신들보다 먼저 남하했던 비류 세력까지 흡수하며 백제를 세웠다는 것이다.

표현을 애매하게 해 놓고 두루뭉술 넘어가는 것으로 보일 수도 있지만, 그렇다고 심각한 모순이 생기는 것은 아니다. 오히려 이렇게 여러 시조가 등장하는 이유를 달리 볼 여지도 있다. 그만큼 백제를 세운 세력과 지배 집단이 다양했으며, 백제가 세워지는 과정 역시 그에 걸맞게 복잡했던 역사를 반영하고 있다고 말이다.

백제 시조에 대한 또 다른 시비

백제 시조에 대한 시비가 이 정도에서 끝난다면 조금 싱거울 수도 있을 법하다. 그래서인지 조금 더 골치 아픈 시비 거리를 만들어주는 사람들이 있다. 바로 지금까지 열심히 따져왔던 시조에 대한 시비가 아무 소용없는 일이라는 주장을 하는 사람들이다. 백제의 왕실 계보가 조작되며 시조까지 뒤바꾸어 놓았다거나, 심지어 실질적인 시조가 고이왕이나 근초고왕이라는 시나리오까지 있다.

특히 스에마쓰 야스카즈末松保和를 필두로 하는 식민사학의 논리를 추종하는 학자의 경우, 백제의 시조는 근초고왕이고 그 때부터 온조까지 거슬러 올라가는 백제 왕의 계보는 조작되었다고 주장한다. 근초고왕 때에 마한과 가야를 정복하고, 북쪽으로는 대방의 옛 땅으로 진출하며 고구려와 분쟁을 벌이더니 더 나아가 371년에는 평양성까지 쳐들어가 고구려의 고국원왕을 전사시키기까지 하는 등 갑자기 백제의 활약이 두드러진다는 점이 그 이유다. 이렇게 된 원인은 북방계 기마ㆍ유목 민족이 남쪽으로 이동하여 정복 왕조를 세운 것이 아닌가 하는 추측에서 찾는다.

그래서 나라 이름의 글자가 백제伯濟에서 백제百濟로 바뀌었다고 본다.

그때까지 씨족사회 단계에 머물러 있던 사회를 만주에서 밀려난 부여계 세력 일부가 지금의 함경도 지역인 옥저沃沮로 스며들었다가 마한의 한 나라였던 백제국伯濟國과 연계되어 마한 통일의 주도권을 장악한 사태가 백제 건국이었다는 것이다.

그런데 이런 논리는 확실한 근거보다 거의 추측에 의존해서 만들어낸 시나리오다. 그리고 여기에는 『삼국사기』 초기 기록을 믿지 못하겠다는 논리가 저변에 깔려 있다. 필자가 몇 번이나 밝힌 바 있듯이, 『삼국사기』를 믿지 못하겠다는 논리 자체에 신빙성 있는 근거가 제시되어 본 적이 없다. 이렇게 시퍼렇게 살아 있는 기록은 별다른 근거도 없이 믿지 못하겠다면서, 자기들 마음대로 추측해낸 정황은 사실처럼 만들어 이를 바탕으로 꾸며낸 시나리오를 인정해줄 필요는 없을 것이다.

백제 왕실 계보는 조작되었다?

이보다는 조금 덜 하지만 백제의 왕실 계보가 조작되기는 했다는 주장이 국내 학자 일부에게 계속 이어져 내려오고 있다. 결론부터 밝히자면 고이왕을 실질적인 시조로 보겠다는 것이다. 근거는 이렇다.

이 시나리오에서 구태가 고이왕과 사실은 같은 사람이라는 식으로 엮여 다시 조연으로 등장한다. 백제의 발전에 큰 영향을 주었던 인물로 구태를 내세웠는데, 사실 이 구태가 고이왕이었다는 것이다. 구태仇台를 '구이'라고도 읽을 수 있고, 이는 다시 고이古爾와 비슷하다는 점이 근거라고 한다.

고이왕 16년 관직 체제를 정비했다는 사실도 근거로 이용했다. 고이왕 때 실질적으로 백제가 국가 체제를 갖추었다는 사실을 이렇게 표현해 낸 것이라는 얘기다. 쉽게 말하자면 시조를 바꿔치기 하고 시조 설화까지 조작해서 없는 계보를 만들었다는 뜻이다.

물론 글자의 발음을 이리저리 바꾸어가며 갖다 붙이는 것만 보아도, 확실한 근거라고 하기에는 어려움이 많음은 굳이 설명을 덧붙일 필요가 없을 것이다. 더욱이 고이왕 때 관직 체계를 정비했으니 '고이왕이 시조'라는 식의 논리는 '그렇다면 조선의 건국 시조도 태조 이성계가 아니라 태종이나 세종이 되어야 하는 것 아니냐'는 지적까지 받았다.

시조를 바꿔치기 하고 설화를 조작했다는 근거도 설득력이 없기는 마찬가지다. 백제 왕의 계보를 보면 시조인 온조 다음부터 2대가 다루왕多婁王, 3대 기루왕己婁王, 4대 개루왕蓋婁王이라는 식으로 모두 루婁자를 돌림자처럼 쓰다가 갑자기 5대 초고왕肖古王부터 달라진다는 사실을 의심의 단서로 삼았다. 초고왕 때부터 권력투쟁에서 승리하여 왕위를 차지한 온조계가 건국 설화를 재구성하면서 일어난 현상이라는 것이다. 그리고 나중에 고구려의 압력에 시달리던 백제가 더 이상 고구려와 같은 계통의 후손임을 인정할 수가 없어서 건국 설화를 또 조작하다 보니 원래 비류를 시조로 했던 간단한 설화가 온조로 바뀌며 복잡하게 변했다는 시나리오로까지 연결된다.

이런 논리가 이른바 '백제사 권위자'에게서 나왔으니 어쩔 수 없이 다루어야겠지만 미심쩍은 논리라 하지 않을 수 없다. 우선 루婁자를 돌림자처럼 쓴 사실이 이상하다고 했던 당사자가 스스로 인정했듯이, 이것만 가지고 백제 왕들의 성씨나 계보를 추론한다는 것 자체가 논리의 비약이다.

더욱이 이 시나리오를 따르자면 백제는 심각한 정치적 변화가 있을 때마다 건국 설화부터 조작했다는 얘기가 된다. 그런데 그런 백제가 개로왕이 북위에 보낸 국서에는 무엇 때문에 고구려와 같은 계통이라는 사실을 밝혀 놓았는지 모를 일이다. 고구려에 계속해서 심하게 압박을 받았던 장본인이 바로 개로왕이다. 몇 년 지나지 않아서 고구려와 같은 계통임을 인정하기 싫어 건국 설화까지 바꾸어 놓을 얘기를 외국에 보내는 국서에 써 놓은 셈이다. 왠지 백제 사람들을 대책 없는 변덕쟁이로 몰아버리는 것 같다.

이렇게 보면 백제 왕실 계보가 100% 정확하다고까지 할 수는 없지만, 지금까지 제시된 시나리오처럼 조작되었다고까지 볼 근거는 없다고 할 수 있다. 따라서 백제의 시조나 왕실 계보에 대해서도 굳이 심하게 꼬아서 생각할 필요가 없을 듯하다.

3. 마한은 언제 백제에 흡수되었나?

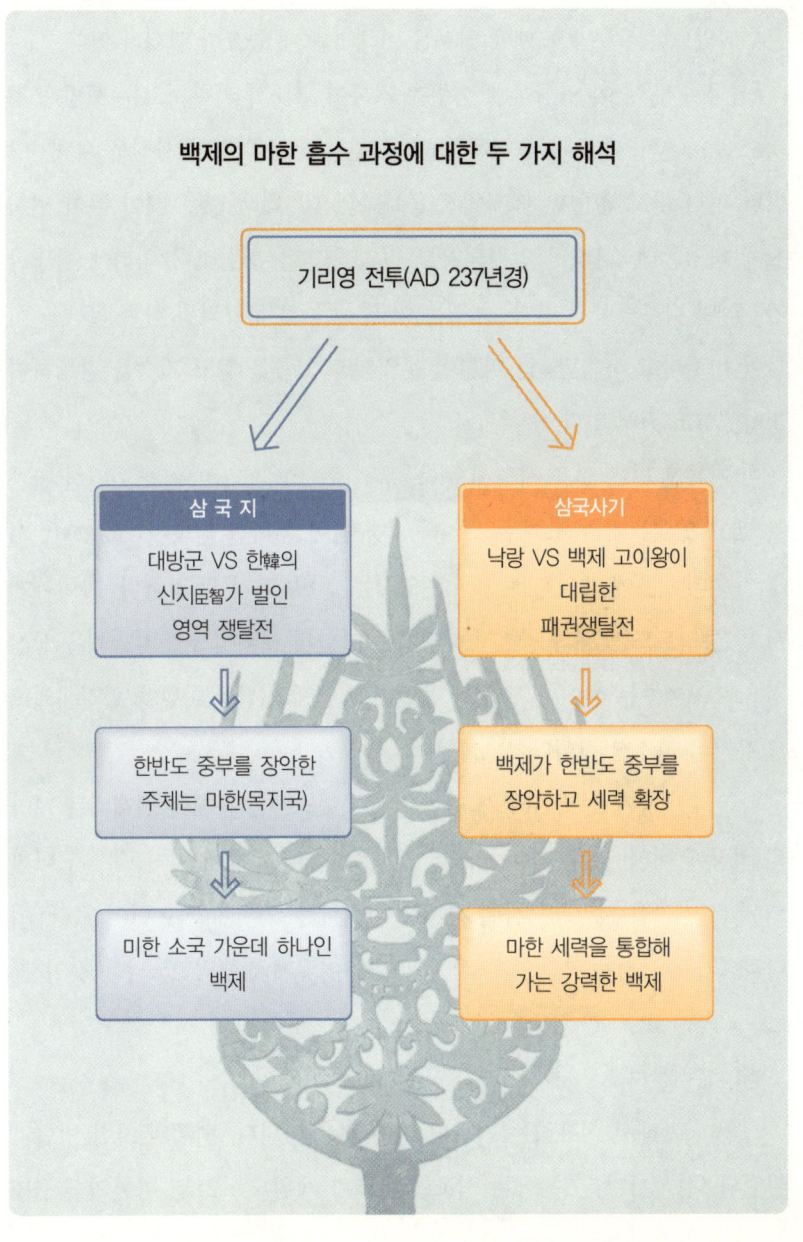

백제의 마한 흡수 과정에 대한 두 가지 해석

기리영 전투(AD 237년경)

삼국지	삼국사기
대방군 VS 한韓의 신지臣智가 벌인 영역 쟁탈전	낙랑 VS 백제 고이왕이 대립한 패권쟁탈전
한반도 중부를 장악한 주체는 마한(목지국)	백제가 한반도 중부를 장악하고 세력 확장
미한 소국 가운데 하나인 백제	마한 세력을 통합해 가는 강력한 백제

기본적으로 백제는 마한 세력권 안에 세워져, 결국 세력권 전체를 인수한 나라라 해도 과언이 아니다. 그렇기 때문에 마한이 언제, 어떻게 백제에 흡수되었느냐는 문제도 백제 역사를 이해하는 데 중요한 열쇠가 된다.

『삼국사기』에 이 양상을 보여주는 기록이 고대사 기록치고는 제법 구체적으로 나온다. 온조가 웅천책熊川柵을 세우자 마한 왕이 사신을 보내 '발디딜 만한 곳도 없었던 백제에게 동북쪽의 100리의 땅을 떼어 주어 편히 살게 하였는데, 나라가 안정되자 우리의 영역을 침범하니 의리에 합당한가?' 라며 나무랐다고 한다. 온조는 이 말을 듣고 부끄러워 하며 목책을 허물어 버렸다고 하지만, 곧 마한이 분열되고 있음을 알고 기습을 감행하여 병합했다고 적혀 있다.

이 기록은 많은 것을 시사해 준다. 우선 초기 백제가 마한과 어떠한 관계를 맺고 있었는가를 보여주고 있다. 『맹자』에 의하면 전국시대戰國時代 제후 가운데 공公에 해당하는 제후의 영지는 '사방 백리' 라고 했다. 마한에게서 받은 영토도 백제가 공公에 해당하는 마한의 제후에서 출발했음을 상징적으로 보여주는 셈이다. 그렇게 출발했던 백제가 결국 마한을 멸망시키고 그 유산을 차지한 것이다.

따라서 백제가 언제 어떻게 마한을 흡수했느냐는 문제는 백제라는 나라의 성장에 대해 알 수 있는 중요한 열쇠이다. 이 문제에 있어 백제가 마한의 세력권을 접수했다는 사실 자체에 대해서는 그다지 큰 논란이 없다. 시나리오가 갈라지는 부분은 이 과정이 언제 어떻게 진행되었느냐는 것이다.

해석 차이 🌿

그렇다고 해서 이용하는 기록이 다른 것은 아니다. 백제의 마한 병합과 관련된 『삼국사기』 기록에는 시조인 온조가 재위 26~27년 마한의 국읍國

마한의 고도로 세련된 문화를 보여주는
전남 화순 대곡리 출토 유물 팔주령

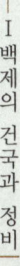

邑을 정복하고 주요 성들의 항복을 받아 멸망시켰다고 기록되어 있다. 믿지 않는 측에서도 이 기록을 이용하기는 한다. 그럼에도 불구하고 시나리오가 갈리는 이유는 이 기록을 믿느냐 마느냐는 입장 차이 때문이다.

여기에 추가되는 것이 이른바 '기리영崎離營 전투'에 대한 기록의 차이다. 중국의 『삼국지』에는 경초景初 연간(기원후 237~239년)에 진한辰韓 8국을 분할하여 낙랑에 소속시키려다 통역의 문제로 한韓의 신지臣智와 한인韓人들이 격분하여 대방군의 기리영을 공격하여 전쟁이 일어났다고 되어 있다. 반면 『삼국사기』에는 고이왕 때 '위의 관구검과 고구려가 전쟁을 벌이는 사이 백제가 낙랑의 변방을 습격하여 백성들을 빼앗았다가 돌려주었다'고 기록되어 있다.

사건이 일어난 시기가 조금씩 틀리기는 하지만 비슷한 시기에 일어난 비슷한 사건을 두고 중국 정사에서는 한韓의 신지가 벌인 사건으로, 『삼국사기』에서는 백제가 일으킨 일로 기록하고 있는 것이다. 『삼국지』의 기록대로라면 3세기 중엽까지도 마한이 한반도 중부를 장악하고 있던 세력이라는 뜻이 된다. 반대로 『삼국사기』를 따르자면 3세기 중엽에는 이미 백제가 한반도 중부를 장악한 세력이었다고 인식하게 된다.

그래서 『삼국지』의 신지를 목지국目支國의 수장으로 보느냐, 백제 고이왕으로 보느냐도 논쟁거리가 된다. 타협책으로 마한의 한 소국에 불과했던 백제가 이 전쟁에서 핵심적인 역할을 못했기 때문에, 자신이 벌였던 지엽적인 사건만 백제 역사에 기록되다 보니 『삼국지』와 『삼국사기』 사이에 이러한 차이가 생겼다는 주장도 나왔다. 물론 이는 『삼국지』가 더 믿을 만하다는 발상에서 나온 것이다.

지금까지 정리된 논란을 보자면 백제의 건국 시기와 마찬가지로 마한의 흡수 문제 역시 중국 정사와 『삼국사기』 가운데 어느 쪽이 믿을 만하냐는 문제와 직결되어 있음을 알 수 있다. 그러면 이 경우, 어느 쪽이 더 믿을 만할까?

『삼국지』와 『삼국사기』, 어느 쪽을 믿을까? ✍

여기서 『삼국지』에 대해서는 일단 할 말이 적을 수밖에 없다. 가타부타할 내용 자체가 얼마 없기 때문이다. 따라서 논란은 양적 질적으로 풍부한 내용을 가지고 있는 『삼국사기』에 집중되는 경향이 있다.

『삼국사기』 기록을 믿는 입장에서는 기록에 나타나는 내용이 그렇다는 것 이외에 군말을 늘어놓을 필요가 없으니 논리도 간단해 질 수 있다. 논리가 복잡해지는 쪽은 믿지 못하겠다는 입장을 취하는 측이다. 기록을 믿지 않을 만한 타당한 이유를 대야 하기 때문이다.

믿지 않는 측의 논리는 일단 이렇다. 온조 때 나타나는 백제의 영토에 관한 기록을 보면 오늘날의 경기·충청·강원에 걸치는 지역을 차지하고 있었다고 되어 있다. 백제가 나라를 세운 지 13년 만에 이렇게 넓은 영역을 차지했을 리 없다는 주장인 것이다.

여기에 온조왕 때의 백제 동북쪽 국경이 고이왕 때까지 변화가 없었다는 점 역시 온조 때 마한을 멸망시켰다는 기록이 나중에 일어난 일을 갖다 붙여 조작한 것이라는 근거로 활용된다.

이에 또 힘을 실어 주는 것이 『일본서기』의 기록이다. 『일본서기』에는 근초고왕 때에 전라도 방면의 마한 영역을 차지했다고 되어 있다. 이 기록을 활용하여 근초고왕 때가 되어서야 마한을 병합했다는 뜻이니, 온조 때에 마한을 멸망시켰다는 말은 앞뒤가 맞지 않는 거짓이라고 해석하는 것이다.

그럼에도 불구하고 『삼국사기』에 온조 때에 마한을 병합해 버린 것처럼 기록된 이유 역시 사료가 조작되었다는 데에서 찾는다. 즉 온조 대에 있었

던 마한·낙랑·말갈 등과의 갈등은 사실 3세기 이후에 일어났던 일인데, 온조 대에 일어났던 일로 조작했다는 입장이다.

이렇게 전제를 해 놓고 짜 나아가면 시나리오는 이렇게 된다. 2세기 중반, 후한後漢 세력의 약화로 요동 지역에 혼란이 생겼고, 그 틈을 타 한강 유역의 마한 소국들이 크게 성장하였다. 백제의 성장은 낙랑·대방 같은 한漢 군현 세력과 마한 소국들의 알력과 관계가 있다.

한강 하류 일대는 서북쪽에 자리잡은 한 군현 세력과 지리적으로 가까워 선진 문물 도입에는 유리했겠지만, 그만큼 간섭도 많이 받는 위치였다. 여기서 갈등이 발생할 소지가 많다. 그런데 2세기 중엽 이후 후한 내부에 혼란이 생기자 한의 군현 세력도 약화되었고, 그에 따라 한반도 부근의 원주민 세력도 한 군현이 통제하기 어렵게 되었다.

이때 두각을 나타낸 백제국이 마한의 작은 나라들의 연맹체를 이끌고 나아갔다. 그러다가 3세기 중반 고이왕 때에 이르러 목지국의 세력 범위를 접수하고, 4세기 중엽 근초고왕 때를 즈음해서 서남 해안 지역의 마한 세력까지 병합했다. 백제가 본격적으로 마한 병합에 나선 시기는 3세기 중반인 고이왕 때가 되며, 병합이 완성되는 시기가 근초고왕 때가 되는 셈이다.

이렇게 보면 백제의 마한 병합 과정 역시 백제의 건국 시기에 대한 시나리오와 불가분의 관계를 가지고 있음을 알 수 있다. 일부 다른 의견이 있기는 하지만, 대체로 4세기 중엽 근초고왕 때가 되면 백제가 마한 세력 전체를 흡수했다는 점에 대해서는 동의하는 추세이다. 아직까지 혼란을 빚고 있는 문제는 마한 병합이 언제 시작되었느냐는 점이다.

이렇게 보면 이들 시나리오, 따라서 시나리오의 설득력도 『삼국사기』 기록에 나타나는 대로 온조 때에 마한의 중심 세력을 격파하고 그 세력권을 흡수하기 시작했느냐, 아니면 그 기록이 조작되었느냐 여부에 달려 있다고

초기 백제의 성장과 마한 세력 흡수에 관한 두 시나리오

1. 식민사학에 근거한 기존 통설

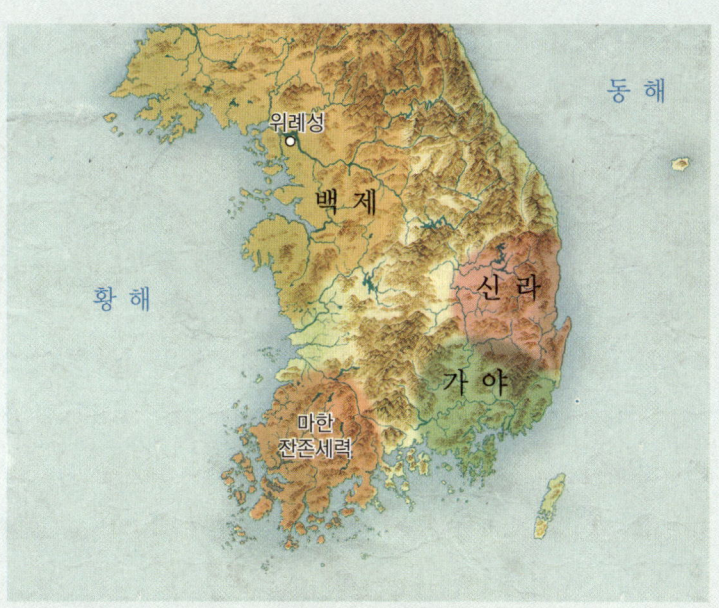

2. 『삼국사기』에 근거한 세력도

해도 과언이 아니다.

불신의 근거는 확실한가?

그런데 『삼국사기』를 믿지 못하겠다는 근거는 확실할까? 백제가 나라를 세운 지 13년 만에 오늘날의 경기·충청·강원에 걸치는 넓은 영역을 차지했을 리 없다는 주장부터 살펴보도록 하자.

얼핏 보면 나라를 세운 지 얼마 되지 않는 백제가 짧은 시간 안에 그렇게 넓은 영역을 차지했다는 사실이 무리하게 보일 수도 있다. 하지만 백제는 한강 유역에서 세워진 소국에서 출발하여 주변 세력을 병합하며 성장한 나라이다. 그러니 마한의 중심 세력을 정복하며 그 영역 상당 부분을 인수받았다고 해서 이상할 것은 없다. 즉 마한의 자산을 인계받았다고 본다면 굳이 불가능한 일은 아니라는 뜻이다.

백제의 동북쪽 국경이 온조 때부터 고이왕 때까지 변화가 없다는 근거는 우스꽝스럽기까지 하다. 따지고 보면 그 기간 동안 백제의 동북쪽 국경에 반드시 변화가 있어야 한다는 법칙 같은 것은 없다. 그럼에도 마치 고이왕 때까지 백제의 동북쪽 국경에는 반드시 변화가 있어야 하는 것처럼 제 맘대로 규정을 만들어 놓고, 변화가 없었으니 백제 역사가 조작된 것이라고 우기는 꼴이다.

『일본서기』에 대한 해석 역시 마찬가지다. 기록을 믿는 측 대부분의 연구자들은 온조 때에 마한의 중심 세력을 멸망시킨 후, 차차 마한 세력권을 잠식해 나아가다가 근초고왕 때 가서야 잔여 세력까지 정복했다고 해석한다. 이와 같이 백제가 한꺼번에 마한 영역 전체를 흡수했다고 고집하지 않는 바에야 반증이 될 만한 내용이 아니다.

그리고 보면 온조 때에 마한을 병합했다는 사실이 조작되었다는 근거라고는, 그렇게 주장하는 사람들 스스로가 설정한 정황에 맞아 들어간다는 점 이외에 별다른 것이 없는 셈이다. 그리고 이러한 발상 역시 잘 살펴보면 유명한 식민사학자 쓰다 소키치의 전통을 잇고 있음을 알 수 있다. 『일본서기』 초기 기록은 못 믿을 것이며, 그 이유는 나중에 일어난 사건을 베껴다 앞 시대를 채워 놓았기 때문이라는 그 발상 말이다. 『일본서기』야 조작의 흔적이 워낙 뚜렷하니 그러한 발상을 해볼 법도 하지만, 무엇 때문에 『삼국사기』까지 도매금으로 넘어가야 하는지에 대해서 설득력 있는 근거가 제시된 적은 없다.

기리영 전투에 관한 기록도 그렇다. 3세기 중엽의 한반도 사정에 대한 『삼국지』의 기록이 앞뒤가 맞지 않는다는 점은 성곽의 존재 여부에 대한 언급에서 이미 확인된 바 있다. 그럼에도 불구하고 굳이 이 부분에서만은 『삼국지』를 믿어주어야 할 필요가 있는지 의심스러운 것이다.

해법은 없는가?

『삼국사기』가 『일본서기』만큼 뻔뻔스럽게 조작되지는 않았다는 점만 감안하고 보아도 지금까지 제기되고 있던 문제점에 해결 방법이 없는 것은 아니다. 마한의 성립은 기원전 3세기에서 기원전 2세기이니 백제보다는 훨씬 앞서 세워졌다고 보아도 무방하다. 문헌상 마한의 세력 범위는 오늘날의 경기 · 충청 · 전라 지역이라 훗날 백제의 세력 범위와 비슷하다.

백제는 이런 정도의 세력을 이미 확보하고 있던 마한의 영역 안에서 세워져 성장한 것이다. 마한이 백제에게 한강 유역 정착을 허용해 준 이유는 이런 식으로 해석된다. 고조선 준왕이 위만에게 그랬듯이, 백제를 적으로 삼게 되는 사태를 방지함과 동시에 북쪽에서 남하하는 강력한 북방계 세력에 대한 방어 임무를 백제에게 주어 방패로 삼는 정책이었다는 것이다.

결과적으로 이 정책이 실패하여 마한이 거꾸로 백제에 흡수되어버리는 결과를 낳았다. 하지만 백제라고 해서 마한을 흡수하는 과정이 그렇게 순조롭기만 했던 것은 아니다. 마한의 국읍이 백제에 정복당한 다음에도 마한의 잔여 세력이 2개의 성을 중심으로 저항했다. 뒤를 이어 온조 34년에는 전 마한 장수 '주근'이 우곡성에서 일으킨 반란을 제압해야 했다.

이와 같이 마한의 중심 세력이 백제에 격파당한 이후에도 저항하는 세력이 남아 있었다. 온조 때에 한두 개 반란을 진압했다고 해서 마한 잔여 세력의 저항을 말끔히 정리했다고 보는 것이 오히려 무리다.

더욱이 마한은 연맹체 수준의 결속력 때문에 결집력을 발휘하기가 어려워서 그렇지, 세력 범위 안에 4가지 문화권이 포함되어 있다고 할 정도로 적지 않은 규모였다. 이 범위 안에 흩어진 세력들끼리 정치적 유대감은 있었을지 모르겠지만, 문화적으로는 4개로 나눌 만큼 서로 이질적인 측면도 있었다는 것이다.

그러한 세력들을 연결해 주던 구심점이 사라졌을 때, 그들을 다시 엮는 일도 그리 쉬운 일은 아니다. 그러니 그 세력들을 굳이 한꺼번에 정복하기도 어려웠을 것이며, 뒤집어 말하자면 굳이 나중에 일어난 일을 온조 때에 갖다 붙여 조작했다고 볼 필요도 없는 셈이다.

또다시 강조되는 풍납토성

여기서 풍납토성의 중요성이 다시금 강조된다. 풍납토성 정도 되는 성곽을 쌓는 데 막대한 노동력과 이를 동원할 행정력이 필요했다는 점은 이미 확인한 바 있다. 쌓은 시기 역시 기원紀元 전후로 볼 수 있다고 했다. 이러한 사실을 전제로 놓고 보면 풍납토성을 쌓았던 세력을 어떻게 보느냐에 따라 마한과 백제가 교차하는 시기에 대한 시나리오가 달라질 수 있다.

시나리오가 갈리게 되는 근거는 풍납토성에서 발굴된 유물에서 나온다. 기와나 토기 같은 유물 가운데 많은 부분이 전형적 백제 문화와 다른 양상을 보이고 있다. 그러면서도 유물이 발견되는 같은 층에서 이질적인 문명의 흔적이 동시에 나타나기도 한다.

아주 빠른 시간에 성안에 거주하던 집단이 바뀌었거나, 같은 시기에 이질적 문화를 가진 집단이 섞여 살았을 가능성을 보여주는 것이다. 따지고 보면 풍납토성 지역에 기원전부터 사람들이 살고 있었다는 증거가 나온다. 이렇게 백제가 세워지기 이전에 살고 있던 사람들이 백제가 들어서고 난 이후 한 사람도 빠짐없이 떠나버렸다고 볼 필요도 없다.

이런 요소들을 감안하여 쓸 수 있는 시나리오는 크게 두 가지다. 우선 일반적인 인식처럼 풍납토성을 쌓았던 세력을 백제로 보는 것이다. 이 시나리오대로라면 비록 마한을 한꺼번에 정복한 것이 아니라 하더라도, 중심 세력의 유산을 물려받은 것만으로도 1세기경에는 백제가 한반도 중부의 패자覇者로 등장하는 데 충분할 만큼의 인적·물적 토대를 갖추고 있었다는 뜻이 된다.

마한이 풍납토성을 쌓았다고 본다면 물론 시나리오가 달라진다. 일단 풍납토성을 처음 쌓은 마한 역시 막강한 파워를 가지고 있었다고 보아야 한다. 그러했던 마한이 어떠한 이유에서였건 『삼국사기』에 나타나는 대로 풍납토성 일대의 영토를 백제에게 양도했다. 이렇게 보면 같은 시대의 지층에서 이질적인 문명의 유물이 동시에 발견되는 현상을 설명할 수 있다. 마한이 기반을 닦아 놓은 곳에 자리잡은 백제는 이를 더욱 발전시켜 나라의 기틀을 잡았다.

그러한 전제에서 백제의 도읍지는 최근까지 믿었던 것처럼 몽촌산성, 풍납토성 정도의 규모가 아니라 주변의 영역을 총망라한 훨씬 더 큰 규모였

을 가능성이 대두되는 것이다. 신라만 하더라도 당시 수도권인 경주 일대에 금성金城, 월성月城 등이 따로 자리잡고 있었다. 백제라고 해서 그런 구조를 가지고 있지 말았어야 한다는 법도 없다.

그렇다면 어느 쪽 시나리오를 채택하건 1세기 경 마한을 계승했던 강력한 백제의 등장이라는 줄거리에는 큰 변화가 없어지는 것이다.

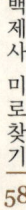

4. 이십이 담로

백제는 과연 해양 대국이었나?

　우리 아이들이 배우는 교과서에 담로擔魯는 '백제가 방, 군, 성의 지방제도를 마련하기 이전에 설치한 제도로서, 지방에 대한 통제를 강화하기 위해 왕자나 왕족을 지방의 요지에 보내 다스리게 하였다'고 되어 있다. 그럴 만큼 담로는 백제가 지방을 통치하기 위하여 만든 제도라는 것이 일반적인 인식이다. 이러한 인식이 특별히 잘못되어 있다는 것은 아니다.

　그럼에도 불구하고 여기에도 약간의 논란은 있다. 논란이 되는 문제는 담로를 두어 통치하던 범위가 어디까지였으며 언제 설치되어 어떻게 운영되었느냐는 것이다. 특히 담로가 파견된 범위는 백제가 지배하던 영역과 밀접한 관계를 가지고 있다.

　여기서 주장이 크게 엇갈린다. 보통은 단순히 백제의 지방 통치를 위하여 만든 제도라고 하니까 담로가 파견된 범위도 대체로 한반도 안에 있던 백제 영역을 떠올리게 된다. 하지만 우리 사회 일부에서는 담로가 파견된 영역을 훨씬 더 넓게 보는 경우가 있다. 일본은 물론, 중국 대륙이나 동남아시아까지도 담로의 파견 범위로 보기도 한다는 것이다. 이러한 주장에 대한민국의 대표방송인 KBS가 가세했기 때문에 훨씬 파문이 클 수밖에 없다.

담로의 지배 범위

　그런데 백제가 한반도 지역의 지방을 관리하기 위하여 담로를 파견했다는 일반적인 이야기에 대해서는 더 이상 검증하고 말고 할 만한 내용이 별로 없다. 따라서 집중적으로 살펴보아야 할 시나리오는 중국 대륙과 일본 열도 등지에 백제의 담로가 파견되었다는 쪽이다.

　그러한 측면에서 후자, 특히 KBS가 주장하는 시나리오의 타당성을 검증하려면 일본 열도나 중국 대륙에 파견된 백제 담로라고 지목된 사람들에 대하여 살펴보아야 할 것이다. 먼저 백제가 일본 열도에 담로를 파견했다는 단서는 일단 무령왕릉에서 나온 금동 관모와 금동 신, 즉 금동으로 만든 모자와 신발에서 찾는다. 백제와는 큰 상관이 없을 듯한 익산 지역이나 일본 큐슈의 후나야마 고분군 지역에서도 무령왕릉의 것과 비슷한 금동 관모와 금동 신이 출토되었다. 이 사실을 금동 관모와 금동 신이 발견된 지역은 백제의 담로가 파견되어 지배하던 지역이었다는 식으로 연결하는 것이다. 특히 후나야마 고분군은 백제 달솔達率 니치라日羅가 담로로 파견되었다는 증거로 본다.

이런 논리는 백제가 중국 대륙을 넘어 동남아시아까지 담로를 파견해서 지배하던 대제국이었다는 데까지 발전했다. 흑치상지黑齒常之 묘지명도 이런 논리를 뒷받침하는 근거로 가세되었다. 흑치상지 묘지명에 의하면 흑치상지의 원래 성姓은 백제 왕족인 부여씨였는데 흑치 지역에 봉해졌기 때문에 자손들이 흑치씨를 성으로 쓰게 되었다고 한다. 이 기록으로 보아 흑치 지역에 봉해진 흑치상지는 백제의 담로였다는 것이다. 이 흑치 지역이 인도차이나 캄보디아, 필리핀 같은 지역이라고 본다.

비슷하게 생긴 금동 관모와 금동 신 같은 유물을 놓고 '이게 백제의 담로가 파견되어 다스린 증거'라고 하면 사람의 심리상 그럴듯하게 생각하기가 쉽다. 그리고 이런 유물을 바탕으로 다른 유물이나 흑치상지 묘지명, 『일본서기』 기록 등까지 같은 결론을 내릴 수 있는 증거라고 몰아가면 탄탄한 증거를 갖춘 논리라고 생각하게 된다.

그렇지만 하나하나 뜯어보면 꼭 그렇지도 않다. 먼저 가장 중요한 증거처럼 보이는 금동 관모와 금동 신부터 살펴보자. 이것들은 당시로서는 백제의 유력자들만이 가질 수 있는 물건이었다. 그러니 백제의 지배층과 무슨 관련이 있다는 생각도 해볼 법하다.

그러나 이들이 바로 담로였다고 해석하는 것은 조금 무리가 따른다. 우

무령왕릉 출토 금동 신발

일본 후나야마 고분 출토 금동 신발

익산 입점리 출토 금동 신발

선 금동 관모와 금동 신을 가진 사람은 반드시 담로로 보아야 한다는 근거가 없다. 금동 관모나 금동 신은 백제계, 심지어 백제의 영향을 받은 지역의 유력자 묘에서는 얼마든지 출토될 수 있다고 보아야 한다. '금동 관모와 금동 신이 나왔으니까 이게 바로 담로가 파견된 증거'라는 논리부터가 단순한 추측에 불과하다는 것이다. 따라서 금동 관모나 금동 신이 나왔으니 담로가 지배하던 지역이라는 등식이 성립하는 것은 아니다.

니치라의 정체 🍃

더구나 이런 주장에서는 백제에서 왜로 파견되었던 담로로 니치라日羅라는 자를 지목하고 있다. 그런데 이 같은 인물과 후나야마 고분군의 금동 관모나 금동 신을 연결시켜 백제의 담로로 해석하는 것은 무리도 한참 무리다. 니치라라는 인물이 어떤 인물인지도 파악하지 않고 만들어낸 논리라고밖에 할 수 없기 때문이다.

니치라라는 사람은 이런 인물이다. 6세기 후반 왜의 민달천황敏達天皇(비다쓰천황)은 임나를 부흥시키고자 하는 선대先代로부터의 숙원을 풀기 위하여 자신을 도와줄 인물을 찾는다. 그때 선택된 사람이 '화위북국조火葦北國造 아리사등阿利斯登의 아들 달솔達率 니치라'이다.

여기서 '달솔'이라는 백제의 벼슬만 보면 당연히 백제인이고 이런 인물이 왜에 파견되어 무슨 일을 했겠다고 생각하기 쉽다. 그러나 니치라에 대한 『일본서기』 기록을 제대로 이해한다면 그렇게 말하기는 어려울 것이다.

니치라와 관련된 『일본서기』 기록을 편집하지 않고 소개해 보자면 이렇다. 왜에서는 필요한 인물인 니치라를 불렀다. 그러나 백제에서 니치라를 보내려 하지 않았다고 한다. 그러자 왜는 백제에 '강력하게 명령하여' 니치라를 소환할 수 있었다. 이렇게 해서 왜로 온 니치라는 천황을 만나 이렇

후나야마 고분에서 출토된
금동제 관모

후나야마 고분의 위치

게 보고한다. "회외궁어우천황檜隈宮御寓天皇(히노쿠마노미야천황) 때에 우리 주군 대반금촌대련大伴金村大連(오토모노카나무라)과 국가를 위하여 바다 밖에 사신으로 갔던 화위북국조火葦北國造 형부채부刑部靫部 아리사등阿利斯登(아리시토)의 아들 신 달솔 니치라는 천황의 부름을 받고 두려워하며 내조했습니다." 여기서 니치라는 백제인이 아니라, 왜에서 백제로 파견되었던 사신의 아들임을 알 수 있다.

이뿐만이 아니다. 니치라가 왜의 자문에 응하여 말해준 내용을 보자. 그 중에는 '유능한 사람을 백제에 보내어 그 국왕을 부르고, 만약 오지 않으면 태좌평太佐平·왕자 등을 불러야 한다. 그러면 저절로 복종할 마음이 우러나올 것이니, 그런 뒤에 죄를 물으라' 든가, '백제인들이 쓰쿠시筑紫에 나라를 세우려 청하면 들어주는 척하라. 그러면 먼저 여자와 어린이를 보낼 것이니, 복병을 숨겨두었다가 죽여라'는 내용도 있다.

왜를 지배하기 위해 백제에서 파견한 담로라면 이런 짓을 할 턱이 없다. 그래서 결국 백제의 자객에 의해 죽음을 당한다. 니치라가 이렇게 왜를 위해 백제의 국익을 해칠 일을 골라서 한 인물이라는 점만 알아도 백제의 담로와 연결시킬 수는 없을 것이다. 따라서 니치라와 연결된 후나야마 고분군의 유물도 담로와 연관시킨 해석에서라면 별 의미가 없는 셈이다.

흑치상지는 담로였는가?

흑치상지라고 해서 크게 다를 것은 없다. 흑치 지역에 봉해진 흑치상지가 백제의 담로였다는 논리가 성립하려면 흑치 지역이 백제의 통제 아래에 있던 영역이어야 한다. 그래서 인도차이나 캄보디아, 필리핀 같은 지역을 흑치 지역으로 제시해 놓고, 『일본서기』 기록을 이용하여 백제가 이 지역에 진출해 있던 증거라는 식으로 보았던 것이다. 여기서 근거가 된 『일본

서기』기록은 이런 것이다.

> A. D. 554년 부남扶南의 재물과 노 2구를 보냈다(扶南財物與奴二口).
>
> A. D. 565년 좋은 비단 2필, 탑등氍毹 1령을 보냈다(奉好錦二匹 氍毹一領).
>
> A. D. 641년 백제가 백제에 온 곤륜의 사신을 바다에 던져 죽였다(擲崑崙
> 使於海裏).3)

여기서 부남은 캄보디아이고, 탑등은 인도 북부에서 생산된 페르시아 양탄자이며, 곤륜은 인도차이나의 한 나라라고 한다. 이런 지역과 교류가 있었음을 확인해 주는 기록이 있으니, 백제가 이 지역에 진출해 있었던 증거라는 얘기다.

그러나 이 기록들이 과연 백제가 이 지역을 통제했다는 근거가 될 수 있을까? 그 점을 확인하기 위해 앞에서 제시된 『일본서기』기록을 전체적으로 살펴보자. 부남扶南의 재물을 보냈다는 내용은 다음과 같다.

> 백제의 성명왕이 전부 나솔 진모귀문, 호덕 기주기루, 물부 시덕 마기모 등을 보내어 부남의 재물과 노 2구를 보냈다.(百濟聖明王遺前部奈率眞牟貴文,
> 護德己州己妻與物部施德麻奇牟等, 來獻扶南財物與奴二口).

탑등을 보냈다는 것도 다음과 같다.

> 좋은 비단 2필, 탑등 1령, 도끼 300구, 사로잡은 성의 남자 둘과 여자 다

03 ··· 여기서 한 가지 밝혀 두어야 할 것이 있다. 방송에는 554년의 기록이라고 소개한 것이 실제로는 543년, 565년 기록은 554년, 641년 기록은 642년의 것으로 확인된다. 기록의 근거를 제대로 밝히지 않는 버릇은 여전한 것 같다.

섯을 바친다.

이 기록들은 백제가 사신을 보내 교류를 하는 과정에서 단편적으로 나타나는 것일 뿐이다. 기껏해야 '부남의 재물을 보냈다' 든가 '탑등을 바쳤다' 라는 정도로밖에 나타나지 않는다. 이런 물건이라면 굳이 백제가 동남아시아 같은 곳에 진출해 있지 않다 하더라도 당시 활발했던 국제 교역을 통해 얼마든지 얻을 수 있다. 즉 굳이 인도차이나 같은 곳에 진출해 있지 않더라도 그 지역의 물건은 당나라 같은 제3국의 상인을 통해 얻을 수 있다는 것이다. 따라서 이런 단편적인 기록만으로 백제가 이런 지역에 진출해 있었다는 증거가 될 수 없다. 백제의 담로가 파견되어 지배했다는 증거는 더욱 될 수 없다.

'곤륜崑崙의 사신을 바다에 빠뜨려 죽였다' 는 기록은 더욱 심하게 왜곡되어 있다. 이 기록의 앞뒤 내용을 연결시켜 살펴보자.

　백제 조문사의 처소에 보내어 그쪽 소식을 물었다. …… 백제 조문사의
　종자從者 등이 '지난해 11월 대좌평 지적智積이 죽었습니다. 또 백제 사신이
　곤륜 사신을 바다에 던졌습니다.' ……

방송에 소개될 때에는 전체적인 기록의 내용이 거두절미되어 '백제가 백제에 온 곤륜의 사신을 바다에 빠뜨려 죽였다' 고 소개했다. 그러나 위에서 보여주듯이 기록 전체를 놓고 보면 결코 그렇게 해석할 수 없음이 명백하다.

무엇보다도 곤륜의 사신을 죽인 당사자는 백제의 사신이다. 세상에 자기 나라에 사신을 파견하는 나라가 있을 리 없다. 그렇다면 이 사건은 백제에

서 벌어진 일이 아니다. 어디서인지는 몰라도 제3국에서 사신끼리 벌어진 사건일 뿐이다. 이 사건은 백제와 곤륜의 관계를 보여줄 중대한 사건으로 취급된 것도 아니다. 단순히 시비가 붙어 벌어진 살인 사건에 불과하다.

더욱이 이 사건의 내용이 『일본서기』에 들어가게 된 과정도 음미해 보아야 한다. 우선 이 내용은 백제의 사신에게 공식적으로 전해들은 것부터가 아니다. 왜인들이 백제 사신의 종자(수행원)에게 이 얘기, 저 얘기 뒷얘기 형식으로 전해 듣는 과정에서 사건의 배경까지 생략된 채 추가된 것에 불과하다. 이런 내용을 가지고 백제가 자국에 찾아온 곤륜의 사신을 마음대로 죽일 수 있을 만큼 통제력을 확보하고 있었다는 증거라고 주장하는 짓은 사실 망신거리다.

이와 같이 담로의 존재를 증명한답시고 제시된 이야기들은 왜곡 · 조작을 통하여 나온 것임을 확인할 수 있다. 이쯤 되면 대륙이나 일본에까지 백제의 담로가 파견되었다는 주장이 어떤 것인지 더 이상 설명할 필요가 없을 것이다.

담로의 실체

사실 해외 지역까지 백제가 담로를 파견해서 지배했다는 시나리오에는 애초부터 무리가 있었다. 당시 백제는 중국이나 동남아시아는 고사하고 일본 지역조차 장악하고 있지 못했다. 이 상황을 보여주는 기록은 『삼국사기』에 나타난다. 『삼국사기』 기록에 의하면 눌지 마립간 후반기부터 소지 마립간 때까지 왜의 신라 침략이 어느 때보다 빈번하고 격렬하게 나타난다. 그런데 이 시기가 바로 나제동맹이 맺어져서 백제와 신라가 고구려의 침략에 서로 군대를 보내 도와주던 때이다. 이런 시기에 왜는 백제의 동맹국인 신라를 군사적으로 괴롭히고 있는 것이다.

상국上國에게 절실한 군사 지원을 해주는 동맹국을, 그것도 군사 지원을 해주고 있는 시점에 공격하는 제후국이 존재할 수 있을까? 일본 열도 곳곳이 백제의 담로에 의해 지배를 받고 있었고, 왜왕 역시 백제의 제후 정도에 불과한 세력이었다면 있을 수 없는 일이다. 그래서 현재로서는 백제 담로의 파견 영역이 대륙과 일본 열도까지 걸쳐 있던 것은 아니지 않겠느냐고 결론지을 수밖에 없다.

이렇게 끝내기는 약간 허무한 감도 있으니 논란 하나 정도 덧붙여 보자. 교과서에 설명된 담로는 방, 군, 성의 지방 제도를 마련하기 이전에 한정된 시기에만 실시된 제도라고 되어 있다. 하지만 그런 것이 아니라는 주장이 나오고 있다.

전문가들 사이에서는 담로라는 말이 '읍성邑城' '성읍城邑' '대성大城'을 뜻하는 백제 말에서 나왔다는 주장이 일반적이라고 한다. 즉 담로 체제는 성城을 중심으로 지방을 다스리던 통치 방식이었다고 보는 것이다. 전 국토를 구석구석 세밀하게 관리하기 어려웠던 고대 국가에 있어서 성城은 해당 지역을 다스리는 중요한 거점이 된다. 이런 거점 중심의 지배 체제가 백제 후기라고 해서 필요하지 않았을 리가 없다. 당연히 담로 체제도 백제가 존속했던 전시기에 걸쳐 실시된 제도라는 것이다.

사실 방, 군, 성이라는 개념은 행정 구역을 어떻게 정하느냐는 문제다. 이에 비해 담로는 백제의 중앙 정부가 지방에 왕족 같은 요원을 파견해서 다스린다는 개념이다. 따지고 보면 별개의 문제라고 할 수 없다. 이런 측면에서 나름대로 새겨보아야 할 시나리오인 듯하다.

II 백제의 발전과 국제 관계

1. 백제가 가야를 정벌했을까?
2. 백제와 4~5세기의 국제 정세
3. 임나 일본부의 실체는 무엇인가?
4. 백제와 이합집산의 시대
5. 백제와 '임나 재건'

I. 백제가 가야를 정복했을까?

가야 정벌을 둘러싼 세 시나리오

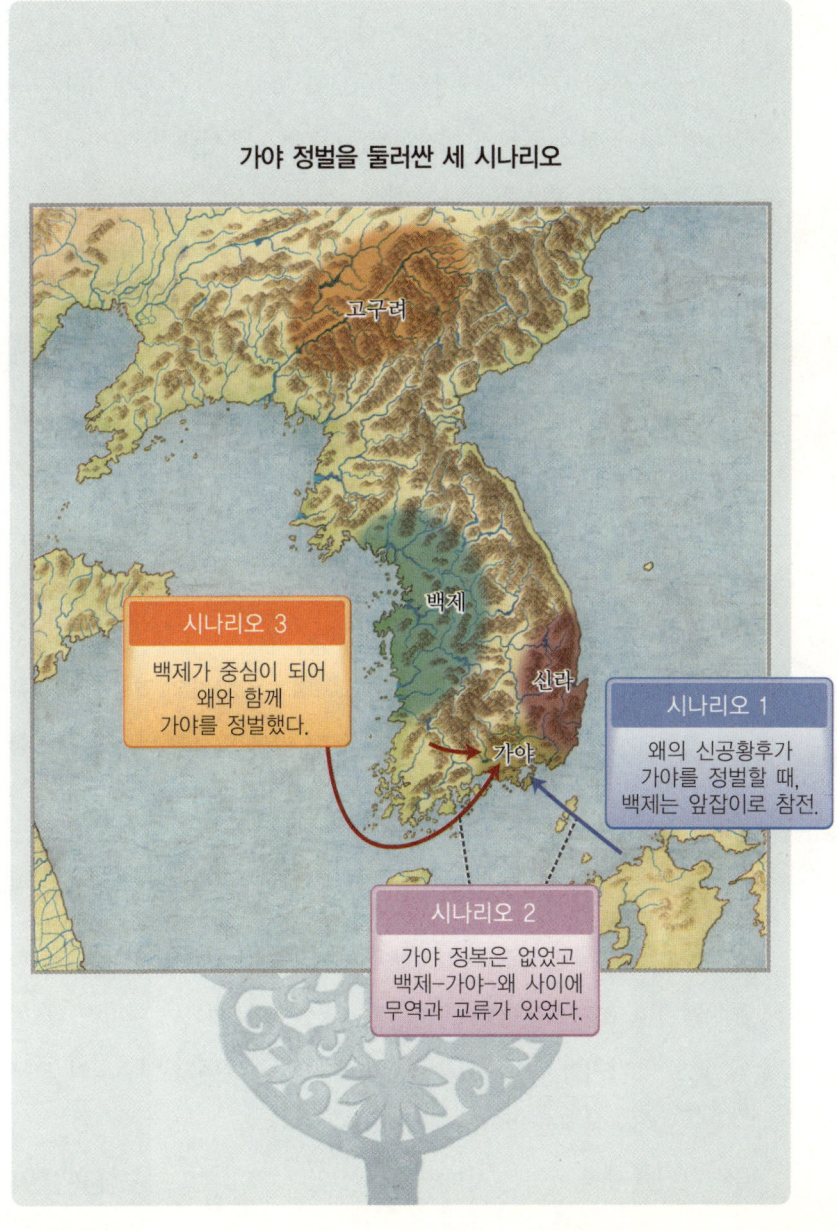

시나리오 3
백제가 중심이 되어
왜와 함께
가야를 정벌했다.

시나리오 1
왜의 신공황후가
가야를 정벌할 때,
백제는 앞잡이로 참전.

시나리오 2
가야 정복은 없었고
백제-가야-왜 사이에
무역과 교류가 있었다.

백제의 최고 전성기로는 단연 근초고왕(재위 346~375) 때가 꼽힌다. 그렇지만 백제의 최전성기는 백제 자체의 역사뿐 아니라, 당시 국제 정세에 있어서 수수께끼의 시대로 꼽히기도 한다. 그렇게 된 이유가 있다.

근초고왕이 왕위에 있던 4세기는 한반도를 중심으로 한 동아시아 국제 정세가 매우 복잡하게 얽히기 시작하는 시기였다. 그런데 바로 이런 시대의 국제 관계가 기록상으로는 매우 애매하게 되어 있다. 이렇게 복잡한 국제 정세 속에서 근초고왕과 백제가 어떠한 역할을 했는지가 미궁에 빠져 있는 것이다.

여기서 애매하다는 점에 대해 좀 더 분명히 해 놓을 필요가 있다. 4~5세기 당시 동아시아 국제 정세는 북방의 강력한 고구려 세력과 그에 대항하는 남방 세력의 대립 구도가 잡혀 있었다. 여기에 대해서는 별다른 군소리가 없다. 논란의 대상이 되고 있는 점은 고구려에 대항하는 세력의 중심이 누구였느냐는 점이다.

후보로 약소 세력이었던 가야를 지목하는 사람은 별로 없으니, 백제와 왜가 남게 된다. 이 장면에서 중심 세력으로 지목된 나라의 역사적 비중은 상당히 커진다. 주변 세력을 규합해서 고구려 같은 막강한 나라에 대항할 만큼 당시 국제 사회에서 영향력을 가지고 있었다는 뜻이 되기 때문이다.

369년 사건, 실제로 있었나?

이 점을 밝혀내는 데 중심적인 역할을 하는 사건이 바로 369년에 있었던 백제와 왜 연합 세력의 가야 지역에 대한 정벌이다. 기록이 단편적으로밖에 남아 있지 않지만, 이 사건 이후로 백제-가야-왜가 연결되어 고구려-신라 세력과 분쟁을 벌이는 양상이 나타난다.

물론 사건에 대한 기록은 시퍼렇게 살아 있다. 그럼에도 불구하고 이 사건이 백제 역사는 물론, 동아시아 역사 전체를 미궁에 빠뜨려 버렸다. 하필이 기록이 말썽 많은 『일본서기』에만 나오기 때문이다. 『일본서기』는 동서고금東西古今을 통틀어서 조작이 심한 기록으로 꼽히고 있다. 그 때문에 많은 학자들이 아예 '믿지 못할 것'으로 치는 경우가 많다. 또한 그런 기록답게 가야 지역 정복도 일본 고대사의 여걸 신공황후神功皇后(진구코고)가 했다고 적혀 있다. 액면 그대로 믿기에는 너무 황당하다는 것이 대부분 학자들의 견해이다.

그렇다고 해서 완전히 거짓으로 무시해 버리기에는 석연치 않은 점이 있다. 나중에 성왕의 입에서도 근초고왕 때의 상황이 언급되는 등, 아예 없었던 일이라고 하기에는 앞뒤의 사건들과 너무나 밀접하게 연결되어 있다.

기록을 완전히 믿지 못하겠다는 전제에서 골치 아파지는 문제는 또 있다. 근초고왕의 활약상부터 이상해진다. 희한하게도 『삼국사기』에는 백제의 최전성기를 이끌었던 근초고왕의 활약상이 그다지 나타나지 않는 것이다. 평양성까지 쳐들어가 고국원왕을 전사시킨 사건이 거의 유일하다시피 한 활약상이다.

가야 정복과 관련된 내용을 빼버리고 나면, 근초고왕이 백제의 전성기를 이끌었다는 왕답게 이렇다하고 내놓을 만한 업적이 별로 없는 셈이다. 물론 근초고왕의 초기 기록을 떼어내서 온조에게 갖다 붙여 놓았다는 주장도 없는 것은 아니다. 하지만 이 자체가 별다른 근거가 없는 주장인데다가 이런 식으로 본다면 어디서부터 어디까지가 근초고왕의 업적인지 구분해 내기도 어렵다. 따라서 그런 식의 주장은 기록이 없다는 것과 그리 큰 차이가 나지 않는다. 즉 『일본서기』에 나오는 근초고왕 때의 기록이 깡그리 거짓말이라고 해버리면, 백제의 최고 전성기가 근초고왕 때라고 볼 근거도 없다는 뜻이다.

　이렇게 애매한 기록을 해석해서 나오는 시나리오는 대체로 3가지다. 왜가 주도한 정복에 백제가 앞잡이로 나섰거나, 이 정벌 자체가 있지도 않았거나, 백제가 주도한 사업에 왜가 앞잡이로 나섰던 사건으로 구분되는 것이다. 그래서 이 부분도 백제 역사의 시나리오를 선택하는 데 중요한 분기점이 된다.

　백제가 4세기 중엽에는 왜의 앞잡이 역할이나 하고 있었는지, 아니면 그저 그렇게 자기 세력이나 유지하고 있었는지, 그도 아니면 주변 세력들을 장악하며 동아시아의 한 축을 이루는 중심 세력으로 성장해 있었는지가 결정되는 것이다. 세 갈래로 갈려진 이 미로에서 길을 찾기 위해서는 각각의 길이 인도하는 시나리오에 대한 검토가 필요하다.

시나리오 1

　그러면 첫 번째 시나리오부터 살펴보자. 이 시나리오는 『일본서기』 신공황후 49년에 나타나는 가야 정벌 기록을 액면 그대로 인정할 때 나오는 것이다. 미세한 부분에서는 시나리오마다 조금씩 틀리기는 하지만, 큰 차이는 없으니 이 전제로 추출되는 대표적인 시나리오만 살펴보기로 하자.

　대략적인 내용은 이렇다. 3세기부터 한반도에 기반을 잡고 있던 야마토 정권은 4세기 전반 낙랑·대방이 고구려에 멸망당하면서 혼란이 생기자 자신들의 기반을 지켜낼 필요를 느꼈다. 그래서 한반도 남부에 대한 대규모 정벌 사업을 벌였다. 이 과정에서 백제를 앞잡이로 내세웠고, 정복 사업이 성공리에 끝이 나자 정복한 땅을 백제에게 주어버렸다.

　길게 설명하지 않아도 황당한 시나리오라는 점을 쉽게 알아볼 수 있을 것이다. 특히 마지막 부분이 압권이다. 애써 정복한 땅을 백제에게 그냥 주어버렸단다. '세상에 이렇게 인심 좋은 국제 관계가 있을 수 있는가?' 라는

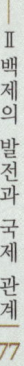

『일본서기』 기록에 의하면, 본격적으로 한반도 고대 국가들을 복속시킨 이가 바로 신공황후라고
되어 있다. 일본 국수주의자들의 입맛에 딱 맞는 내용인 것이다. 그림은 한반도 남부를 정벌한 신
공황후가 항복을 받고 있는 것을 그린 일본 상상화.

감탄을 자아낸 것이 바로 이 부분이다.

하긴 이 시나리오는 유명한 식민사학자 스에마쓰 야스카즈末松保和가 쓴 것이라, 애초부터 역사적 사실을 제대로 풀어 주리라고 기대하는 것 자체가 무리였을지 모른다. 그럼에도 불구하고 다루지 않을 수 없는 것은, 최초의 체계적 시나리오이기 때문이다. 아무리 말 같지 않은 학설이라도 처음으로 나왔기 때문에 어쩔 수 없이 다루어야 하는 고충을 이해해 주시기 바란다. 최초의 연구를 한 사람은 이래서 아무리 헛소리를 학설이랍시고 내놓았더라도 무조건 유명해질 수 있다는 교훈(?)을 안겨준 셈이다.

이렇게만 얘기하면 너무 감정적으로 들릴 수 있으니, 간단한 문제점 한 가지만 추가해 보기로 하자. 무엇보다도 시나리오의 전제 조건부터 문제투성이다. 이 시나리오는 4세기 중엽 신공황후가 대규모 정벌을 했다는 데에서 출발한다. 그 계기가 3세기 한반도에 기반을 잡고 있었다는 것이다.

이런 시나리오에 근거가 될 만한 3세기의 기록은 왜의 여왕 히미코에 관련된 것 정도다. 이조차도 '정복'이 아니라 '교빙' 사절을 보내왔다는 내용이다. 정황 증거라는 것도 별 게 없다. 3세기 당시의 기술로는 일본에서 중국으로 직접 갈 수 없었으니, 한반도에 기반이 있었을 것이라는 추측이 근거의 전부다.

물론 이건 설득력 있는 근거라고 할 수 없다. 굳이 정복하지 않더라도 한반도에 있던 나라들과 관계만 잘 맺으면 얼마든지 중국으로 갈 수 있다. 그래서 히미코가 교빙 사절을 보낸 거 아니냐고 하면 아귀도 잘 맞는다. 그런데도 이런 사정을 무시하고 한반도에 왜가 기반을 잡고 있었다는 전제를 깔아 버렸다. 주변 국가들과 어떻게든 잘 지내서 중국에 가는 조공길을 뚫어보고자 했던 히미코의 노력이 졸지에 정복 활동으로 둔갑해 버린 셈이다. 즉 전제 조건부터 제멋대로 설정해 넣은 것이다. 이것 말고도 앞뒤가 맞지 않는 내용이 워낙 많기 때문에, 현재 명색이 학자라는 사람 중에 동아시아나 백제 역사를 이런 시나리오로 그려내는 사람은 별로 없다.

시나리오 2 ☙

이렇게 해서 길 하나를 제외해 버리면 두 갈래 길만 남는다. 사실 지금까지 계속되는 논란도 근본적으로는 나머지 두 갈래 길 가운데 어느 쪽을 선택하느냐는 데에서 시작된다. 그렇다면 이제 두 번째 시나리오를 살펴볼 차례 같다. 이 시나리오는 어차피 거짓말투성이 『일본서기』의 정복 기록을 믿어줄 필요가 있느냐는 발상에서 출발한다.

간단하게 말해서 『일본서기』에 나오는 가야 정벌 기록은 없었던 일로 쳐야 한다는 것이다. 『일본서기』 중에서도 신공황후에 관련된 기록은 과장과 왜곡으로 유명하니 이런 발상이 나오는 것도 무리는 아니다.

서로 각을 세우고 있는 현실을 감안하면, 한국과 일본 양쪽에 매우 공평해 보이는 것 같다. 많은 사람들이 이 시나리오를 추종하는 데는 중립적인 학설이라는 인식도 작용하는 것 같다. 하지만 알고 보면 꼭 그렇지도 않다.

이 해석을 택하면 4세기 중엽에는 이렇다 할 만한 사건이 없었다고 보아야 한다. 정벌 기록 자체를 헛소리로 치부해 버리게 되니, 이때 활약했다는 백제인들에 대해서도 굳이 주목할 필요가 없다.

오히려 꼬투리로 활용되기까지 한다. 두 번째 시나리오의 가장 강력한 증거를 백제 장군 목라근자와 그 아들 목만치에 관한 기록에서 찾는 것이다. 그 내용은 이렇다. 『일본서기』에 의하면 근초고왕과 신공황후 때 가야 정복에 중요한 역할을 했던 사람이 백제 장군 목라근자木羅斤資였다. 그에게는 목만치木滿致라는 아들이 있었는데, 이 아버지와 아들에 관한 이해하기 어려운 기록이 있다.

응신應神(오진)천황 25년의 기록을 보면 "『백제기百濟記』에 전하기를, 목만치는 아버지 목라근자가 신라를 칠 때 그 나라의 부인을 얻어서 낳았다(百濟記云 木滿致者 是木羅斥資 討新羅時 聚其國婦 而所生也)"는 내용이 나온다. 여기서 '신라를 칠 때'라는 구절은 신공황후 49년의 '탁순에 모여 신라를 공격해 격파했다'는 기록과 일치하는 것처럼 보인다. 이렇게 보면 목만치가 369년에 태어났다는 뜻이 되어 버린다.

그런데 이 목만치가 『삼국사기』에도 나타난다. 475년 고구려군이 몰려오자 개로왕蓋鹵王은 후계자로 지명한 문주文周를 피신시켰다. 이때 문주를 호위했던 사람이 목만치였다. 이렇게 되면 문주를 호위하던 당시 목만치의 나이가 무려 106살이 되어버린다. '사람이 이때까지 살기도 어려운데 왕통을 이어갈 사람을 호위하는 중책을 맡을 수 있었겠는가'라는 의심을 받는 것은 일면 당연하다.

목라근자-목만치 부자에 대한 의심은 큰 의미를 가진다. 『일본서기』의 연표 조작과 왜곡은 주로 같은 시기에 활동했던 백제인을 기준으로 바로잡는다. 그런데 백제인에 관한 기록도 이와 같이 믿을 수 없다면 4세기 중엽의 기록은 아예 믿지 않는 편이 낫지 않느냐는 논리가 성립하는 것이다.

이러한 전제로 기껏 만들어 낸다는 시나리오의 대표적인 내용도 대체로 이렇게 된다. 4세기 중엽인 근초고왕 때에 백제와 왜의 교역이 가야를 통해 이루어졌다. 『일본서기』에서는 이 내용을 두고 마치 가야 지역을 정복한 것처럼 과장을 했다.

시나리오가 이런 식으로 흐르면 이때 백제의 비중도 별 볼일이 없게 된다. 그저 왜 같은 나라와 교역이나 시작하며 자기 세력 보존이나 하는 정도 이상의 활약이 없기 때문이다. 백제가 이렇게 4세기 중엽에 조용히 지내고 있었다고 보게 되면, 뒤이어 벌어졌던 사건에 있어서도 들어갈 틈이 없어진다. 그래서 고구려의 임나가라 정벌 등, 당시 국제 정세를 보여주는 데 있어서 중요한 사건들이 근본적으로 고구려와 왜의 대립구도 속에서 나온 것처럼 보이게 되는 것이다.

쓰다 등이 앞장서서 이런 시나리오를 만들어낸 이유도 내심 이런 결과를 의도했기 때문이라 할 수 있다. 물론 이런 결과가 나오게 되니까 두 번째 시나리오를 인정하지 말자는 뜻은 아니다. 여기에도 문제가 있으며, 이를 보완하는 대안도 있기 때문이다.

시나리오 3 ✍

대안으로 제시된 다른 시나리오는 이 정벌에 백제가 깊이 개입되어 있다는 사실에서 시작된다. 이 정벌 사업은 기본적으로 왜군을 주축으로 이루어졌다는 것이 『일본서기』의 내용이지만, 근초고왕, 근구수왕, 백제장군 목라근자를 중심으로 한 백제인들도 참여한 것으로 되어 있다.

단순히 백제인이 참여하고 있다는 사실만 가지고서는 큰 의미가 없을지 모른다. 그렇다면 이때 참여한 백제인들이 정벌에 어떤 역할을 했었는지가 핵심적인 문제이다. 시나리오가 갈라지는 것도 바로 이 장면에서다.

먼저 신공황후가 애써 정복한 땅을 백제에게 주어버렸다는 내용을 주목할 만하다. '세상에 이렇게 인심 좋은 국제 관계가 있을 수 없다' 는 점을 뒤집어 생각해 보면, 결국 이 정복 활동의 중심 세력이 누구였는지 시사하는 바가 적지 않을 것이다.

나중에 벌어진 상황을 보아도 이 정벌의 주체가 백제 아니었겠느냐고 의심해 볼 근거도 충분하다. 6세기에 '임나를 재건하자' 는 계획이 추진되던 가운데 나오는 성왕의 말이 중요한 근거로 꼽힌다. 이때 성왕은 입을 열 때마다 근초고왕 · 근구수왕이 가야와 밀접한 관계를 맺었다는 점을 강

조했다.

　성왕의 말이라고 무조건 믿자는 것은 아니지만, 근거가 없는 말이라고 보기에는 너무나 중요한 장면에서 튀어나왔다. 임나의 대표자들을 불러 모아 놓은 자리에서 나온 말이다. 그들을 달래고 설득하는 자리였다. 근거도 없는 말을 늘어놓을 자리가 아닌 것이다.

　더욱이 이런 말이 기록된 이유도 의미심장하다. 『일본서기』에 아무리 거짓말이 많더라도 자기네 천황에게 유리하지도 않은 말을, 그것도 백제 왕이 직접적으로 했다는 말이라고 써 놓았을 것 같지는 않다. 우스갯소리로 하자면, 별로 유리하지도 않은 내용을 따옴표 안으로 집어넣어서까지 조작했겠느냐는 것이다. 결국 『일본서기』를 편찬하는 중에 참고했던, 백제의 역사서 『백제본기』에 나와 있던 내용이 아니라면 지금까지 전해질 이유가 없지 않느냐는 발상이다.

『일본서기』를 어떻게 활용할 것인가?

　그러고 보면 『일본서기』 기록을 100% 거짓말이라고 보는 것도 문제가 있다. 한 사람의 말도 입에서 나오는 말이 100% 거짓말이라면 그것은 거짓말로서 의미가 없다. 거짓말을 하더라도 기본적인 사실에 거짓을 섞는 게 보통이다. 역사 기록이라는 것은 더 말할 나위가 없다. 과연 있지도 않았던 새빨간 거짓말로 한 시대 중요한 사건을 모조리 도배해 놓을 수 있겠느냐는 발상을 해봄직 하다.

　이렇게 보면 신공황후에 관한 내용은 정황으로 보나 앞뒤의 논리로 보나 조작되었을 가능성이 농후하지만, 근초고왕에 관련된 내용까지 그럴 이유는 없다는 점이 눈에 들어온다. 여기서 조금 더 나아가면, 자기네 천황을 미화하는 데 눈이 시뻘건 『일본서기』 편찬자들이 근초고왕의 업적을 훔쳐 신공황후에게 얹어 놓은 것이 아니냐는 의심까지 할 수 있다.

그렇다면 두 번째 시나리오의 결정적 근거였던 목라근자−목만치에 관한 기록은 어떻게 되느냐는 의문이 생길 수 있다. 하지만 여기에도 해법이 없지 않다.

가장 단순한 해법이 『일본서기』에 나오는 목만치와 『삼국사기』의 목협만치木劦滿致는 별개의 인물이라고 보는 것이다. 지금도 동명이인同名異人이 있으니, 백제 때라고 없겠느냐는 것이다. 실제로 『삼국사기』에 해구라는 동명이인이 나오기도 하니 목만치라고 동명이인이 아니라고 하기도 난감하다.

이외에 다른 해법도 있다. 여기서의 문제는 목만치가 태어난 연대를 369년이라고 보았기 때문에 생겨난 것이다. 근거는 응신천황 25년의 '신라를 토벌할 때(討新羅時)'라는 구절과 신공황후 49년의 '탁순에 모여 신라를 공격해 격파했다(俱集于卓淳 擊新羅而破之)'는 구절이 같은 사건을 묘사했다고 보는 데 있다.

하지만 369년에는 백제와 신라가 전쟁을 벌인 적이 없다. 있지도 않았던 일이 백제의 역사에 기록되어 있을 리도 없는 것이다. 더욱이 여자를 얻고 목만치가 태어난 것도 마치 한꺼번에 일어난 일인 것처럼 묘사되어 있지만, 이 또한 여러 단계를 거쳐 일어나는 게 정상이다. 즉 목라근자가 바쁜 정복 활동을 해야 하는 시기에 결혼을 서둘렀을 리도 없는 것이며, 목만치 위로 딸 같은 다른 자식들이 있었을 가능성도 충분하다는 점을 감안할 수 있다는 뜻이다.

그러니 목만치도 굳이 369년에 태어났다고 볼 필요가 없다. 오히려 목라근자가 한참 나이가 든 다음에 얻은 아들을 애지중지 키워 가문의 모든 기반을 넘겨주었다고 볼 가능성도 충분하다. 이렇게 보면 마지막 시나리오가

성립하지 않는다고 보아야 할 이유도 없는 셈이다.

마지막 시나리오의 의미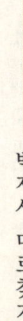

마지막 시나리오를 택하게 되면 4세기 이후의 국제 정세도 이렇게 해석된다. 근초고왕 때, 고구려가 북방의 적에 시달리는 사이 백제는 남방의 여러 세력을 손아귀에 넣었다. 그 결과 백제는 북방의 고구려에 대항하는 자국 중심의 동맹체를 만들어 동아시아 남부의 국제 정세를 주도할 수 있었다.

이 문제는 단순히 근초고왕 때 백제가 가야 지역을 세력권에 넣었느냐 마느냐만 걸리는 차원에서 끝나지 않는다. 이후 5세기까지 벌어지는 복잡한 국제 관계를 어떻게 해석하느냐는 문제와 직결되는 것이다. 이어지는 한 두 개의 주제도 바로 이 문제와의 연장선상에서 다루어지게 된다.

2. 백제와 4~5세기의 국제 정세

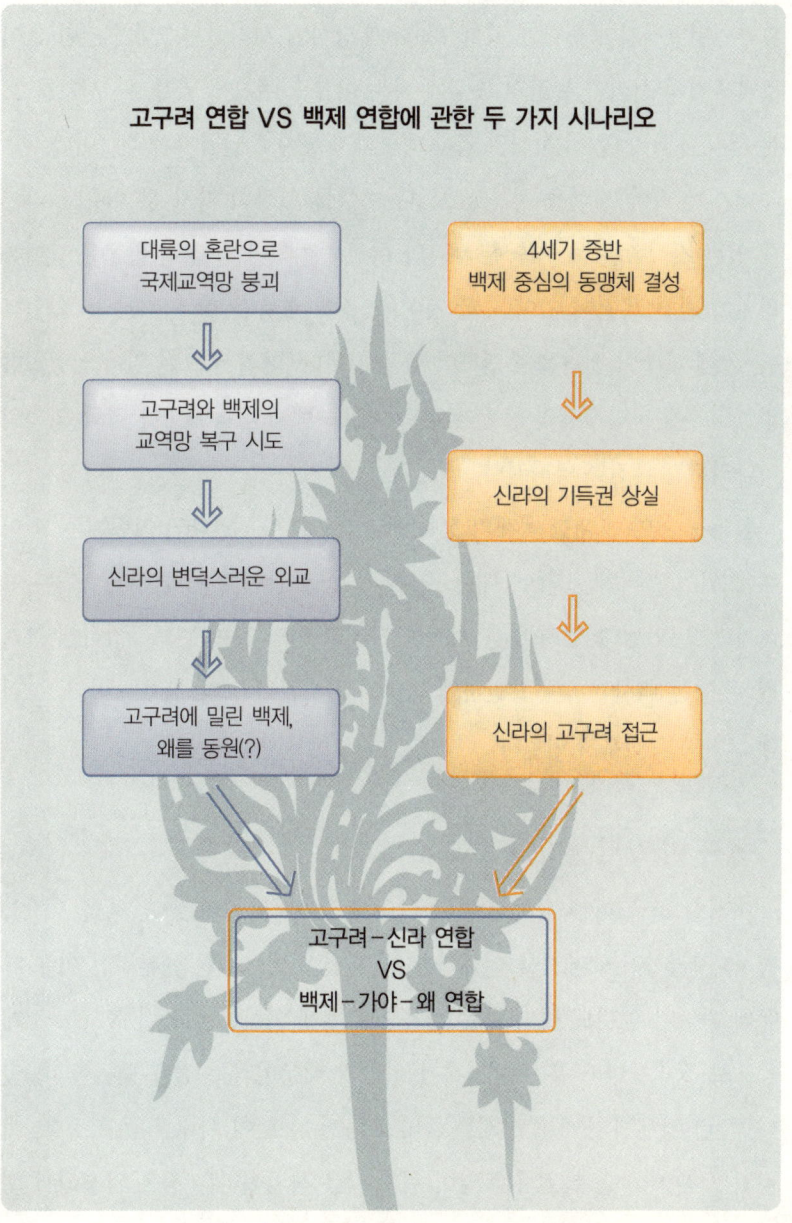

고구려 연합 VS 백제 연합에 관한 두 가지 시나리오

대륙의 혼란으로
국제교역망 붕괴

⬇

고구려와 백제의
교역망 복구 시도

⬇

신라의 변덕스러운 외교

⬇

고구려에 밀린 백제,
왜를 동원(?)

4세기 중반
백제 중심의 동맹체 결성

⬇

신라의 기득권 상실

⬇

신라의 고구려 접근

고구려-신라 연합
VS
백제-가야-왜 연합

　4세기라는 시기가 백제뿐 아니라 동아시아 전체의 역사에 있어서 중요한 시기였음에 대해서는 두말할 나위가 없다. 백제 역사 중에서도 근초고왕이 활약했던 4세기 중반에서 광개토왕에게 당하기 시작하는 5세기 전반에 이르기까지의 시기가 논란의 중심에 서는 이유도 여기에 있다. 이 시기를 보는 시각에 따라 앞 뒤 시대의 역사 해석까지 통째로 달라지기 때문이다.

　백제가 가야 지역을 정복했었느냐 여부를 열심히 따져 둔 이유도 다른 데 있는 것이 아니다. 상당한 투자와 희생을 치러야 할 정복 활동을 감행하려면 그만한 목적이 있어야 할 것이고, 정복 활동을 할 처지가 못 되었다면, 그에 맞추어 전략을 수립해야 했을 것이다. 따라서 그런 일이 있었느냐 없었느냐에 따라 4세기 중반에서 5세기 초 백제와 동아시아 각국 역사의 시나리오가 완전히 달라진다.

　앞에서 가야에 대한 백제의 정복 시나리오를 다루었다면 이번에는 그 이후에 벌어진 국제 정세에 대한 시나리오들을 살펴볼 차례이다. 그렇다고 하지만 얼마 남아 있지 않은 기록을 가지고 이와 같이 변화무쌍하게 그려질 수 있는 역사를 일목요연하게 정리해내는 일이 그리 쉽지는 않다. 그런데 그마저도 전부가 아니다.

역사 미로 만들기 🍃

　여기서 조금 더 솔직하게 말할 필요가 있을지도 모르겠다. 책을 시작하면서, 지금까지 백제사를 이해하는 데 혼선이 벌어졌던 근본적인 이유 가운데 하나가 앞뒤도 맞지 않는 내용으로 백제 역사를 비틀어 놓고도 체계적으로 정리했다고 우기는 경우가 많았기 때문이라는 점을 언급한 바 있다. 그런 경우에 대하여 사례를 들라고 하면 바로 이 시대를 들고 싶다. 이 시기 백제 역사를 복원하는 일이 쉽지 않은 작업이라는 점을 악용해서 백제 역사를 더욱 복잡하게 꼬아 버리는 행각이 집중적으로 벌어지는 시기이기도 하다.

어차피 시비 걸릴 일도 별로 없으니 아무 얘기나 대충 만들어 놓고 보자는 게 작금의 고대사학계 풍조이기는 하지만, 이 시기에 대한 시나리오는 특히 심한 축에 속한다. 그래서 다른 시기보다 훨씬 복잡한 미로가 만들어진다.

역사의 미로가 어떻게 만들어졌든, 여기서 길을 찾는 과정에 제일 먼저 해야 할 일은 뭐니뭐니 해도 기록에 나타나는 상황을 살펴보는 것이다. 당시 기록에 나타나는 백제의 주요 대외 활동은 이렇다. 364년에는 탁순에서 왜의 사절과 접촉하며 백제와 왜가 본격적으로 외교 관계를 맺기 시작했다. 366년과 368년에는 근초고왕이 신라 내물왕에게 사신을 보내며 화친을 맺었다.

이전까지 주로 북방에 집중해 오던 백제가 이때부터 적극적으로 남방으로 진출했다는 것이다. 그렇다고 북방 세력과의 관계가 전혀 없었다는 뜻은 아니다. 오히려 369년 이후 고구려와 공방전이 더욱 치열하게 이어졌다. 4세기 백제의 근초고왕과 근구수왕 대에는 나름대로 선전을 했다고 할 수 있겠지만, 5세기에 접어들어 진사왕·아신왕 대가 되면 고구려의 광개토왕에게 밀리는 형세가 된다.

그렇게 많지 않은 내용이다. 그럼에도 불구하고 이를 통해 나타나는 해석은 과연 같은 백제 역사에 대한 것이 맞느냐는 생각이 들 정도로 다르게 나타난다. 어쩌면 얼마 되지 않는 기록이기 때문에 해석이 크게 틀려지는지도 모르겠다.

사람마다 조금씩 다른 시나리오를 제시하는 상황에서 그 많은 시나리오의 세밀한 부분까지 일일이 살펴보게 되면 독자들께 백제 역사에 대한 이

해를 돕는 게 아니라 오히려 더욱 헷갈리게 만드는 결과를 초래할 수 있다. 그래서 대표성을 가진 시나리오를 엄선해서 살펴보는 방법을 택해야 할 것 같다. 여기서 대표성을 가진 시나리오를 지목하자면 어쩔 수 없이 『백제문화사대계』의 것을 택할 수밖에 없다.

혹시 오해하는 사람이 있을까봐 한마디 해두어야 할 것 같다. 이런 데에서 굳이 『백제문화사대계』의 내용을 대표적인 것으로 꼽는 이유는 정리가 잘 되어 있기 때문이 아니다. 피 같은 세금 써가며, 공공 기관의 권위를 등에 업고 제작되었기 때문에 아무리 엉터리 내용이라도 무조건 대표성을 가질 수밖에 없다는 뜻이다.

백제와 고구려의 분쟁 원인(?)

우선 이 시나리오에서 주인공인 백제의 입장과 전략을 보는 시각부터 살펴보자. 물론 주인공이 백제라고 해서 백제의 움직임만 쫓아가서는 줄거리가 나오지 않는다. 국제 관계라는 것은 혼자서 만들어갈 수 있는 것이 아니라 상대가 있는 법이다. 더욱이 이 시기는 한 나라만 상대하던 시대도 아니라 여러 세력이 한꺼번에 얽혀 돌아가던 시대였다.

그래서 우선 이 시기 동아시아 역사에 일대 파란을 일으킨 백제의 의도를 주목해야 한다. 여기서 부각되는 백제의 기본 전략은 고구려와 대치하고 있는 상황에서 배후의 안정을 취하려 했다는 것이다. 물론 이 자체는 별다른 의미가 없다. 대부분의 연구자들이 쉽게 유추할 수 있는 사실이며 이미 수용하고 있는 전제이기도 하기 때문이다. 진짜 문제는 백제와 고구려의 분쟁이 무엇을 둘러싸고 벌어졌으며, 백제는 배후의 안정을 어떠한 방법으로 확보하려 했겠느냐는 점이다.

『백제문화사대계』의 시나리오에서는 이 분쟁의 근원을 교역망 정비라는 차원에서 파악한다. 당시 백제와 가야 및 왜의 교섭은 서진西晉 초기에 정비되었던 교역망이 서진의 혼란과 화북·요동 지방의 격변으로 단절되었는데, 백제가 근초고왕 대에 와서 다시 복원하는 과정으로 이해한 것이다. 그 역사적 기원은 후한·위·진 때의 낙랑군 – 진한의 교역망과 대방군 – 마한 – 변한 – 왜로 이어지는 교역망이라고 본다.

이 교역망을 고구려와 백제가 각각 자신을 기점 또는 중심축으로 하여 새롭게 구성하며 정치적·군사적 동맹의 축으로 활용했다는 것이다. 즉 고구려와 백제는 각각 한반도를 중심으로 하는 과거 서진 이래의 교역망을 복원하여 자신의 정치적 세력권과 대외 교섭망을 구축해 갔으며 그 결과 한반도 내에서의 주도권을 두고 대결의 장이 펼쳐지게 되었다는 얘기가 된다.

늦어도 근초고왕 때에는 전북 지역이 백제의 지배 영역으로 편제되었을 것이며, 전남 지역이나 가야 및 왜와는 교역망의 구축이나 군사적 동맹 체제의 수준에서 운영되었을 것이라는 추정이 그 전제 조건이다. 이러한 교역망의 복원 내지는 대외 교섭 관계를 배경으로 근초고왕 이후 백제가 비약적인 성장이 가능했다는 것이다. 이 체제가 5세기 전반까지 작동했으며, 그러한 면모가 광개토왕 비문에 보이는 고구려와 백제의 대결 구도라는 주장이다.

교역망 재편설의 허구 🌿

대표성을 가진 연구에서 이렇게 정리해 두면, 4세기 중반에서 5세기 전반 고구려와 백제라는 두 축을 중심으로 세력 구도가 형성되어 나아가는 상황을 제법 체계적으로 정리한 것처럼 비칠 수도 있다. 하지만 그렇게 보이게 만들어 놓은 것 자체가 백제사를 제대로 이해하고 싶어 하는 사람들에게는 비극이다.

　우선 백제와 고구려의 갈등이 교역망 장악 시도에서부터 시작되었다는 해석 자체가 눈속임에 불과하다. '교역망 장악' 이라는 것은 시대와 지역을 초월해서 항상 중요한 요소였다. 하지만 그렇다고 해서 백제와 고구려가 중국에서 한반도를 거쳐 일본으로 이어지는 교역망을 중심으로 대결을 벌였다고 보는 것은 별개의 문제다. 즉 굳이 이 시기 백제와 고구려에게 교역망 장악이 결정적인 요소가 되었다는 점을 보여주지 못하면 사실상 하나마나한 소리가 된다.

　그런데 조금만 따져보면 백제나 고구려나 이전의 교역망 장악을 두고 그렇게까지 싸울 필요가 없었다는 사실을 알 수 있다. 중국과 직접 교류가 가능한 백제와 고구려는 기존의 교역망과는 상관없이, 자신들에게 필요한 교역을 얼마든지 해낼 수 있었기 때문이다. 따라서 백제와 고구려가 자기 나라에 필요한 교역 때문에 이전의 교역망을 두고 싸웠을 리가 없었다.

　자기 나라에 필요한 것이 아니었다면 그 목적은 다른 데서라도 찾을 수 있어야 한다. 즉 직접 교역이 곤란한 한반도 남부와 일본 열도에 걸쳐 있던 나라들에 대한 영향력 확보라는 의미라도 있어야 한다는 것이다.

　그런데 따져 보면 이조차도 잘 되지 않는다. 교역망 장악으로 남방의 국가들에 대한 영향력을 확보하려면 단순히 한두 개 나라가 아니라 한반도 남쪽에서 일본 열도에 있는 전체 나라의 이익을 좌우할 수 있어야 한다.

　하지만 아무리 중국과의 직접 교역이 곤란했던 남방의 나라들이라 하더라도, 백제나 고구려 가운데 하나하고만 통하면 교역을 못할 것도 없다. 실제로도 신라는 고구려에, 가야와 왜는 백제에 편을 갈라 붙었다. 오히려 이렇게 편이 갈릴 수 있다는 사실 자체가 어느 쪽에 붙어도 신라·가야·왜는 필요한 교역을 유지할 수 있다는 점을 말해주는 셈이다.

풍납토성에서 출토된 청동자루솥
술이나 약을 데울 때 쓰인 이 그릇은 당시 중국과 백제가 밀접한 교역과 교류
관계에 있었음을 증명하는 명백한 증거다.

희한한 시나리오

이렇게 보면 백제나 고구려가 이전의 교역망 자체를 두고 싸움을 벌여야할 이유가 없었음을 알 수 있다. 이렇게 전제 조건부터 이유 같지 않은 이유에서 출발했으니 뒤이은 시나리오도 꼬일 수밖에 없다.

그러면 여기서 제시하는 시나리오부터 보자. 백제는 교역권 장악을 위해고구려에 신경 쓰느라 신라에 대해서는 외교적으로 그다지 큰 비중을 두지도 않았고, 신라에 대한 조치는 대 고구려 전략과도 별 상관이 없었다고 전제를 깔았다. 그래서 근초고왕이 내물왕에게 사신을 보내 화친을 맺었다는기록까지 별 근거 없이 못 믿을 것으로 치부해버렸다. 그러한 사실이 있다고 해도 기껏해야 단기간이고 1회성에 그치는 상황이었다는 것이다. 그만큼 근초고왕은 신라에 대해 외교적 비중을 두지 않았다는 주장이다.

이어지는 시나리오는 다른 사람이 정리했지만, 연속성을 가지고 있으니굳이 구별하면서 살펴보지 않아도 될 것 같다. 그런데 다음 장면부터 해결해야 할 문제가 생긴다. 바로 신라가 자신에게 별 비중을 두지도 않는 백제와 화친을 맺는 이유를 찾아야 하기 때문이다.

『백제문화사대계』의 시나리오에서는 그 이유를 신라가 왜와 가야의 침략에 시달리고 있었기 때문이라는 데에서 찾게 된다. 즉 백제 방면이 안정되어야 왜와 가야의 침략을 막는 데 전력을 기울일 수 있기 때문이라는 것이다. 하지만 그랬음에도 불구하고 신라는 왜에까지 사신을 보내어 밀월관계를 유지하고 있었다고 본다.

그러나 백제와 왜 · 가야의 긴밀한 관계가 신라에 위협이 되자, 373년 독산성주의 망명 사건을 계기로 백제와의 관계를 단절하고 고구려와 화친 관계를 맺어 백제에 대항했다고 해석한다. 신라 내물왕의 계산으로는 백제보다 강력한 고구려와 연합하는 편이 왕권을 강화하는 데 유리하다고 판단했다는 것이다. 신라가 고구려에 접근한 이유를 이렇게 설명했다.

그렇다면 왜의 입장은 어떻게 해석될까? 『백제문화사대계』에는 이때 왜의 입장이 대충 이런 식으로 정리되어 있다. 4세기 중반의 왜는 선진 문물, 특히 철 자원에 대한 수요가 급증하는 상황에 처해 있었다. 그래서 종래 가야로부터의 수입만으로는 수요를 감당할 수 없게 되어 백제에 접근했다는 것이다. 이 사실 자체만 보자면 왜가 아쉬워서 백제에 접근한 셈이 된다.

여기서 아쉬운(?) 점은 가야가 무엇 때문에 백제 쪽에 가담했는지에 대해서는 언급조차 없다는 것이다. 어쨌든 이러한 과정을 거쳐 고구려 – 신라 연합 대 백제 – 가야 – 왜 연합의 대결 시기로 진입했다는 결론을 지었다.

바보들의 행진 🍃

눈치 빠른 독자라면, 이렇게 정리된 시나리오를 놓고 무엇 때문에 백제 역사를 비틀어 놓았다는 말이 나오는지 이해할 수 있을 것이다. 그래도 아직 복잡해서 헛갈리는 분이 있을지 모르니 조금 구체적으로 살펴보자.

무엇보다도 이런 시나리오에서는 백제가 도대체 무슨 생각을 가지고 국제 관계를 짜 나아가려 했는지부터 이해하기가 곤란해진다. 백제가 본격적으로 한반도 남부 및 왜 세력과 관계를 맺기 시작한 시점은 바로 근초고왕 때인 4세기 중반이다. 당연히 그때까지 한반도 남부에서 가장 강력한 세력은 신라였다. 즉 4세기 중반 이전까지만 해도 한반도 남부의 교역망을 장악하고 있던 세력은 신라였다는 뜻이다. 그러니 가야와 왜도 신라와 복잡하게 얽혀 있을 수밖에 없는 상황이다. 따라서 어떤 식으로든 가야 · 왜와 관계를 맺으려 한다면 신라를 건드릴 수밖에 없었다.

백제가 그런 신라를 무시하고 가야 · 왜와 밀접한 관계를 맺는 국제 관계를 짜 나아갈 수가 없는 상황이었다는 것이다. 그런데도 신라에게는 별 비

중을 두지 않는 외교 정책을 폈다고 한다.

백제의 입장을 이런 식으로 꼬아 놓으니, 신라는 더욱 이상한 나라가 되어버린다. 신라는 왜와 가야의 침략을 막으려 백제에 접근했으면서도 못내 마음을 놓지 못해 왜와의 밀월 관계를 유지한 셈이다. 그런데 이렇게 백제·왜와 다 같이 사이좋게 지내려 했다면 백제와 왜·가야의 긴밀한 관계가 무엇 때문에 신라에 위협이 되었는지 모를 일이다.

게다가 알다가도 모를 이 심리가 바로 고구려에 접근했던 이유라고 한다. 이왕 주변 세력과의 분쟁을 피하려 했다면 굳이 고구려 편에 붙어 분쟁의 한 가운데로 뛰어드는 것보다, 오히려 모두와 화친을 맺어 중립을 지키며 실리를 챙기는 편이 일관성 있는 정책일 것이다. 내물왕은 이 정도의 일관성도 없이 백제·왜·고구려와 변덕스럽게 접근을 시도하다 나중에 신라가 험한 꼴을 보게 될 씨를 뿌려 놓았다는 해석이 되는 것이다.

이 해석대로라면 내물왕은 걷잡을 수 없는 변덕쟁이였고, 신라 내부에서 이를 말릴 사람조차 없는 형편이어서 나라를 위기로 몰아버렸다는 말밖에 되지 않는다. 신라를 이렇게까지 형편없는 나라로 모는 이유가 궁금할 정도다.

우스워진 백제 역사

백제·신라를 이렇게 싸잡아 이상한 나라를 만들어 버리니, 다른 세력과의 관계도 자연스럽게 꼬여 버린다. 백제와 왜의 관계부터 이 도미노에서 벗어날 방법이 없다.

백제와 왜의 협력을 바라보는 시각도 이렇게 된다. 5세기 초반 백제는 전지를 인질로 보내면서까지 왜와 비밀리에 통교했다. 고구려와의 전쟁에서 밀리게 되었기 때문이다. 임나가라 정벌도 광개토왕 비문 영락 8년의 기록을 인용하여 백제가 광개토왕에 대한 맹세를 어기고 비밀리에 왜와 접촉했기 때문에 일어난 사건으로 해석했다.

이러한 일련의 조치는 백제가 왜의 군사력을 '동원'해서 고구려를 견제하려는 의도에서 나왔다고 한다. 그런데 이렇게 해 놓고 보니 엄청나게 헷갈린다. 백제가 고구려에 밀려 왜의 군사 지원까지 받아야 할 정도의 처량한 신세가 되었다면서 왜의 군사력을 '동원'했다는 표현을 쓰는 것부터 혼란을 일으킨다. 하나마나한 소리겠지만, '동원'이라는 의미에는 강제성이 내포되어 있다. 백제가 '비밀리'에 인질을 보내면서까지 통교를 성사시킨 주제라면 왜의 병력을 강제로 동원할 처지가 아니다. 초등학생 수준에서도 구별할 수 있는 용어의 선택을 잘못해서 혼선을 만든 셈이다.

단순히 말 한마디만 잘못한 게 아니다. 5세기 초의 상황만 떼어놓고 보면 고구려와의 대결에서 밀리던 백제가 왜에 의지해서 나라를 보존하려 했던 꼴이 된다. 즉 백제 - 왜 동맹은 백제가 아쉬운 상황에서 맺은 동맹 관계라는 뜻이 된다는 것이다. 백제의 위상이 그만큼 우습게 평가되는 셈이다.

결국 4세기 중반에서 5세기 초에 걸친 백제 - 가야 - 왜 동맹이 백제 주도의 동맹이라고 볼 근거도 없어진다. 뒷이야기가 많이 애매해지는 이유도 이러한 태도 때문이다. 특히 5세기의 국제 정세를 결정적으로 바꾸어 놓은 임나가라 정벌이 백제와 별 상관없는 사건이 되어버린다.

우선 신라가 무엇 때문에 그렇게까지 고구려에 매달려야 했는지 모호하다. 백제와 연결된 왜가 출몰하여 위협을 느끼고 있었기 때문에 고구려의 인질 요청을 마다할 형편이 아니라고 하나, 그전까지 독자적으로 왜의 침공에 잘 견디어 내던 신라가 하필 이때에는 위협을 느껴야 했던 이유를 제시하지 못하게 되기 때문이다.

또 바로 옆에서 고구려 · 신라 · 가야 · 왜가 어우러져 한바탕 난리가 나

고 있는데도 백제가 아무 일도 하지 않고 수수방관했던 이유에 대해서도 언급조차 하지 못한다. 『백제문화사대계』에서는 이런 장면에서 임나가라 정벌 때 고구려군이 어떤 길로 남하했는가 따지는 한가한 작업에나 집착하고 있지만 이런 일은 백제사는 물론 한국 고대사를 이해하는 데 별 도움이 되지 못한다.

이쯤 보여드리면 무엇 때문에 그 동안 백제 역사를 일목요연하게 이해하기 어려웠는지 감이 잡힐 것이다. 백제 역사를 이해하는데 결정적인 분기점 가운데 하나인 4세기 중반에서 5세기까지의 역사를, 대표성을 가진 책에서 이렇게 정리해 놓고 있으니 비전문가들이 쉽게 이해를 하면 그게 오히려 이상한 일이다.

얘기가 이렇게까지 꼬이게 된 원인은 다른 요인들에 대하여 심각하게 살피지 않고 교역망 장악을 위한 대결이라는 점을 강조한 데 있다. 별로 중요한 변수도 아닌 문제에 집착하다 보니 정작 결정적인 요인을 놓쳐버린 것이다. 그 결정적인 요인은 바로 근초고왕 때 백제와 가야의 관계 성립이다.

『백제문화사대계』에서는 이 문제를 애매하게 처리한 탓에 시나리오가 꼬일 수밖에 없었다. 백제가 가야에 '진출'했다는 표현을 써서 근초고왕 대의 정복을 인정하는 듯한 태도를 보이면서도, 그 이후 백제의 영향력에 대해서는 언급을 하려 하지 않는 경향이 있다. 그러니 백제가 고구려와의 대결에서 밀리는 상황에서 왜나 가야를 이용하게 된 계기는 말 할 것도 없고, 이 격변기에 백제가 어떤 역할을 했는지도 보여줄 수 없게 된다.

다른 가능성

그러한 점을 보여줄 대안을 제시하자면 이렇다. 전제 조건은 4세기 중반 근초고왕 때에 백제를 중심으로 가야와 왜를 엮는 동맹이 성립했다는 것이다. 이런 동맹이 아무렇게나 성립했을 리는 없다. 그 배경은 100년 즈음 거슬러 올라간 가야 – 신라의 갈등에서 출발했다.

3세기부터 가야 세력의 분열을 계기로 한반도 남부의 교역망을 신라가 독점하게 되자, 가야와 왜는 신라의 압박을 받게 되었다. 가야는 지리적으로 붙어 있어 압박을 쉽게 받는 사정 때문에 신라에 대하여 별다른 저항을 하지 못했지만, 한반도를 통한 교역에 피해를 입은 왜는 신라와 100년 넘게 분쟁을 벌였다.

4세기 중반 백제의 남방 진출 시도는 이런 국제 정세에 파란을 가져왔다. 남방의 국가에 비해 훨씬 강력한 국력을 가지고 있던 백제의 진출에 의하여 한반도 남부에서 일본 열도에 이르는 국제 관계는 백제를 중심으로 재편되었다.

가장 피해를 본 세력이 신라였다. 백제 중심의 동맹 체제가 맺어지는 데 윤활유 역할을 했던 이권의 분배는 신라의 기득권을 빼앗아 가야와 왜에게 나누어주는 방식이 될 수밖에 없었다.

불만이 있으면서도 백제에 눌려 함부로 표출하지도 못했던 신라가 백제의 숙적인 고구려에 접근하려 한 것도 이상할 것이 없다. 고구려에 대한 신라의 접근이 가속되자, 처음에는 방치하던 백제의 입장에서도 견제하지 않을 수 없는 상황이 되었고 실성이 고구려에 인질로 가는 사건을 계기로 본격적인 충돌이 일어나게 되었다. 393년 이후 왜의 신라 침공이 재개된 이유도 여기에 있었다.

백제는 여기에 직접 개입하지는 않았다. 고구려의 압력을 받고 있는 상태에서 여유도 없었을 것이고, 신라 정도의 나라를 응징하는 데 직접 나설 필요를 느끼지도 않았을 것이다. 오히려 이런 정도의 작전은 근초고왕 때에 만들어 놓았던 동맹 체제를 이용할 기회였다. 4세기 말, 신라 침공 작전

에 직접 참여한 세력으로 가야와 왜만 나타나는 이유는 여기에 있었다고 여겨진다.

바다를 건너 침공해 오던 이전과는 달리, 가야에 전진 기지를 두고 출격하는 왜의 공격이 신라에 주는 압박은 격이 달랐다. 뒤에 백제가 버티고 있는 이상, 전진 기지인 가야에 함부로 반격을 가하기도 곤란했다. 왜 단독으로 분쟁을 일으킬 때보다 훨씬 강력한 압박을 받게 된 신라는 혼자 힘으로 위기를 극복하지 못하고 고구려에 도움을 요청했고, 고구려는 여기에 응하여 임나가라를 정벌하게 되었다.

이때에도 역시 백제는 개입하지 못했다. 기습을 노렸던 고구려의 작전이 노출되지 않아 개입할 여유를 얻지 못했던 것이다. 혹자는 백제가 직접적으로 나타나지 않았다고 해서 일련의 사태가 백제와 관련이 없는 일로 여기는 경우도 있지만, 이런 속사정을 고려하지 않은 것이라 크게 의식할 필요는 없을 것 같다. 어쨌든 임나가라 정벌의 결과 백제 중심의 동맹 체제는 해체될 수밖에 없었고, 이후 백제의 역사에도 한동안 가시밭길이 펼쳐지게 되었다.

3. 임나 일본부의 실체는 무엇인가?

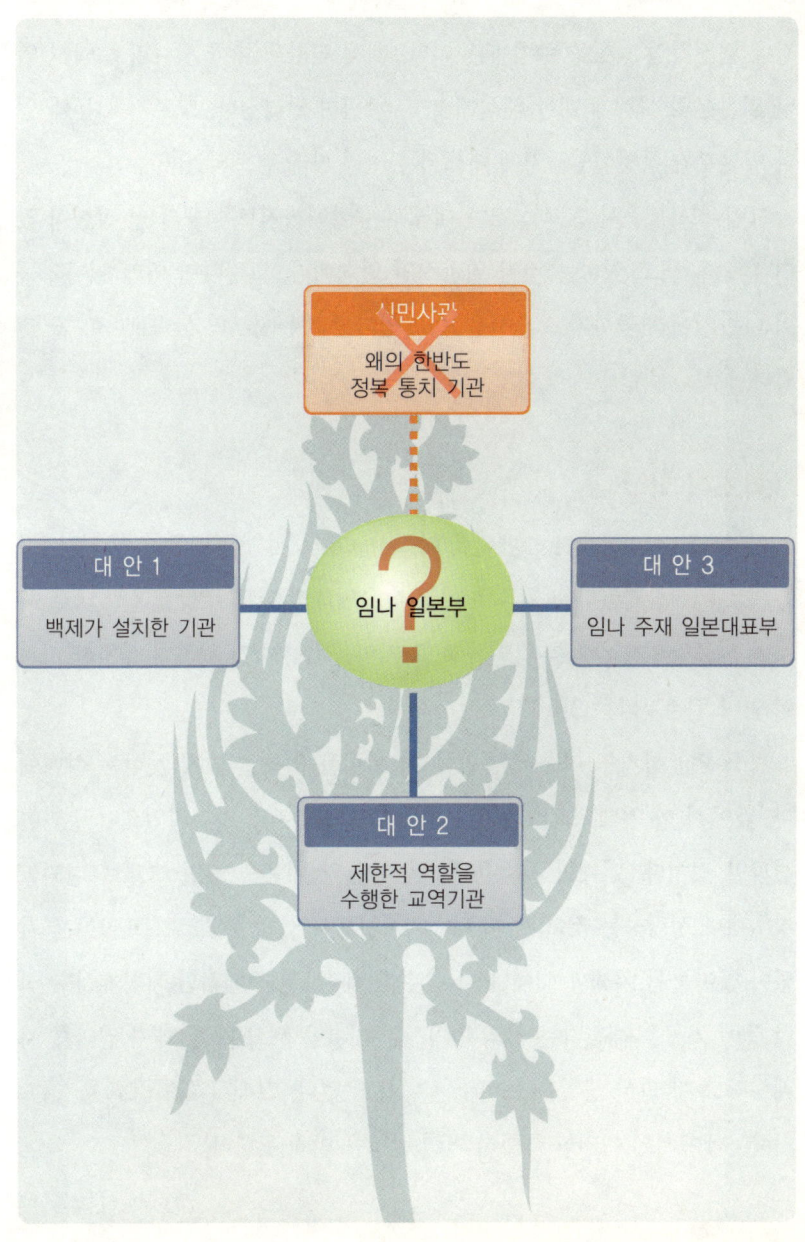

식민사관
왜의 한반도
정복 통치 기관

임나 일본부

대 안 1
백제가 설치한 기관

대 안 3
임나 주재 일본대표부

대 안 2
제한적 역할을
수행한 교역기관

　이른바 '임나 일본부'만큼 고대사 분야에서 주목받은 개념도 드물 것이다. 임나 일본부를 무엇으로 이해하느냐에 따라 당시 역사를 해석하는 시각에 결정적인 영향을 주기 때문이다. 백제 역사에 대한 시나리오 역시 임나 일본부의 실체에 대한 해석에 따라 완전히 달라진다. 그렇기 때문에 임나 일본부가 무엇이었는지에 대해서는 여러 차례 검토되었다.

　그럼에도 불구하고 그 성격에 대해서는 아직까지도 이렇다 할 정설이 없이 혼선을 빚고 있다는 것이 일반적인 인식이다. 그렇다면 어떤 이야기들이 나왔기에 지금까지도 혼선을 빚고 있다고 하는지부터 살펴보아야 할 것 같다.

최초의 학설 🌫

　여기서도 식민사학자 스에마쓰 야스카즈부터 시작하지 않을 수 없다. 처음으로 체계화되었다는 이유로 너무나 유명해진 그의 주장을 한마디로 하자면 신공황후가 가야를 정벌하고 그 지역을 통치하기 위하여 설치한 기관이 임나 일본부라는 것이다.

　자꾸 언급하기도 짜증이 날만큼 이 학설은 인정을 받지 못하는 상태이다. 앞에서 이 전제 조건이 되는 왜의 가야 정벌부터 엉터리였으니 당연한 결과일 것이다. 이러한 시각은 『일본서기』의 내용을 액면 그대로 신뢰할 경우에나 성립하는 것이다. 더 나아가 『일본서기』의 윤색조차도 아무 생각 없이 받아들여 이해할 때에나 나올 수 있다. 사실 구체적인 기록에서도 임나 등이 조공을 해왔다는 식의 펑퍼짐한 기록을 빼고 나면, 왜가 임나를 지배했다고 할 만한 상황을 보여주는 내용도 없다. 그래서 학자라고 할 만한 사람들에게서는 이러한 학설이 거의 인정을 받지 못한다.

대안 1 - 백제와 임나 일본부 🍃

처음으로 체계화되었다는 학설이 이 모양이기 때문에 이후로는 자연스럽게 다른 대안을 찾는 작업이 주류를 이루게 되었다. 그 흐름은 크게 임나일본부가 설치된 시기와 역할을 제한해서 보는 학설과 임나 일본부를 백제가 만들었다는 학설로 나눌 수 있다.

그러면 먼저 백제가 임나 일본부를 만들었다는 주장부터 살펴보자. 이 계통에서는 백제가 가야를 정복하고 군사령부를 두어 지배했다는 설이 가장 먼저 제기된 학설이다. 물론 이 학설 자체는 상당한 약점이 있었다.

우선 임나 일본부가 백제 군대의 사령부 역할을 했다고 하면, 당연히 여기에 소속된 요원들은 백제인이어야 한다. 하지만 그들은 이름부터가 백제식 이름이 아니라 일본(당시 왜)식 이름을 가지고 있었던 것이다. 임나 일본부가 백제 군사령부였다면 소속된 요인이 왜인이었을 리가 있겠느냐는 의문이 나올 수밖에 없는 것이다.

소속된 요원들이 왜인이었다는 점만 문제가 되는 것도 아니다. 임나 일본부를 백제의 군사령부로 보기에는 이들의 행위에도 납득하기 어려운 점이 많다. 특히 이들이 백제 군사령부 요원이라면 당연히 백제의 명령을 따라야 한다. 그런데 이들은 여러 사건에서 백제의 뜻을 거스르는 짓만 골라했다. 심지어 548년 경에는 안라와 짜고 고구려를 끌어들여 백제를 치게했다는 혐의까지 받았다. 그런데도 백제는 일본부 요원들을 처벌하지 못했다. 당장 사형을 시켜도 시원치 않을 자들에게 백제 측에서 기껏 할 수 있는 일이라고는 일본 천황에게 '데려가라' 고 요구하는 정도였다.

이러한 약점을 보완하여 이 계통의 맥을 이어보려는 시도는 있었다. 백제가 가야를 직접 지배하기 부담스러우니 왜인 관리를 두어 다스렸다는 이른바 '왜계 백제 관료설' 이 그것이다. 이 학설은 백제의 기관에 무엇 때문

에 왜인이 득실거리느냐는 의문을 해결해 줄 수 있다는 발상에서 출발했다.

하지만 그리 큰 지지를 받지는 못했다. 약점을 근본적으로 해결하지는 못했기 때문이다. 백제의 기관이지만 왜인들을 고용했다는 발상은 받아들인다 치더라도, 그렇다면 일본부의 인사권은 백제 왕이 가지고 있어야 하지 않느냐는 데 대해서는 별 대책이 없는 것이다.

조금 더 구체적으로 얘기해보자면 이렇다. 아무리 왜인이라도 일단 백제의 관료가 되면 당연히 백제의 통제를 받아야 한다. 특히 앞서 언급한 안라와 짜고 고구려를 끌어들인 사건은 백제의 입장에서는 반역죄에 해당한다. 일본부가 백제의 기관이라면 반역죄에 해당하는 일을 저지른 자들을 백제 쪽에서 무사히 보내주는 일이 있을 수 있겠느냐는 의문을 해결할 길이 없는 것이다. 이런 약점이 부각되다 보니 임나 일본부를 백제가 만들었다는 주장은 인정받기가 어려웠다.

대안 2 - 축소된 임나 일본부

그래서 많은 사람들이 일본부의 실체를 다른 측면에서 찾게 되었다. 왜 계통에서 설치한 기관으로 보되, 설치된 시기와 역할을 제한해서 보는 것이다. 체질상, 이런 학설은 주로 일본학계에 나타나는 경향이 있다.

물론 이런 공통점이 있다 해도, 각각의 시나리오가 비슷하게 나오는 것은 아니다. 같은 계통이라 할지라도 내용이 확연히 다른 시나리오들도 제법 있다. 그 부류를 대충 나누어 보면 이렇다.

한 갈래는 한반도에 진출했던 왜인의 자치 지역이 있었고, 일본부는 그 대표 역할을 하고 있었다는 해석이다. 이 경우에도 일본부를 야마토 정권이 아닌 규슈 지역의 왜가 설치했다는 주장과 나중에 왜로 이주한 백제인 목만치와 임나 지배를 연결시키는 학설로 나뉜다.

앞의 이야기는 대충이라도 이해할 수 있겠지만, 목만치와 임나 사이에 무슨 관계가 있는지는 비전문가들이 감 잡기 어려울 테니 조금 구체적으로 보여줄 필요가 있을 것이다. 그 시나리오는 대략 이렇다.

백제의 장군 목라근자는 가야 제국을 군사 정벌한 후 그 아들인 목만치에게 가야를 지배하는 지위를 물려주었는데 후에 목만치는 왜국으로 이주하게 되었다. 그러자 야마토 정권은 목만치가 지배하던 가야 제국을 인계받으려 했다. 이 과정에서 백제 - 왜 사이에 분쟁이 생겼으나, 나중에 타협점을 찾아 야마토 정권이 간접적으로라도 임나에 대한 지배권을 행사했다는 것이다.

일본 학계에서 이와 같이 5세기 이후 임나 일본부와 야마토 정권의 관계를 약하게 보는 이유가 있다. 6세기에 접어들어서 뚜렷하게 나타나는 일본부의 행태 때문이다. 희한하게도 일본부는 야마토 정권이 관련된 주요 현안에 대하여 사보타지와 반항으로 일관하고 있다. 예를 들어 천황이 추진하라고 지시했다는 임나 재건에 백제가 앞장을 서는 데 반해, 일본부는 훼방을 놓고 있었다. 심지어 안라와 짜고 고구려를 끌어들여 백제를 치게 했다는 혐의까지 받기도 했다. 이러한 상황을 두고서 '천황이 강력하게 통제하는 직속 기관으로서의 일본부' 라는 설정을 하기가 곤란한 것이다.

그렇기는 해도 야마토 정권 아닌 다른 세력이 일본부를 통제하고 있었다고 보기는 어려울 것 같다. 백제가 말썽을 일으키는 일본부 요원을 두고 천황에게 '본처本處로 데려가라' 는 요구를 하는 점이 그 증거다. 다른 세력이 장악하고 있던 조직의 요원을 두고 굳이 천황에게 '소환하라' 는 요구를 할 턱이 없는 것이다. 즉 조직 통제의 핵심인 인사권을 야먀토 정권의 천황이 가지고 있었다는 사실을 보여주고 있기 때문이다.

그래서 최근에 부각되어 온 학설이 임나 일본부를 '사신使臣' 내지 '교역

기관'으로 보는 설이다. 우선 사신 설부터 살펴보자. 이를 간단하게 말하자면 일본부가 임무를 가지고 한반도에 파견된 1회성 사신이었다는 것이다. 이 학설은 일본의 우케다 마사유키靑田正幸 등이 1970년대에 제시했는데, 최근 이를 정설로 만들려는 움직임이 강해지고 있다.

하지만 이 학설이 제기된 지 40년 가까이 되어가고 있음에도 불구하고 인정을 받지 못했던 이유가 있었다. 일단 1회성 사신치고는 너무 오래 머무르는 경향이 있음이 지적된다. 뿐만 아니라 『일본서기』에는 '백제의 군령郡令과 성주城主를 일본부에 귀속시켜야 한다'는 기록도 나온다. 금방 일본으로 돌아가야 할 사신에게 남의 나라 요원들을 소속시키라는 것이다. 일본부를 사신으로 생각하고 있었다면, 이런 식으로 기록을 남겼을 리가 없다.

또 '임나는 안라를 형으로 삼아 오직 그 뜻을 좇고, 안라인들은 일본부를 하늘로 삼아 오직 그 뜻을 따르므로'라는 기록도 있다. 아무리 『일본서기』가 거짓말투성이라고 하더라도 한번 왔다가 가면 그만인 일개 사신을 두고 '하늘로 삼는다'든가, '근본을 삼았다'는 말을 하기는 어렵다. 이렇게 보면 일본부를 사신으로 파악하는 학설도 받아들여야 할 후보에서는 제외해야 할 것 같다.

그렇게 되면 교역 기관이라는 주장이 남는다. 이에 대해서도 역시 지엽적으로만 다른 너무나 많은 학설이 있기 때문에 한정된 지면밖에 할애할 수 없는 이 책에서 일일이 다루기는 불가능하다. 그러니 큰 윤곽으로만 볼 수밖에 없다.

분위기로만 보자면 일본부가 교역 기관의 역할도 하고 있었다는 점에 대해서는 크게 문제가 제기되지 않는다. 그만큼 어느 정도 공감대가 형성되었다고 할 수도 있다. 하지만 여기에는 주의해야 할 점이 있음을 의식해야 한다.

일본부가 그저 '교역 기관'이었다고 하는 정도로는 그다지 큰 의미가 없다는 사실이다. 즉 일본부가 '교역 기관'이었다는 뜻과 '교역 기관의 역할도 하고 있었다'는 뜻은 다르다는 것이다. 별 것 아닌 것처럼 보일 수 있겠지만 실상은 상당한 차이가 있다. 이렇게만 말하면 알쏭달쏭하게 될 수 있으니 조금 더 설명을 붙여보자.

기록에 의지하자면 임나 일본부가 교역 기관의 역할을 했다는 사실을 직접적으로 언급하는 내용은 거의 없다. 오히려 기록의 대부분은 교역 문제와 직접적인 상관이 없는 일에 집중되어 있다. 즉 역사학자들이 좋아하는 이른바 '사료적 근거'만 보자면 확실한 증거가 있는 상태는 아니라는 뜻이다. 그렇기 때문에 일본부=교역기관이라는 얘기는 당시의 정황에서 유추해낸 것이라 할 수 있다.

정황이라는 것도 대략 이렇다. 일본 열도와 가야 지역을 중심으로 한 한반도 지역 사이에는 활발하게 교역이 이루어지고 있었고, 당연히 이 교역 과정에서 생기는 여러 문제를 처리할 기관이 필요했을 것이다. 이러한 역할을 맡았을 만한 기관이라고 해야 임나 일본부 이외에는 눈에 띄지 않으니 딱히 교역 기관의 역할이 없었다고 할 만한 근거도 없는 셈이다.

그렇다고 역시 '사료적 근거'에 의지해서 꼭 아니라고 할 만한 증거도 없다. 당시는 지금처럼 조직이 정비되어 전문적인 분야만 다루게 되지도 않는다. 그러니 한 나라를 대표하는 기관이 있으면 한 기관에서 이것저것 다루게 마련이다. 이런 상황에서 교역 같이 중요한 업무를 다루지 않았다고 하면 그게 오히려 이상한 논리가 된다. 이 말을 뒤집으면, 그렇기 때문에 '교역 기관'이라는 주장은 사실 하나마나한 소리가 되어 버린다는 것이다.

따라서 임나 일본부의 실체를 제대로 파악하려면 이게 '무엇이다'라는

식민사학자들이 임나 일본부설의 가장 확실한 증거로 제시한 광개
토왕비. 이른바 신묘년조 비문의 해석과 조작 여부를 둘러싸고 한중
일 역사학자들의 수많은 논란이 있었다.

차원이 아니라 도대체 어떤 성격을 가진 기관이었기에 이렇게 오지랖 넓게 여러 문제에 개입하게 되었는가를 따져 보아야 한다. 즉 임나 일본부는 단순한 교역 기관으로 보기에는 중요한 정치 현안에 너무나 깊이 개입되어 있다. 따라서 핵심은 왜 이런 현상이 일어나게 되었느냐는 데 있다. 이에 대한 해답이 없으면, 임나 일본부가 그냥 교역 기관의 역할을 하고 있었다는 얘기는 사실상 하나마나다.

이렇게 보면 100년 가까운 세월동안 여러 학자들이 나름대로 연구해서 해답을 찾기는 했지만, 막상 하나하나 검토해 보면 치명적인 약점을 한두 개씩 가지고 있음을 알 수 있다. 이래서 그 동안 '임나 일본부'의 실체를 밝히는 학설에서는 이른바 '정설'이 없다는 말까지 나온 것이다. 그렇다고 대안이 전혀 없다는 뜻은 아니다.

임나와 일본부는 별개의 것 🌿

지금까지도 혼선을 빚게 된 근본적인 이유는 '임나 일본부'라는 말 자체에 있다. 비전문가들은 물론 전문가 집단에서까지 '임나'와 '일본부'가 원래 별개의 것이었음을 깊이 인식하는 사람은 별로 없다. 이렇게 처음부터 잘못된 인식에서 출발했기 때문에 그동안의 연구에도 악영향을 받아온 것이 아닌가 싶다.

물론 '임나'와 '일본부'가 전혀 관계없는 존재였다는 뜻은 아니다. 지금까지 대부분의 사람들이 '임나일본부'라고 인식할 정도로 둘은 뗄래야 뗄 수 없을 만큼 관계가 깊다. 따라서 일본부의 근원은 '임나'의 형성에서부터 찾아야 할 것이다. 그리고 이는 또다시 근초고왕의 가야 정복 과정으로 거슬러 올라가야 한다.

가야 지역을 손에 넣은 근초고왕의 입장에서 보자면 이 지역은 다른 지

역과 차이가 있다. 가야 지역은 하나의 통합된 세력이 아니라 작은 나라 여럿이 난립하고 있었다. 통합된 세력은 간접적으로 지배하더라도 그 중심 세력만 통제할 수 있으면 전지역에 대한 장악이 가능하다. 그렇지만 분열되어 있는 나라들은 한 번에 통제하기가 어렵다.

그렇다고 작은 나라 하나하나를 일일이 상대해서 통제하는 것도 비효율적이다. 사실상 불가능하다고 해도 좋을 정도다. 이를 극복하는 방법의 하나는 가야 제국들을 하나의 단위로 묶어 놓는 것이다. 그래야 각각의 소국들과 상대할 필요 없이 하나의 단위로 통제할 수 있다. 그게 바로 '임나'였다.

그런데 가야를 이런 식으로 처리하려면 왜가 같이 걸려 버린다. 백제의 입장에서는 왜가 바다 건너 있다고 해서 일일이 따로 상대하는 것도 번거롭다. 가야의 여러 나라들을 하나로 묶어 놓는 김에 왜도 여기에 가입시켜 놓으면 여러 가지로 편리하다. 가야 제국과 왜까지 한꺼번에 상대할 수 있고, 복잡한 세부 사항은 자기들끼리 해결하도록 떠맡길 수도 있다. 백제는 배후에서 총괄적인 관리 · 감독만 하면 되는 것이다.

이렇게 해서 설치된 것이 이른바 '일본부'이다. 쉽게 말해서 임나 일본부란 임나에 파견된 왜의 대표부란 뜻이다. 지금 식으로 말하자면 임나 주재 일본대표부('일본'이라는 말은 8세기에나 가서야 쓰였으니 실제로는 '왜')쯤 될 것이다.

이런 방식은 가야와 왜에게도 이점이 있다. 왜는 어차피 한반도를 통하여 선진 문물을 도입해야 하고, 그러자면 전통적인 교역 파트너인 가야와 어떤 식으로건 관계가 유지되어야 한다. 하나의 정치체에 소속되어 있으면, 교역하며 일어나는 여러 문제를 협의해서 해결하기 좋다. 쉽게 말해서 왜의 입장에서는 한반도를 통하는 교역 창구를 갖게 되는 셈이다.

왜가 워낙 이질적인 집단이기 때문에 가야 제국에서 파견된 요원과는 구별되는 경우가 많지만 어쨌든 임나를 구성하는 한 요소인 것만은 분명하다. 이런 대표부를 통해 왜는 교역 문제를 비롯해 한반도와 얽힌 여러 가지 정치·경제적 현안을 조정할 수 있다. 이에 대해 언급한 기록은 거의 없지만 당시의 정황을 보아서 대충의 그림은 나온다. 업무가 지금처럼 잘 나누어지지 않았던 이 시기에는 오늘날의 대사관처럼 왜와 관련된 각종 업무를 종합적으로 처리했을 것이다.

기록에 구체적인 양상이 나타나지 않는 이유는 임나와 일본부에 대한 기록이 하필 『일본서기』에 집중되어 있기 때문이다. 백제가 남긴 역사 기록이 모두 사라져 버린 지금 일본부에 대한 기록이 남아 있는 곳은 『일본서기』가 유일하다.

하지만 『일본서기』 같은 역사서에 일본부에 대한 이야기가 곧이곧대로 남아 있을 리가 없다. 야마토 정권이 기억하고 싶어 하지 않는 일을 다 빼버리고, 이질적이고 지엽적인 일본부를 중심으로 역사를 기록해 버렸다. 그러다 보니 현재와 같이 쥐 뜯어먹은 것처럼 기록이 남게 되었다. 이러한 기록을 또 한 번 제멋대로 해석을 하다 보니 지금까지처럼 앞뒤도 맞지 않거나 의미 없는 주장들이 나오게 된 것이다.

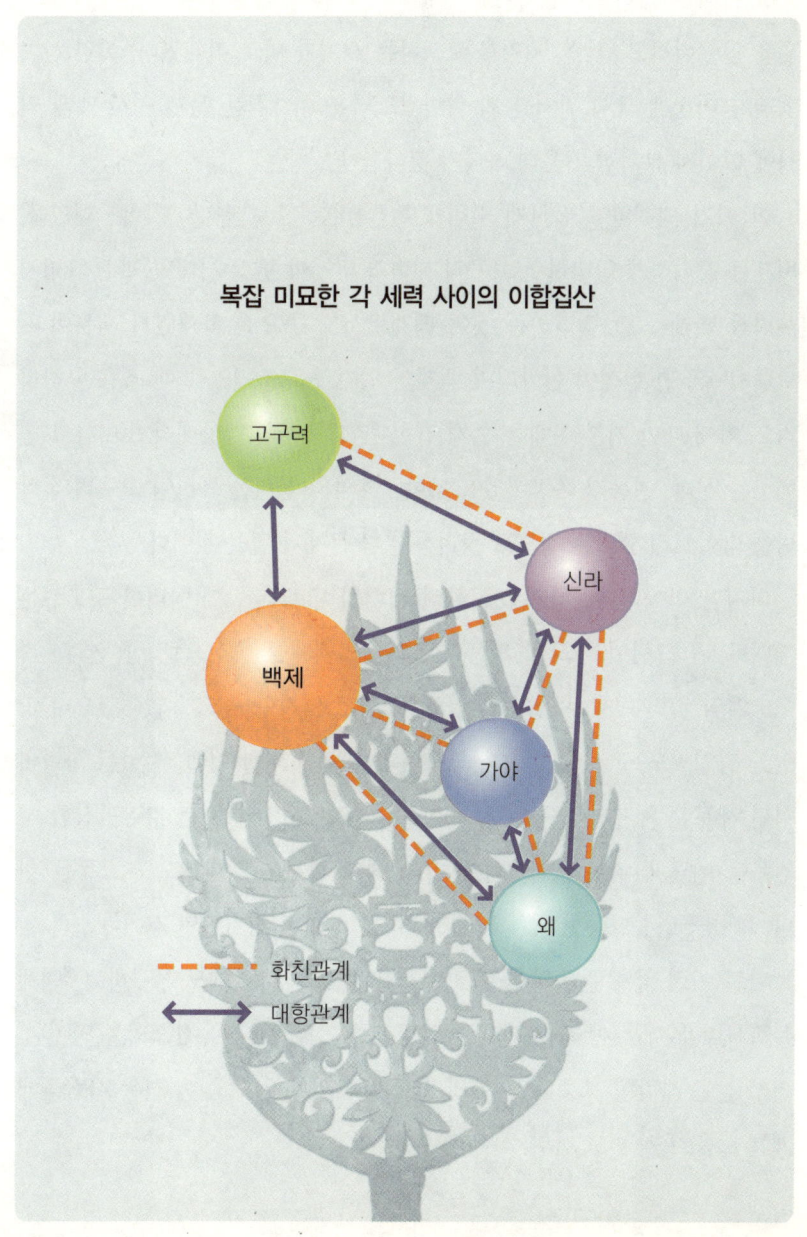

복잡 미묘한 각 세력 사이의 이합집산

고구려

신라

백제

가야

왜

----- 화친관계

←→ 대항관계

　백제에게 있어서 5세기 후반은 새로운 질서를 모색하는 시기였다. 광개토왕 이래 3대에 걸쳐 전성기를 이룬 고구려에 밀리면서 국제 관계의 주도권을 잃어버리고 난 후, 재기를 모색하는 시기가 바로 이때였다. 이런 시기 백제가 어떻게 국제 질서를 짜 나아갔느냐를 이해하는 문제 역시 백제 역사에 있어서 분기점 가운데 하나가 된다.

　이 시기 백제와 복잡하게 얽히게 된 나라는 주로 신라 · 가야 · 왜였다. 백제를 강력하게 압박하던 고구려 세력과 맞서야 했던 시대였으니, 나머지 세력과 관계를 잘 정리하는 것이 백제로서도 중요한 과제였기 때문이다. 그래서 475년 한성이 함락되며 백제의 위기가 고조되었을 때 즈음만 하더라도 이에 대한 기본 윤곽은 쉽게 잡힌다. 고구려의 영향에서 벗어나고 싶어하는 신라, 전통적 우방이었던 가야 · 왜와의 협력을 통하여 고구려의 압박을 막아보려 했다는 정도로 정리하면 큰 문제가 없을 것이다.

　하지만 아이러니컬하게도 고구려 세력의 퇴조와 함께 이러한 구도로는 제대로 된 그림이 나오지 않는다. 그만큼 백제를 중심으로 한 신라 · 가야 · 왜의 협력 체제에 금이 가 있었다. 서로 의지할 필요가 없어졌으니 당연한 일일지도 모르겠다. 이제 고구려의 압박에 의한 어쩔 수 없는 협력이 아닌 새로운 체제가 요구된 것이다. 이 과정에서 나타나는 파란만장한 사건들을 어떻게 엮어 나가느냐에 따라 백제 역사의 시나리오도 요동을 친다. 그만큼 알쏭달쏭한 국제 관계가 얽히고설키는 시기였던 것이다.

　바로 이런 국제 관계의 중심에 백제가 있었다. 그럼에도 불구하고 『백제문화사대계』에는 이 과정에 대한 언급조차 거의 없다. 유감스러운 일이니, 필자 같은 사람이 보충해 넣는 것도 백제 역사를 알고 싶어 하는 사람들에게는 도움이 될 법도 하다.

위기의 시대, 상황의 미스터리 🌿

여기서 중요한 초점은 백제가 이 시기 신라·가야·왜 등과의 관계를 어떻게 설정하려 했느냐는 점이다. 물론 이때까지도 고구려가 백제의 가장 위협적인 적이기는 했다. 하지만 이 자체는 워낙 뻔하게 드러나는 사실인 데다가 고구려와의 분쟁이 뜸해지면서 별다른 논란거리도 없으니 백제사에 있어서의 미로찾기에 주력하려는 이 책에서 다룰 만한 내용이 별로 없다.

그보다 복잡한 논란은 역시 남쪽 세력과의 관계에서 나타난다. 그 중에서도 우선 신라와의 관계를 어떻게 이끌고 나아가려 했느냐를 먼저 따져두어야 할 것 같다. 이 시기 백제의 외교에 있어서 눈에 띄는 특징 가운데 하나가 이전에 비해 신라에 대한 비중이 커진다는 점이기 때문이다. 이른바 '나제동맹羅濟同盟'의 성립이 그 중요한 척도가 된다.

그런데 이 사실은 상대적으로 백제에게 가야와 왜의 비중이 적어진다는 뜻이기도 하다. 자연스럽게 백제가 가야·왜와의 관계를 어떻게 설정하려 했느냐는 점과도 연결되는 것이다.

여기서 주목할 만한 점이 백제-신라-왜의 알쏭달쏭한 관계이다. 이른바 '나제동맹'이 맺어진 다음 백제와 신라가 고구려의 침공에 맞서 서로 군사를 보내주던 상황에서 왜가 신라를 공격하는 사태가 한동안 벌어졌던 것이다. 그러면서도 백제와 왜의 우호 관계는 유지되고 있는 상태였다.

미스터리 해법 1 🌿

상식적으로만 보면 이해하기가 어려운 일이다. 백제 역사에 있어서 미스터리 가운데 하나라고 할 수 있다. 이러한 미스터리를 푸는 하나의 해법으로, 신라를 근본적으로 믿지 못한 백제가 왜를 시켜 신라를 견제했다는 시나리오가 제시되기도 한다.

나제동맹을 상징하는 나제통문.

별로 그럴 듯한 시나리오는 아니다. 시나리오를 이렇게 짜면, 왜는 백제가 시킨다고 작전의 성패 여부에 상관없이 피해가 생길 수밖에 없는 군사 작전을 무조건 해야 할 정도로 종속되어 있는 꼭두각시 세력이라는 뜻이 되어 버린다. 실제로 백제와 왜가 그런 관계였는지도 문제지만, 만약 그랬다면 그런 관계는 국제 사회에 뻔히 드러나지 않을 수 없다. 신라에 바보만 있는 게 아니었을 테니, 당연히 백제의 꼭두각시 왜의 움직임을 이상하다고 느끼게 될 것이다. 들통나는 것은 시간문제라 해도 과언이 아니다. 애써 맺어놓은 동맹 관계가 깨질 위험을 폭탄처럼 안고 다녀야 한다.

게다가 그런 짓은 신라를 군사적으로 압박하는 꼴이다. 신라가 압박을 받는 만큼 백제에 군사 지원을 해줄 때 부담이 커진다. 자신의 동맹국이 자신에게 필요한 군사 지원을 해줄 때 압박을 느끼게 하는 꼴이다. 백제가 이렇게 여러 가지로 어리석은 짓을 했다고는 생각되지 않는다.

미스터리 해법 2 🌀

당연히 다른 시나리오가 필요해진다. 이렇게 우악스러운 그림보다는 백제가, 세력을 키워 이용 가치가 높아진 신라와의 관계 개선에 외교력을 집중했다는 점에서 단서를 찾는 편이 나을 것 같다. 외교 관계가 신라에 치중되다 보면, 상대적으로 왜가 소외될 수밖에 없다.

알쏭달쏭하게 보이는 상황도 이 점을 감안하면 풀릴 수 있다. 왜가 백제의 정책 변화에 대응한 것으로 해석할 수 있다는 것이다. 왜의 반응을 이해하기 위해서는 5세기 초반에 벌어졌던 사태를 먼저 알아야 한다. 광개토왕의 임나가라 정벌이 끝난 지 몇 년 후, 신라는 왜에 눌지의 동생 미사흔美斯欣을 인질로 보내며 화친을 맺었다. 그런데 이런 일이 있고 난 후 얼마 되지 않아 느닷없이 백제가 신라와 전쟁을 벌였다. 그후 2년 만에 신라-왜 관

계도 파탄이 나서 왜의 신라 침공이 재개되었다. 기록에 나타난 정황을 보면 백제가 신라와 왜의 화친에, 속된 말로 '깽판'을 놓은 셈이다.

백제가 그러한 조치를 취할 수밖에 없었던 배경은 이렇게 그려볼 수 있다. 당시 백제는 광개토왕의 임나가라 정벌로 가야가 백제의 영향권에서 이탈해 버렸다. 5세기 초 신라는 고구려와의 관계를 정리하기 전이고, 백제와의 관계를 개선하지도 않은 상태였다. 이 상태에서 신라-왜 관계가 개선된다면, 백제는 국제적으로 완전히 고립될 수밖에 없었다. 최소한 백제-왜 관계의 주도권도 왜의 양다리 외교에 내줄 판이었다. 왜는 백제와 신라를 오가면서 경쟁을 붙여 더 많은 이권을 요구할 수 있게 되는 것이다.

백제는 이러한 난국을 타개하는 수법으로 신라와의 관계를 극한으로 몰아버린 후, 왜에게 선택을 강요하는 전략을 택했던 것으로 보인다. 여기에는 백제와 신라 가운데 하나를 선택하도록 강요하면 왜가 그 동안 의지해 왔던 백제를 포기하지 못할 것이라는 계산이 깔려 있었다고 생각된다. 물론 이는 백제의 입장이다.

왜의 입장에서 뒤집어 생각해 보면, 신라와 잘 지내면서 더 많은 이권을 챙길 수 있는 기회를 백제 때문에 날려버린 셈이다. 시간이 조금 흐른 후이기는 하지만, 그래 놓고서 백제는 신라와 화친을 맺었고, 이것이 이른바 '나제 동맹'의 시발점이 된다. 이때 왜가 느꼈던 배신감과 충격은 현대 냉전 체제에 의지하던 대한민국이, 1970년대에 갑자기 이루어진 미국과 중국의 화해에 느껴야 했던 충격과 비슷하지 않을까 한다.

이렇게 보면 이 당시 왜의 신라 침공은 일종의 외교적 보복 조치였다고 해석할 수 있다. 5세기 초반 백제가 써먹은 수법을 그대로 재현하며 이번에는 백제에게 선택을 강요한 셈이다.

물론 왜는 백제만큼의 성과를 거둘 수 없었다. 백제-신라의 동맹 관계나 상호 군사 원조에 별다른 동요나 변화의 흔적이 보이지 않는 것이다. 기껏 백제가 취한 조치라고는 오경박사五經博士를 파견하는 등 왜가 원하는 문물 제공을 강화하는 정도였다. 같은 수법도 누가 어떻게 쓰느냐에 따라 결과가 판이하게 달라진다는 점을 보여주는 사례라 할 수 있다.

백제 - 가야 관계의 미스터리

이렇게 앞에 벌어진 사태에 알쏭달쏭한 미로가 생기면 뒤이어 벌어지는 사건에도 미로를 만들지 않을 리 없다. 다음 미로는 백제와 가야 관계에서 만들어진다. 백제에 있어서 왜보다는 가야의 전략적 가치가 훨씬 높을 수밖에 없다. 무엇보다 왜는 바다 건너에 있기 때문에 여러 가지로 한계를 가질 수밖에 없는 반면 가야는 바로 국경을 맞대고 있다. 상황에 따라 언제 무슨 변수를 만들어낼지 모르는 위치에 자리잡고 있는 것이다.

왜와 가야에 대한 백제의 대처에도 이런 입장이 반영되어 있다. 신라와의 관계를 위하여 왜의 비중을 줄여버리는 것은 물론, 신라에 대한 침략 행위까지 그다지 심각하게 받아들이지 않았다. 이에 비해 가야와는 6세기에 접어들면서 충돌까지 일어났다.

이렇게 급박하게 돌아갔던 백제와 가야 관계에 있어서의 감을 잡기 위해서는 당시 일어났던 사건들부터 검토해야 할 것이다. 여기서 공통 분모가 되는 상황은 이렇다.

먼저 기생반숙녜紀生磐宿禰라는 자가 사건을 일으킨다. 『일본서기』 기록에 의하면 그는 '임나를 점거하고 고구려와 통하며, 서쪽에서 장차 삼한의 왕노릇을 하려고 관부를 정비하고 스스로 신성神聖이라고 칭하였다'고 한다. 그러다가 백제 관리를 죽인 다음 대산성帶山城을 쌓고 백제 군대를 굶주려 고생하게 했다. 백제가 반격을 가해 전쟁이 벌어졌고, 한때 선전했지

만 결국 백제에게 밀려 기생반숙녜는 왜로 돌아갔고 300여명이 백제에게 살해당했다고 한다.

몇 년 후, 기문己汶 · 대사帶沙 지역을 두고 가야의 대표 세력이 된 대가야와 백제가 분쟁을 벌였다. 이러한 사태가 벌어지고 난 후, 대가야는 자신의 왕자와 신라 왕녀와의 혼인을 기화로 신라와 동맹을 맺으려 했지만 실패했다. 이후 그 동안 잘 나서지 않던 안라가 백제 · 신라 · 왜를 망라한 나라들을 초청하여 일종의 국제회의를 열었다. 그런데 바로 다음 해에 백제군이 안라로 진주해 걸탁성乞乇城을 쌓았다. 시간이 제법 지난 548년 안라가 일본부와 짜고 고구려를 끌어들여 백제를 침공하도록 사주했다가 고구려군의 패배로 음모가 발각되어 백제에게 추궁 당하는 사건이 발생했다.

대산성을 둘러싼 분쟁의 시나리오

이러한 일련의 사건들을 어떻게 엮느냐에 따라 백제 역사의 시나리오도 크게 달라진다. 기생반숙녜 사건의 경우, 식민사학의 거두 스에마쓰는 이를 두고 왜가 백제를 침략한 사건이라고 주장했다. 별로 귀담아 들을 주장은 아닌 듯하다. 왜의 장군이 백제를 침공한 사건이라면 자기가 '삼한의 왕'이 되려 했다거나 '자칭 신성神聖'하다고 하며 천황에게까지 반역이 될 소리를 했을 리가 없다.

스에마쓰는 이 구절을 백제의 대산성 공략을 정당화하려는 백제 역사가들이 조작해서 넣은 것이라고 주장한다. 사실 어이가 없는 주장이다. 백제 역사가들이 자신들의 역사책에는 있지도 않은 일을 조작해 넣었을 수는 있다고 치자. 하지만 이 내용은 『일본서기』에 나오는 것이다.

『일본서기』가 어떤 기록인데 그것을 썼던 자들이 천황을 모독하는 내용을 아무 생각 없이 베껴 넣었을 리 없다. 이에 대한 스에마쓰의 변명은 자기에게 불리한 내용은 무조건 조작이라고 몰아 부치는 치졸한 행태일 뿐이다.

이와는 달리 독립국인 기문국이 백제와 분쟁을 벌인 사건이라고 보는 시나리오도 있다. 백제에 불만을 품고 있던 기문국이 자기들의 국경 지역까지 진입하여 주둔하고 있던 백제의 변경 수비대장을 죽이고 그 배후가 되는 지점에 대산성을 쌓았다. 이에 백제가 대대적인 반격을 가하여 기문국의 수장들을 포함한 300명을 죽이고 기문국을 백제의 부용국으로 삼았다고 해석하는 것이다.

. 하지만 이 시나리오에도 문제가 있다. 무엇보다도 독립국인 기문국이 벌인 사건이라는 근거가 문제다. 근거가 되는 내용이 대충 이런 것이다. 『양직공도梁職貢圖』(양나라와 교섭하러 온 각국의 사신을 약간의 해설을 곁들여 그림으로 남긴 것), 『신찬성씨록新撰姓氏錄』, 『속일본후기續日本後紀』 등에 기문이라는 나라가 나온다. 이 기문이 바로 계체 7년 백제와 반파伴跛(대가야)가 분쟁을 벌인 기문 지역에 자리잡은 나라라고 본다. 그런데 520~530년대라고 하는 『양직공도』의 편찬 시기로 보아 6세기 초에는 기문이 백제의 부용국附庸國이 되어 있음을 알 수 있다는 것이다.

얼핏 보면 실제로 이름이 나오는 나라이고, 백제와 싸우다가 망해서 백제에 흡수되었다고 보는 게 이상할 것도 없다고 생각할 수 있다. 하지만 내용을 조금만 깊이 들여다 보면 그게 그렇게 되지 않는 것 같다.

6세기 초에 기문국이 백제에 흡수되었다는 근거를 『양직공도』에서 찾는 것부터 문제다. 이 내용만 따로 떼어놓고 보면 그럴듯해 보일지 몰라도 『양직공도』에는 신라나 대가야까지 백제의 영역이었던 것처럼 표현해 놓았다. 그러니 이런 기록에 기문이라는 나라 이름이 나온다고 해서 속도 없이 독립국 기문국이 백제와 분쟁을 벌여 흡수되었다는 식의 시나리오를 만들어 내기가 망설여지는 것이다.

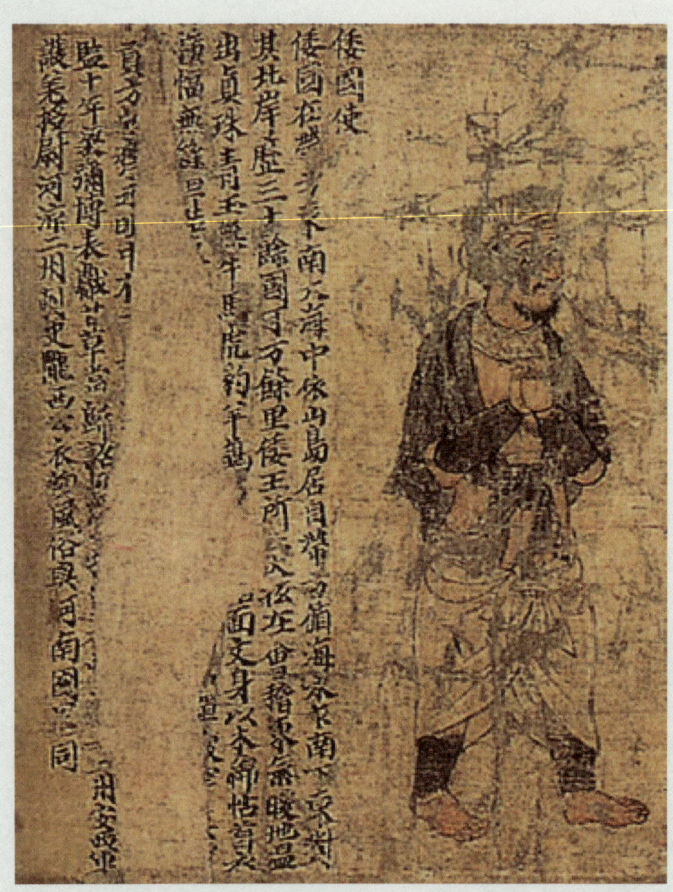

「양직공도」의 왜사신

더욱이 기문국의 수장이 삼한의 왕이 되려 했다느니, 자칭 신성神聖하다고 했다느니 하는 행태도 이상하다. 이를 보아서는 백제에 대항하면서 주변국에게도 자기들이 가야의 맹주인 것처럼 행세했다는 뜻이 된다. 그런데 이때 이름 한번 딸랑 나오는 기문국이 대가야나 안라 같이 제법 활약을 보이는 쟁쟁한 나라들을 제치고 자기들이 맹주라도 되는 것처럼 행세할 수 있었다는 사실을 납득하기 어렵다.

이러한 난점이 있으니 이 사건은 아예 주변 세력과 상관없는 백제 내부의 내란이라는 식으로 보기도 한다. 시나리오가 이렇게 흐르면 이 사건 역시 아무 사건이나 끌어다 붙여 천황과 그 신하들이 주변국을 아무렇게나 응징할 수 있었던 것처럼 써 놓는 『일본서기』의 평소 습관이 발동했다는 뜻이 된다. 그래서 백제의 내란까지도 이런 식으로 썼을 것이라는 얘기다.

그렇지만 이렇게 해석을 하면 『일본서기』 편찬자들은 백제 내부의 사소한 내란까지 국제적인 분쟁인 것처럼 조작했다는 말이 된다. 이렇게 보면 어쨌든 당시 국제 관계에는 별 영향이 없는 사건이 되고 만다. 뚜렷한 대안이 없어서 그렇지, 이거다 싶을 정도로 확신을 주는 시나리오는 아닌 것 같다.

걸탁성 축조 미스터리

여기가 분명해지지 않으니 다음 단계 사건들의 연관 관계도 꼬인다. 이후 백제와 가야 사이의 본격적인 분쟁에 확실한 그림이 그려지지 않는 것이다. 뒤이어 벌어지는 6세기 전반 기문-대사 지역을 사이에 둔 분쟁은 기본 밑그림이다. 이 사건은 백제와 대가야가 왜에게 기문-대사 지역의 영유권이 자신에게 주어져야 함을 주장하는 등 국제적인 외교 분쟁으로까지 이어졌을 만큼 분명한 사건이라 큼직한 논란이 생기지는 않는다. 하지

만 이 사건은 뒤이어 벌어지는 사건을 해석하는 데 중요한 단서가 된다.

바로 안라가 국제회의를 개최한 다음 해에 백제군이 안라로 진주하여 걸탁성을 쌓았다는 사건과 연결되기 때문이다. 이 사건은 백제가 가야를 어떻게 처리하며 6세기의 국제 정세를 이끌어 나아가려 했는가를 이해하는 데 중요한 이정표가 된다.

여기서는 크게 두 가지 시나리오가 제시된다. 하나는 가야를 둘러싸고 서로 대립하고 있던 백제와 신라가 여기에 적극적으로 참여해주는 바람에 안라의 입장에서 성공적으로 끝났다는 것이다. 이 시나리오의 경우, 앞에 벌어진 사건들과 연계시켜 보면 백제가 동아시아 남부의 정세를 주도하는 세력이었다는 의미는 별로 없다. 그저 내란이나 겪고, 기문·대사 같은 조그마한 땅덩어리를 두고 가야와 분쟁을 벌이다가, 안라가 나서 국제 사회에 호소하자 신라 같은 라이벌에 신경 쓰며 가야 세력이 자기편에서 떨어져 나아가지 않도록 안간힘을 쓰는 정도였다는 그림이 된다.

그런데 이런 시나리오는 설득력이 떨어지는 듯하다. 무엇보다도 안라가 개최한 국제회의에서 이른바 '왕따'를 당하고 있던 나라가 백제였다. 『일본서기』에는 백제 사신인 '장군군將軍君 등이 몇 차례나 당堂 위에서 (열리는 회의에) 불러주기를 기다리다가 (불러주지 않자) 정원에서 한스러워 했다'고 기록되어 있다. 백제 사절이 이와 같이 회의에 참석하지도 못하는 상황에 대해 스스로 한스럽게 여겼을 정도로 백제가 소외되고 있었음을 적나라하게 보여주는 장면이다.

여기서 이 시나리오의 모순이 드러난다. 만약 이 시나리오대로 백제와 신라의 적극적 참여로 인한 분쟁 해결이 목적이었다면, 안라 사람들이 제정신이 아닌 다음에야 자신들이 개최한 회의에 적극적으로 참여하려 애쓰는 강국 백제 사절에게 '왕따'를 놓았을 리가 없다.

더욱이 백제가 무슨 목적으로 걸탁성을 쌓았는지도 문제가 된다. 백제군이 성을 쌓았다면 당연히 자신들이 주둔할 성이었을 것이다. 그런데 남의 나라에 자신들이 주둔할 성을 쌓았다는 것이 무슨 의미일까? 안라가 요청한 군대였다면 굳이 힘들여 성을 쌓을 필요 없이, 전략 거점에 이미 쌓여 있는 안라의 성에 입성해서 주둔하면 그만이다.

뒤집어 말하자면 백제군은 오라지도 않은 안라에 제멋대로 진주했다는 뜻이다. 남의 나라 군대가 제 마음대로 자기 나라에 들어온 계기가 된 사건이 안라의 입장에서 '성공적인' 것이었을 리는 없다. 더욱이 이후 안라가 고구려까지 끌어들여 백제를 견제하려 했던 사건과도 앞뒤가 맞지 않는다.

굳이 아귀를 맞추려면 고구려를 끌어들인 사건이 백제의 조작이라고 보아야 한다. 하지만 가야 세력을 자기편으로 끌어들여야 했다는 백제가 굳이 없는 사건을 조작까지 했다면 있지도 않은 혐의를 받게 된 안라를 비롯한 가야의 반응이 백제에 좋게 나타날 리가 없다. 더욱 앞뒤가 맞지 않는 그림을 들이미는 꼴이다.

백제 주도 시나리오 🌱

이렇게 아귀를 맞추기 어려운 시나리오보다 다음 편이 좀 더 나아 보인다. 두 번째 시나리오에서는 아예 밑그림부터 완전히 달라진다. 백제는 고구려의 압력이 줄어들며 국력을 회복하자 그 동안 고구려의 압박에 공동으로 대처했던 나라들을 마음대로 조종할 수 있는 위치에 오르는 데 주력했다. 특히 근초고왕 이래 상당 기간 백제 세력권 안에 있었던 가야는 첫 번째 목표였다.

백제의 압박이 심해지면서 가야와도 분쟁이 생길 수밖에 없었다. 기생반숙녜 사건이나 기문·대사 지역 등을 중심으로 한 분쟁도 이러한 흐름에서

나타난 것이 아닌가 한다. 연거푸 백제에 밀리던 가야는 신라와의 동맹을 시도하다 실패했다. 그러자 안라가 나서 주변 세력들을 동원하여 독립을 보장받으려 했지만, 군대를 동원한 백제의 무력 앞에 좌절되고 말았다.

　백제는 이를 바탕으로 가야에 대한 영향력을 강화하는 데 몰두했고, 참다 못한 안라가 고구려까지 끌어들이는 최후의 카드를 썼다. 하지만 이조차 실패한 후, 백제에 대한 가야의 저항을 종말은 고했다. 이상은 필자가 그려본 시나리오이다.

5. 백제와 '임나 재건'

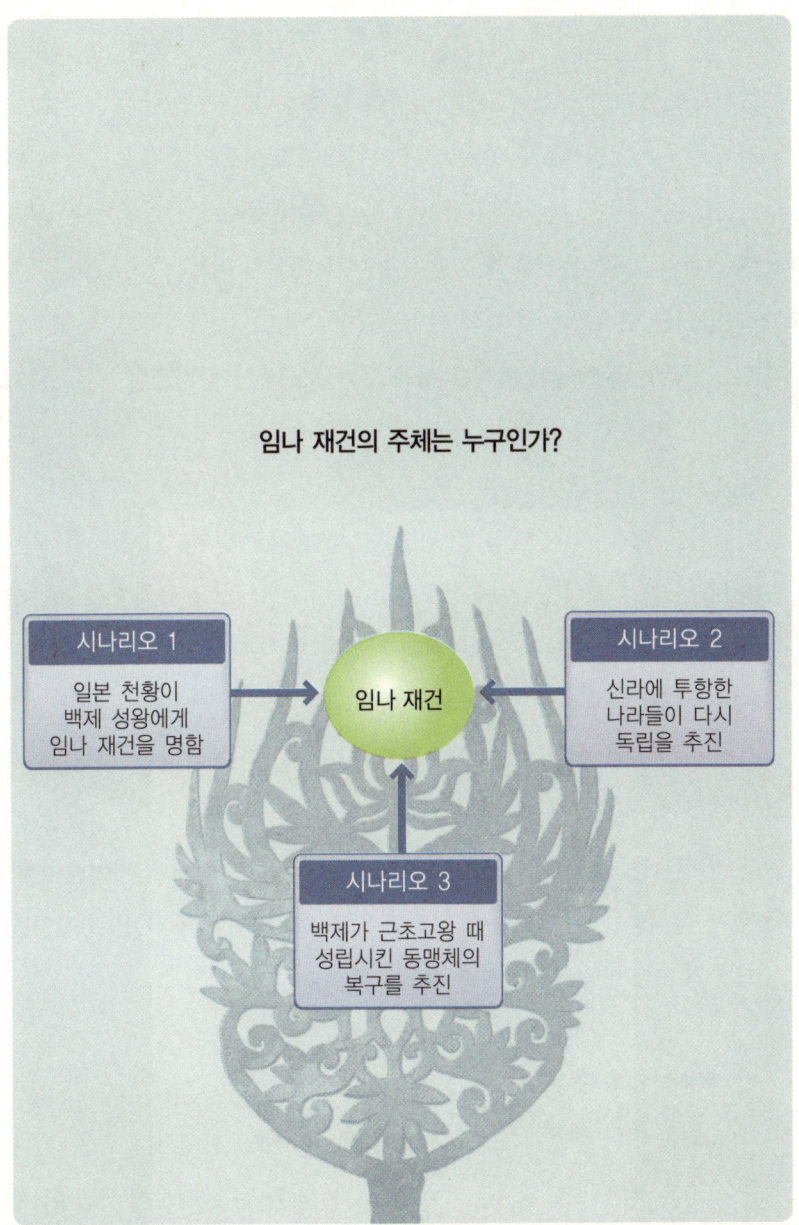

임나 재건의 주체는 누구인가?

시나리오 1
일본 천황이 백제 성왕에게 임나 재건을 명함

임나 재건

시나리오 2
신라에 투항한 나라들이 다시 독립을 추진

시나리오 3
백제가 근초고왕 때 성립시킨 동맹체의 복구를 추진

5세기 후반을 마무리 지으면서, 백제는 고구려에게 받았던 타격에서 벗어나 예전의 국력을 회복해 나가기 시작했다. 더 나아가 6세기에 들어서면서부터는 세력 회복을 넘어 다음 단계로의 도약까지 시도했다. 그 의도가 노골적으로 드러난 사건이 6세기 전반에 있었던 이른바 '임나 재건' 이다.

사건의 기본적인 개요는 이렇다. 540년대에 접어들면서 백제 성왕이 천황의 명命을 내세워 당사자인 가야는 물론 왜와 심지어 신라에까지 '임나를 재건하기 위한' 논의를 제의했다. 논의를 제의한 백제는 매우 적극적이었지만, 다른 나라들은 영 탐탁하게 생각하지 않았다. 급기야 막판에는 안라가 고구려를 끌어들여 백제를 치게 했다는 사건까지 터졌다. 이와 같이 여러 차례 파란을 겪었지만, '임나 재건' 이라는 현안 자체는 결론을 내지 못하고 흐지부지 되었다.

이렇게만 보면 '임나 재건' 은 정말 별 볼일 없는 일이었던 것처럼 보인다. 성왕이 한번 제의해 본 안건에 불과하고, 주변에서 적극적으로 도와준 나라도 없어 결국 흐지부지 끝나버린 사건이다. 그저 6세기 중엽에 있었던 해프닝 정도에 불과하다고 생각하기 쉽다.

하지만 한 꺼풀 벗겨 보면 그게 그렇게 단순한 일이 아니다. 이 사건 이후 가야는 별 저항을 못한 채, 백제를 위한 전쟁에 끌려 다니는 양상을 보인다. 이전과는 분명히 달라진 점이다. 어떻게 했기에 백제가 가야를 손바닥 위에 올려놓을 수 있었는지 따지지 않더라도, '임나 재건' 을 추진하면서 모종의 사태 발전이 있었음은 분명하다.

임나 재건의 숨은 뜻 ✍

따라서 이 시기 백제사의 숨겨진 그림을 읽어내기 위해서는 우선 '임나 재건' 이라는 현안이 뭘 하자는 것이었느냐는 점과 무엇 때문에 하필 이 시

김해 퇴래리 출토 갑옷. 가야의 발전된 철기 제작
기술을 보여주는 유물이다.

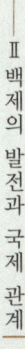

기에 추진되었느냐는 배경부터 알아두어야 할 필요가 있다.

기본적인 내용은 간단하다. 글자 그대로만 보자면 '임나 재건'은 쇠퇴해 가는 임나를 재건하자는 것이다. 그러나 겉으로 드러난 내용이 간단하다고 해서 속 이야기까지 간단한 것은 아니다. 사실 간단한 내용이 아니기 때문에 백제사에 대한 해석의 흐름을 뒤집어 놓을 만한 논란이 나타나는 것이다.

얘기가 복잡해지는 사정은 이렇다. 기록에 의하면 '임나 재건'은 당사자가 아니라, 왜의 천황이 명을 내렸고 백제 성왕이 적극적으로 추진했다. 즉 임나를 재건하는 일에 당사자가 아니라 주변 세력이 더 설쳤다는 뜻이다.

더욱이 임나를 재건하라는 명령은 천황이 내렸다고 하면서도 정작 천황의 직속 기관인 일본부는 이 일에 시큰둥했다. 사실 그 정도가 아니라 아예 나서서 훼방을 놓았다고 해도 과언이 아니다. 성왕이 천황에게 이런 작자들하고는 일을 못하겠으니 '데려가라'고 요구할 정도였다. 그러니 임나를 재건하자는 것이 '임나 재건'이라는 식으로만 보면 이해하기가 어렵다.

뭔가 속사정이 있음이 분명하다. 백제사를 제대로 이해하려면 그 속사정을 보여주는 시나리오가 필요한 것이다. 하지만 여기서도 역시 서로 다른 시나리오가 난립하며 혼란을 부추기고 있다.

혼선을 부추기는 첫 번째 시나리오

여기서도 처음 제시된 시나리오는 역시 『일본서기』에 나오는 내용을 그대로 옮겨 놓는 것이다. 그러한 시나리오의 내용은 대략 이렇게 된다. 6세기 전반이 되자, 일본 천황은 자신의 지배 아래에 있는 임나가 점차 약화되어가는 현실을 우려하게 되었다. 그래서 '임나를 재건하라'는 명령을 내렸다. 이 명을 가장 충실하게 받든 사람이 백제 성왕이었다. 하지만 성왕의 노력에도 불구하고, 일본부를 비롯한 주변의 협조가 없어 이때의 '임나 재건'은 실패했다.

두말할 필요도 없이 이런 시나리오에서는 백제가 왜의 앞잡이 정도 되는 나라가 된다. 물론 이 시기 백제 역사를 이렇게 이해하는 사람은 많지 않다. 이 역시 스에마쓰가 제시하는 시나리오라는 점만 짚어주어도 이러한 해석의 수준이 어느 정도인지 더 이상의 설명이 필요 없을 것이다. '최초의 체계적 정리(?)'이기 때문에 말 같지 않은 학설이라도 어쩔 수 없이 다루어야 하는 고충을 이해해 주시기 바란다.

그래도 비전문가들은 무엇 때문에 스에마쓰 같은 자의 시나리오가 손가락질 받는지 이해하기 어려울 수 있으니 간단하게 살펴보기로 하자. 스에마쓰는 당시의 상황을 이렇게 본다. '임나 재건'이 추진된 원인은 이 사안이 추진되기 직전인 530년대에 임나에 소속된 여러 나라가 신라로 귀순하는 사태가 벌어지고 있었다. 천황은 이를 저지할 필요를 느꼈지만, 일본부의 요원이 이 사태를 감당할 수 없을 만큼 무능했다. 그래서 천황은 힘이 강해진 백제에게 사태 해결을 지시했다.

그러면 백제는 무엇 때문에 이 일에 적극적으로 나섰을까? 스에마쓰는 531년 백제가 안라에 군대를 진주시킨 일을 인정받으려 나섰다고 해석한다. 하지만 이 시나리오를 당사자인 스에마쓰 자신조차 이상하다고 여긴다.

가장 이상한 점은 임나의 사신들은 말할 것도 없고 일본부 요원들조차 백제에 가서 이른바 천황의 조칙詔勅을 들었다는 사실이다. 조칙이라는 것은 천자가 신하들에게 내리는 일종의 명령에 해당한다고 보면 된다. 그런데 그 명령을 자신에게 직속되어 있는 신하들에게 내리지 않고, 기껏해야 외신外臣에 불과한 백제 성왕에게 전달해 간접적으로 전달했다. 『일본서기』식의 사고방식을 인정한다 하더라도 이상한 일이다.

천황이 임나 재건을 추진한다면 자신의 명령은 직속 신하들에게 먼저 전달하는 것이 당연하다. 그리고 성왕이나 임나의 요원들에게는 일본부 요원들이 전달하는 게 정상이다. 그런데 실제로는 성왕이 천황의 명을 받아 일본부 요원들에게 전달했다고 한다. 당시 일본부 요원이었던 길비신吉備臣은 임나任那 요원들과 동등한 자격을 가진 사절의 하나로서 자기들 왕의 '조칙詔勅'을 성왕에게서 받았던 것이다. 외교 관례상 있을 수가 없는 일이다.

백제가 나서게 된 동기에 대한 해석은 더욱 가관이다. 왜가 지배하고 있었던 가야 제국에 백제군이 진주했다면 이는 왜 왕권에 대한 도전이 될 수밖에 없다. 백제가 이러한 반역 행위를 인정받으려 했다는 것부터 이해할 수 없는 일이다.

이상한 점은 또 있다. 이른바 '임나 재건회의'에서 추진되고 있었던 중요 안건 가운데 하나가 임나에 파견된 백제의 군령·성주를 다시 백제로 소환해 달라는 것이었다. 왜가 지배하고 있다던 임나에 백제가 마음대로 요원을 파견했다는 뜻이 된다.

만약 그랬다면 왜가 백제를 가만히 놔두었을 리가 없다. 하지만 『일본서기』 기록에는 왜가 백제에 별다른 응징은 물론 항의조차 제대로 못하고 있다. 최소한 말로라도 엄중 경고 정도는 해야 했을 일인데, 왜는 오히려 백제에게 '임나 재건'을 추진하게 맡겨주었다?

스에마쓰의 주장대로 왜가 백제의 종주국이어서 백제가 실례를 저질러 놓고 그걸 만회하려 나섰다는 그림이 나오지 않는 것이다. 아무리 억지를 잘 쓰는 스에마쓰라 하더라도 이상하다고 느끼지 않을 수가 없다. 그나마 이런 게 이상하다는 점이라도 인정한 정도를 학자적 양심이라고 보아 줄 수 있을지 모르겠다. 그래서 이런 시나리오는 사실상 폐기된 상태라고 해도 과언이 아니다.

남들이 대신해 준 독립투쟁 🌱

그 대안으로 나온 시나리오는 이렇다. 간단하게 말해서 540년대에 있었던 '임나 재건'은 530년대 초반에 신라에 흡수된 금관가야나 탁기탄啄己吞 같은 나라들을 다시 분리 독립시키려는 시도였다는 것이다. 이렇게 보는 근거는 『일본서기』 기록에 '신라에게 권하여 다시 남가라南加羅와 탁기탄을 세웠다는 것과 천황의 조칙詔勅에 따라 신라에게 뺏긴 남가라, 탁기탄을 뺏아 그 전대로 임나에 옮기고 부형父兄의 나라가 되어 일본을 섬긴다'라는 부분이 나오기 때문이다.

사실 이 내용만 떼어놓고 보면 그렇게 보이는 게 당연할 수도 있다. '임나 재건'은 글자 그대로 임나를 재건하자는 뜻이므로 이런 일을 추진하는 쪽은 당연히 임나에 소속된 당사자들이어야 한다는 발상을 할 법도 하다. 따라서 백제나 왜가 설치는 임나 재건 같은 것은 애초부터 말이 안 된다고 생각할 수도 있다. 어쨌든 이러한 이유로 이 시나리오가 좀 더 광범위한 지지를 받아 현재 정설처럼 굳어지는 경향이 있다.

하지만 내용을 알고 보면 이런 시나리오도 그다지 설득력이 있는 것은 아니다. 그렇게 단언하는 이유는 이런 시나리오가 성립하려면 한 가지 전제 조건이 성립해야 하는데 그렇지가 않기 때문이다. 전제 조건은 바로 이 점이다. 금관가야 등이 강제로 신라에 합병되어, 당사자들은 물론 주위의 나라들까지 신라의 만행을 규탄하는 분위기였어야 한다. 그 결과 국제 사회의 움직임이 현실화된 것이 이른바 '임나 재건회의'여야 하는 것이다.

그런데 당시의 정황에서는 이런 그림이 나올 수가 없다. 무엇보다도 금관가야나 탁기탄 같은 나라들은 신라에 억지로 병합된 것이 아니라 서로 합의하여 나라를 합쳤기 때문이다. 이때 신라에 투항한 금관가야 왕족이 신라의 진골귀족으로 흡수되어 나중에 왕비까지 배출한 김유신 가문이었

다. 성왕의 입에서도 금관가야, 탁기탄, 탁순 같은 나라의 지배층이 신라에 투항했음을 한탄하는 말이 나온다. 이런 점만 보아도 금관가야 같은 나라들이 신라의 힘에 눌려 억지로 통합된 것은 아니라는 사실을 알 수 있다.

이런 상황에서 '금관가야 등을 분리' 운운하는 말을 할 수 있었을까? 자기들끼리 좋다고 합친 나라에 대고 제3자가 나서서 '우리 마음에는 들지 않으니 토해내라'고 주장하는 꼴이 되어 버린다. 상식적으로만 생각해보아도 이 자체가 생떼 수준이다.

또 사태가 실제로 이와 같이 진행되었다면 신라는 말할 것도 없고, 투항했던 금관가야 같은 나라들까지도 곱게 받아들일 수 있는 내용이 아니다. 신라와 가야에 대해 극단적인 내정 간섭을 하겠다고 선언한 것이 되기 때문이다. 백제는 신라와의 충돌도 불사하고 당사자인 금관가야, 탁기탄 등도 제압하겠다고 선언한 꼴밖에 되지 않는다. 신라는 물론 금관가야, 탁기탄도 받아들일 리가 만무하거니와 외교 협상의 대상으로 조차 고려할 수 없다. 심하면 선전 포고로까지 해석할 여지까지 있는 내용이다.

백제가 이런 억지 주장을 외교적으로 협상하려 했다는 것도 우습다. 아무리 백제와의 협력이 중요하다고 해도 신라가 자기 품안으로 들어온 영토와 백성을, 백제가 한 마디 한다고 해서 포기할 생각을 했을 리가 없다. 그런데도 백제는 끈질기게 신라의 동의를 구했다. 심지어 임나의 사절들에게 신라의 의중을 알아보고 설득하라는 지시까지 내렸다.

만약 정말로 금관가야 등의 분리 독립이 임나 재건의 목적이었다면 성왕은 신라나 금관가야 같은 나라들이 어떤 반응을 보일지 예상도 못했다는 뜻이 되어 버린다. 백제 성왕 정도 되는 인물이 이런 상황도 파악하지 못하고 말도 안 되는 일을 중요한 외교 현안으로 추진하려 했다고 생각되지는 않는다. 속사정을 알고 나면 임나 재건이 금관가야 같은 나라를 분리 독립시키자는 것이었다는 주장은 억지임을 알 수 있다.

그러니까 '임나 재건'은 말이 그럴 뿐, 실제 뜻이 그런 것은 아니라고 보아야 한다. 무엇인가 와전되어 기록되었을 가능성이 크기 때문이다. 관련된 『일본서기』 기록만 하더라도 이미 금관가야 등이 신라에게서 분리되어 일본을 섬기고 있는 것처럼 적어 놓았다. 뭔가 왜곡시켜 기록했다는 점을 뚜렷하게 시사해 주는 대목이다.

실제로는 신라의 일부분으로 잘 적응하고 있던 나라들을 이렇게 묘사했다는 사실 자체가 『일본서기』 기록을 글자 그대로 새겨 역사를 이해하려는 행각이 얼마나 어리석은 일인지 보여준다고 하겠다. '임나 재건'을 신라에 흡수된 금관가야나 탁기탄啄己吞 같은 나라들을 다시 분리 독립시키려는 시도라고 주장하는 시나리오는 그런 대표적인 사례의 하나일 뿐이다.

임나재건? 백제재건? 🍃

그래서 '임나 재건'이라는 주요 현안의 속사정을 보여줄 수 있는 전혀 다른 시나리오가 필요해진다. '임나 재건'이라는 의미를 이해하려면 무엇 때문에 '재건' 또는 '부흥'이라는 말을 쓰려 했는지부터 새겨야 할 것 같다. 이 뜻 자체가 그 전에 없었던 것을 만들자는 것이 아니라, 이전에 있던 것을 다시 활성화하자는 뜻이다.

여기서 무엇 때문에 성왕이 이런 일에 앞장을 서야 했는지도 짐작해 볼 필요도 있다. 여기에 강력한 암시를 주는 사실이 있다. 성왕이 말끝마다 '초고왕, 귀수왕' 바로 근초고왕과 근구수왕을 내세웠다는 점이다. 이들이 백제를 다스리던 때에 백제와 임나에 소속된 나라들이 형제나 아들 같은 관계를 맺었음을 강조했다.

성왕이 무엇 때문에 이렇게 '초고왕, 귀수왕'을 입에 올려야 했을까? 백

제 역사에 있어서 위대했던 왕들의 권위를 팔아보자는 단순한 의도였다고 보기에는 민망할 정도다. 단순하게 보기에는 근초고왕, 근구수왕 때 백제와 가야 관계를 너무 지나치게 강조하고 있다. 실제로 근초고왕이 백제와 가야의 관계에 별 상관이 없는 인물이었다면 혼자서 뇌까리는 혼잣말도 아닌데, 남의 나라 사신들을 모아 놓고 쓸데없는 소리를 늘어놓아야 할 이유가 없는 것이다.

그렇다면 근초고왕 때 백제와 가야의 관계가 어떻게 설정되었는지 상기해 볼 필요가 생긴다. 더 나아가 임나가 무엇이었는지 상기해 보자. 임나는 가야 소국들을 가입시켜 만든 연맹체였다. 이런 연맹체가 만들어진 이유는 백제의 필요에 따라 가야의 작은 나라들을 통제하려는 것이었다고 했다.

이렇게 보면 '임나 재건'을 외친 성왕의 의도를 짐작해 볼 수 있다. 근초고왕, 근구수왕 때 만들어졌던 백제 중심의 동맹 체제를 재건하고 싶었던 것이다. 임나 재건은 이를 위한 표면적인 명분이었을 뿐이다.

그러고 보면 사람을 헛갈리게 하는 요소에 대하여 해답을 붙일 수 있을 것 같다. 우선 무엇 때문에 성왕이 나서야 했는가부터 그림이 확실해진다. 이때는 가야에 대한 영향력을 두고 백제가 신라와 경쟁을 벌이고 있던 처지였다. 이런 시기에 성왕은 가야는 물론, 주변 국가 누구도 좋아하지 않는 임나 재건을 추진하지 못해 안달이 나 있었다.

천황의 명령을 받았거나, 금관가야 등을 독립시키는 것 같이 남 좋은 일 같으면 성인군자가 아닌 이상 이렇게 적극적으로 나섰을 리가 없다. 하지만 백제가 국제 정세의 주도권을 잡는 일 같으면 얘기가 다르다. 주변 나라들이 싫어하건 말건 밀어붙이는 것이 당연하다.

『일본서기』에 마치 천황이 성왕에게 '임나 재건'을 지시했다고 되어 있는 것도 『일본서기』의 성향을 생각해보면 간단하게 이해할 수 있다. 『일본서기』는 천황이 천자와 같이 주변 세력에 명령을 내리는 위치에 있었다고 제멋대로 우겨 놓고 쓴 역사이다. 백제의 통제를 받아가며 진행된 일이라고 쓸래야 쓸 수 없는 한계를 가지고 이 문제를 기록했음을 감안해야 한다는 것이다. 지시를 받고 실행한 일을 지시했다고 쓰자면 이렇게 상황에 모순이 생기지 않을 수가 없다.

역사의 아이러니 🌀

'임나 재건'이라는 문제에 대한 시나리오를 이렇게 보면, 역사의 아이러니를 느낄 수 있다. 백제가 국력을 회복해 나아갔다는 사실을 뒤집어 보면 신라·가야·왜 같은 나라들이 백제의 움직임에 대해 신경을 써야 하는 상황이 벌어지기 시작했음을 의미한다. 앞 시기와의 사정을 비교해 보면 상당한 차이가 있음을 알 수 있다.

5세기 후반만 하더라도 남방에 있어서 고구려 최대의 라이벌은 백제일 수밖에 없다. 고구려가 남방에 강력한 압박을 가할 수 있던 시기에는 압박의 초점이 백제에 집중되는 것이 당연하다. 백제가 정신없이 고구려의 압박을 받는 상태에서는 일단 자신이 살고 보아야 하기 때문에 신라나 가야 같은 세력들과도 협력을 구하는 외교 정책을 펼 수밖에 없었다. 그러기 위해서는 자신의 입장을 강요할 수도 없었을 뿐 아니라, 반대 급부를 보장해 주어야 하는 부담도 지게 된다.

하지만 고구려의 압박이 약화되면서부터 사정이 달라진다. 여유를 찾게 된 백제의 입장에서 자신의 주도 아래에 신라·가야·왜 등과의 관계를 주도적으로 다시 짜 볼 수 있는 기회를 갖게 된 셈이다. 그러면서 이제는 오히려 백제가 그동안 협조 관계에 있던 나라들을 압박하는 상황이 벌어지게 되었다. '임나 재건'은 바로 이러한 상황에서 나온 것이다.

　신라·가야·왜 같은 주변 세력들이 비협조적으로 나온 것은 당연하다. 동등한 동맹 관계였던 신라가, 공연히 백제가 주도하는 동맹체에 속박되고 싶지는 않았을 것이다. 프랑스가 미국이 주도하는 나토에서 탈퇴했던 심리와 비슷하다고 생각하면 큰 무리가 없을 것이다. 백제 중심의 동맹 체제에 묶여 있던 덕분에 광개토왕 때 자기들과 큰 관계도 없는 전쟁에 말려들어 심각한 피해를 받았던 가야 역시 불행한 역사를 되풀이하고 싶지 않았다. 백제가 언제든지 자신들을 소외시킬 수 있다는 사실을 경험한 왜라고 협조해주고 싶었을 리가 없다.

　성왕은 이렇게 주변 나라들이 내키지 않아 하던 일을 밀어붙이고 있었던 것이다. 548년 안라가 고구려를 끌어들여서까지 백제를 치려 했던 사건도 이런 맥락에서 이해해야 할 것 같다.

　이 사건 자체를 백제가 조작했다는 주장도 있지만 타당성은 없을 것이다. 아무리 강요된 동맹이라 하더라도, 기본적으로는 협조 관계를 만들자는 취지다. 그런데 있지도 않은 사건을 조작해서 왜나 안라 같은 나라에 압력을 넣는다면, 억울한 꼴을 당한 당사자들이 가만히 있을 리는 없다. 아무리 약해도 엄연한 독립 국가들이고, 주변에 강력한 경쟁자들이 도사리고 있는 마당에 이런 식으로 왜나 안라를 압박한다면 얻는 것보다 잃은 것이 많다. 백제가 그렇게까지 쓸데없는 분쟁을 만들려고 했을 것 같지는 않다.

　그래서인지 백제는 끝까지 밀어붙이려 하지는 않았다. 결국 '임나 재건' 자체는 흐지부지 되어 버렸던 것이다. 하지만 '임나 재건'을 여기까지 겉으로 드러난 대로만 보아가지고서는 백제사를 제대로 볼 수 없을 듯하다.

　이 사건 이후 가야가 백제에 저항했다는 기록은 보이지 않는다. 오히려 중요한 전쟁마다 별로 얻는 것도 없이 백제 쪽에 참전하는 기록이 이어진다. 이 상황을 보아서는 '동맹' 수준이 아니라, '부용국'에 더 가깝다는 생각까지 든다.

어떻게 보면 백제가 '임나 재건'을 끝까지 추진하지 않은 것은 주변 세력들의 비협조와 압박에 몰려서 그랬다기보다 굳이 그렇게까지 할 필요성을 느끼지 않았기 때문인지도 모른다. 사실 백제의 입장에서는 신라나 왜를 가야처럼 강력하게 통제하겠다는 생각을 하기는 어려웠다.

'임나 재건'이라는 말에 나타나듯이, 결국 핵심은 가야 세력을 장악하고 이용하겠다는 것이었다. 그런데 안라의 마지막 저항을 빌미로 가야를 장악해 버리고 나서는 굳이 신라와 왜의 반발을 무릅쓰고 '임나 재건'을 밀어붙일 필요가 없어졌을 것이다. 신라와는 동등한 동맹이나마 유지되고 있었으니 고구려에 반격을 당할 때 최소한의 협조라도 얻어낼 수 있었다. 백제에게 아쉬운 게 많은 왜는 더 쉽게 처리할 수 있었다.

따라서 가야만 장악하게 되면 어떻든 고구려와의 전쟁 같은 중요한 일에 주변 세력을 이용할 수 있게 된 셈이다. 백제의 입장에서는 '모로 가도 서울만 가면 되는' 것이다.

III

백제의 해양과 대륙 진출

1. 백제가 대륙에 진출했었나?

백제의 요서경략설에 의한 국제정세도.

백제가 나라의 기틀을 잡고 세력을 확장시켜 나아가는 과정에도 많은 논란이 있어 백제라는 나라의 실체를 파악하기 어렵게 하고 있다. 그렇게 만든 요소 가운데 하나가 백제의 해양과 대륙 진출 문제이다. 백제가 일부에서 주장하는 것처럼 일본 열도나 중국 대륙으로 진출하여 상당한 영역을 확보하고 있었다면 백제의 역사를 보는 시각도 크게 달라져야 한다.

우선 백제는 한반도의 한 귀퉁이에 자리 잡았던 나라가 아니라 해양과 대륙에 진출하여 중국 대륙을 호령하던 나라들과 어깨를 견줄 정도의 세력을 가졌던 나라가 된다. 당연히 백제의 세력 범위는 물론, 당시 중국 대륙의 나라들과 어떤 관계를 이루고 있었는지도 중요한 문제로 인식해야 한다. 반면 그런 일 자체가 없었다면 백제와 주변 세력들과의 관계를 따지는 것 자체가 공연한 백제 역사 부풀리기가 될 것이다.

대륙 진출의 근거와 반증

이 문제와 관련지어 우선적으로 따져야 할 점은 백제가 실제로 대륙에 근거지를 확보하고 있었느냐는 것이다. 물론 아무런 근거 없이 백제가 대륙에 진출했었다는 주장이 나오는 것은 아니다. 일단 『송서宋書』와 『양서梁書』에 '진晉나라 때 고구려는 요동을, 백제는 요서를 차지하였다'는 기록이 있다. 또 전연前燕과 북위北魏가 백제와 군사적으로 충돌했다는 기록도 있다.

여기에 백제의 인물이 중국 대륙에 있는 지역의 태수 등으로 임명되었다는 기록이 추가된다. 태수나 자사 같은 벼슬은 그 지역을 통치하는 관리자라는 의미가 있다. 따라서 백제가 이 지역들을 자신의 영역으로 삼고 있었고 이 사실을 중국 측에서 인정받았다고 볼 수도 있다.

그렇지만 이 정도의 기록이 있음에도 불구하고 믿지 못하겠다는 소리가 만만치 않게 나왔다. 한반도에 중심을 둔 백제가 요서나 중국 대륙을 경영하기에는 거리가 너무 멀다는 점, 군이 설치되었다는 진晉나라 때에 해당하는 3세기 후반에서 5세기 초반의 백제는 해외에 진출하여 식민지를 건설할 만한 여유가 없었다는 상황 증거가 일단 지적된다. 또 전연前燕 이후의 나라들이 차지하고 있었던 지역을 보면 백제가 차지할 만한 땅도 없을 뿐더러, 땅 주인이 순식간에 바뀌어버리는 험악한 시대에 이 나라들이 백제가 차지하고 있는 땅을 가만히 두었을 리도 없다는 지적도 있다.

뿐만 아니라 중국 대륙에 백제의 땅이 있었다고 직접적으로 언급하는 기록이 중국의 남조南朝 계열이라고 할 수 있는 나라의 역사에만 나타난다. 당사자인 백제의 역사가 기록된 『삼국사기』나 『삼국유사』는 물론, 백제의 땅이 있었다는 요서 지방을 포함한 중국 북부를 지배했던 나라인 북위北魏나 북제北齊, 북주北周의 역사나, 백제가 요서 지방에 진출했다고 하는 시기인 진晉나라 때의 역사를 기록한 『진서晉書』에 이르기까지 중국 대륙에 백제의 땅이 있었다는 언급이 없다.

게다가 양나라에 조공을 왔던 나라에 대한 설명을 그림과 함께 남겨 놓은 『양직공도梁職貢圖』에는 백제에 대해 설명하면서 요서 지역을 점령했던 당사자가 갑자기 백제가 아닌 낙랑으로 바뀌어 나타나고 있다.

반론의 근거 🐟

그래서 백제가 중국 대륙에 진출했다는 점에 회의적인 사람들은 해석을 달리한다. 『송서』·『양서』 등에 백제가 지배하는 군현이 있었다는 기록은 실제로 있었던 사실에 대한 기록이 아니라는 것이다. 『양직공도』에 나타나는 혼선도 낙랑군이 4세기 초 고구려의 압력으로 한반도에서 밀려나 요서 지역으로 옮겨갔던 사실과 관계가 있다고 본다. 즉 낙랑이 요서로 옮겨간 후, 한반도에서 낙랑·대방이 있던 지역을 인계받은 나라가 백제다. 백제

는 이걸 내세워 낙랑·대방에 대한 계승권을 주장했고, 5세기 후반 백제와 우호관계를 맺고 있던 남조는 이런 주장을 아무 여과 없이 적었다는 것이다. 그러다 보니 마치 백제가 요서 지역에 진출한 것처럼 서술되었다고 해석하는 것이다.

백제와 위나라의 충돌을 묘사한 기록들에 대해서도 마찬가지다. 5세기 후반 고구려의 압력에 시달리던 백제의 상황에서 위나라하고까지 전쟁을 벌인다는 것은 대세론적으로 보아 불가능하다는 것이다. 그래서 그런 기록들은 동성왕이 남제에 보낸 국서에 나오는 표현에 대한 오해에서 비롯되었다고 한다. 『남제서』에 전하는 기록인 "위나라가 또 수십만의 기병을 일으켜 백제에 쳐들어왔다(魏虜又發騎數十萬 攻百濟 入其界)"에서 위로魏虜가 사실은 북위를 뜻하는 게 아니라 고구려였다는 것이다.

여기서는 백제에 쳐들어온 집단을 단순히 '험윤' 또는 '흉리匈犁'라고만 했다. 험윤이란 주周나라 때에 중국의 북쪽 변경을 위협하던 오랑캐를 의미했고, 나중에는 북방의 오랑캐를 멸시해서 부르는 이름의 하나로 사용되었다. 동성왕의 국서에서는 당시 백제의 북방을 위협하던 오랑캐라는 의미로 썼는데, 나중에 역사를 편찬하던 중국 남조의 편찬자들은 자기들이 쓰던 대로 이를 북위를 뜻한다고 오해했다는 것이다.

백제 사신들이 남조 측에서 '태수' 같은 벼슬을 받았다는 것도 달리 해석한다. 백제가 남조로부터 여러 지역에 책봉을 받는 현상도 그렇다. 책봉이라는 것 자체가 형식적으로는 해당 지역의 지배권을 인정해주는 것이지만, 실제로는 그렇지 않은 경우가 많았다는 점은 여러 차례 지적되어 왔다. 백제의 경우에 있어서도, 지배를 인정받았다는 땅 대부분이 남조의 통치력이 미치지 않는 북조의 지역인 것이다. 다시 말해서 남의 땅에 책봉을 해주면서 생색을 냈다는 얘기다. 대한민국에서 '이북 5도청'이란 걸 만들어서 실제로는 통치하지 못하는 북한 지역에 도지사를 두는 것과 비슷한 행태라는 주장이다. 뒤집어 말하자면 영향력을 가진 당사자들에게서 지배권을 인정받은 땅이 아니라는 얘기다.

김부식의 신라 중심 사관 🍂

이런 회의적인 시각에 대하여 반론이 없는 것은 아니다. 북조의 역사나 『삼국사기』 등에 백제의 중국 대륙 진출에 대한 기록이 없는 이유를 사서史書에 문제가 있다는 데에서 찾는다.

그 가운데 하나가 『삼국사기』는 편찬자인 김부식 등이 신라 중심의 역사관을 가지고 있어서 백제나 고구려에 유리한 사실을 가능한 한 삭제해 버렸다는 것이다. 그 증거를 『삼국사기』 「최치원 열전列傳」에 나타나는 "고구려와 백제는 전성시에 강한 군사가 백만이어서 남으로는 오, 월의 나라를 침입하였고, 북으로는 유주의 연과 제, 노나라를 휘어잡아 중국의 커다란 위협이 되었습니다"라는 구절에서 찾는다.

이런 내용이 백제 역사를 본격적으로 다룬 「백제본기」에는 나오지 않고 왜 하필 「최치원 열전」에 나오느냐는 점을 문제 삼는 것이다. 그리고 이게 바로 신라 중심적인 사고방식에 젖어 있어 백제나 고구려에 유리한 사실을 삭제해 버린 증거라고 한다.

그렇지만 이런 주장은 별로 좋은 수가 못 된다. 최치원 자신의 인식부터가 사대주의적인 관점에서 쓰여졌다는 점을 무시했기 때문이다. 기록의 앞뒤를 잘 살펴보면 최치원이 이런 말을 했던 의도가 고구려와 백제는 중국에 대해 적대적인 행동을 일삼은 무도한 나라이고 신라는 그렇지 않았다는 말을 하기 위해서였다. 이러한 인식은 「최치원 열전」의 내용을 여과 없이 수록했던 『삼국사기』 편찬자들과 크게 다를 것이 없다.

이런 인식을 가지고 있던 『삼국사기』 편찬자들이 백제가 위와 전쟁을 벌였다는 사실을 좋게 평가할 리가 없다. 오히려 이런 기록을 적극적으로 활용해서 백제의 무도함을 드러내 깎아 내리는 쪽으로 몰고 가려 했으면 했지, '백제에 유리한 것이었기 때문에' 삭제하려 했을 턱이 없는 것이다.

대륙 진출의 기록이 빠져 있다?

일부러 삭제했다고 하면 이렇게 앞뒤가 맞지 않기 때문에, 최근에는 '기록에 문제가 있다' 는 쪽으로 몰고 가는 경향이 있다. 근초고왕의 활약상이 『삼국사기』에 빠져 있다고 해서 사실이 아니라고 할 수 없듯이, 백제의 대륙 진출도 마찬가지로 인정하지 못할 필요는 없다는 논리다. 『삼국사기』는 신라 측 자료 위주로 서술되었기 때문에 통일된 이후의 시대를 살던 신라인들이 백제의 요서 진출 사실을 강조했을 리도 없거니와, 일부러 기억하려 하지도 않았을 것이라고도 한다.

또한 진나라 때의 역사를 알려주는 현재의 『진서』는 수 차례의 전란戰亂 때문에 없어졌고, 이를 당唐 태종 때에 다시 편찬해낸 것이라는 점을 강조한다. 이에 비해 백제와 많은 교류가 있었던 송나라의 역사 편찬자들이 터무니없는 사실을 날조했을 리가 없다고 본다. 남조 측은 백제와 더 긴밀한 관계를 가졌기 때문에 당연히 백제 측의 사정을 잘 알고 있었을 것이고, 백제의 요서 진출에 대해서도 더 관심을 가지고 이 사실을 특별히 기록했을 가능성이 크다는 것이다.

또 『양직공도』를 근거로 『송서』의 내용을 믿지 못하겠다는 주장에 대해서도 문제를 제기한다. 『송서』보다도 40년 가량 늦게 작성된 『양직공도』의 내용을 근거로 『송서』를 믿지 못할 것으로 치는 논리를 인정할 필요가 없다는 것이다. 즉 『송서』나 『양서』, 『양직공도』 같은 남조의 기록이 북조의 것

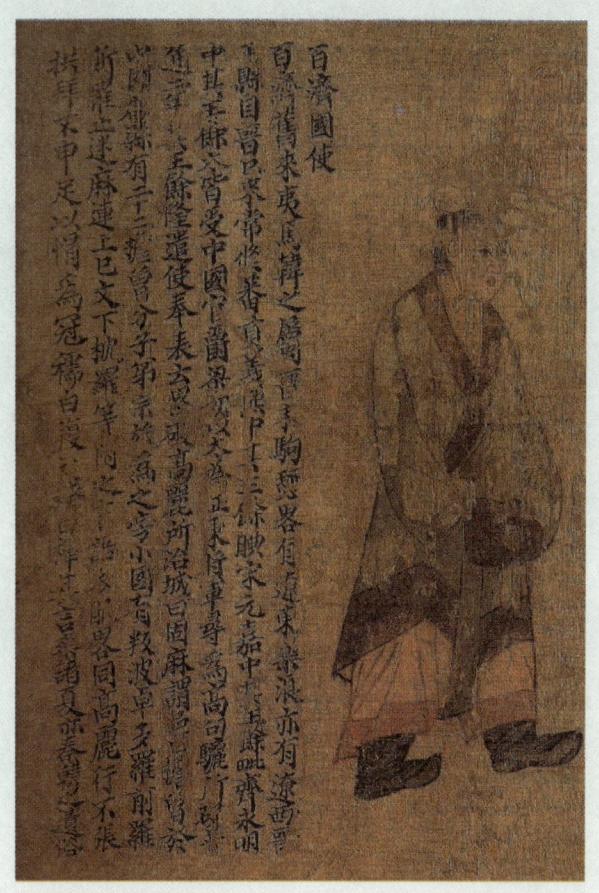

『양직공도』의 백제 사신

526~536년 무렵 중국 양나라에 파견된 사절(12명의 그림이 남아 있음) 가운데 백제 사신을 그린 그림이다. 6세기 초 백제의 대외 관계와 복식 등을 알 수 있는 귀중한 자료이다.

보다 더 객관적일 수 있으니 무시하지 말아야 한다는 뜻이다. 그런 주장을 하는 쪽에서는 『양직공도』에는 이전 시기부터 가지고 있던 지식에다가 당시의 사신을 통해 얻을 수 있었던 새로운 지식이 합쳐져 있다는 점을 강조한다. 따라서 진晉나라 때로부터 그다지 시기가 떨어지지 않은 6세기 전반 당시의 지식이 정리되어 있다는 점에서 일단 그 가치를 무시할 수 없다는 주장이다.

하지만 남조 측 기록에 터무니없는 내용이 들어가 있을 리 없다는 주장은 일방적인 측면이 있다. 그 동안 이 기록의 가치를 의심해온 이유를 빼놓고 얘기하고 있기 때문이다. 한 예로 『양직공도』의 내용 중에는, 가야 제국은 물론 신라(斯羅)까지 백제 지배하에 들어가 있었던 것처럼 쓰여진 것도 있다. 여기서 백제에 대한 양梁나라 같은 남조 측의 태도가 의심받는 것이다. 백제의 사정을 잘 알고 있었던 것이 아니라, 거짓말이라고 해도 백제 측의 말이라면 그냥 적어두었다는 얘기다.

반전反轉 시도

이렇게 해서 지난 수십 년 동안의 논쟁에서는 백제의 중국 대륙 진출을 주장하는 논리가 상당히 밀리는 듯한 분위기가 강했다. 그런데 최근에는 이러한 분위기에 대처하여 반전을 꾀하는 시도가 나왔다.

『백제문화사대계』에서도 바로 이런 학설을 중심으로 정리가 되어 있다. 그 논리의 전제는 백제의 중국 대륙 진출 기간을 굳이 몇 년 이상의 장기간으로 볼 필요가 없다는 것이다.

사실 백제의 중국 대륙 진출을 주장하는 측에서 가장 골치 아픈 걸림돌이 4~5세기의 요서 지역이 백제가 진출하여 군을 설치하고 유지할 수 있을 만큼 힘의 공백지대가 아니었다는 점이다. 진晉 이래 전연前燕 – 전진前秦 –

후연後燕 - 북연北燕 - 북위北魏로 이어지는 막강한 중국 북조의 세력 앞에 백제의 군이 유지될 수 있었다고 주장하기는 쉽지 않다.

여기에 대해 나름대로 묘수를 찾아낸 사람이 이노우에 히데오井上秀雄이다. 그는 이 문제가 대륙에 설치된 백제의 군郡이 상당히 장기간에 걸쳐 설치되어 있었으리라는 전제 때문에 생겨났다고 보았다. 이런 전제로 본다면 중국의 유목 민족들이 차지하고 있던 공간일지라도 일시적인 힘의 공백을 이용하여 백제의 군이 설치되었다고 할 수가 있다. 또 중국 북조의 역사에 기록되지 않은 데 대해서도 변명이 가능해진다. 얼마 지속되지 못한 일이었기 때문에 중요한 사건으로 생각하지 않을 수도 있으니 북조의 역사에 기록되지 않아도 이상하게 생각할 필요는 없다는 것이다. 결국 백제가 요서 지역에 설치했던 군郡이 몇 달 정도밖에 유지되지 못했다고 전제할 경우 군이 설치되어 유지될 만한 공간이 없었다는 문제와 중국 북조의 역사에 기록되지 않았다는 문제, 또 요서 등 중국 대륙에서 대규모 백제 유적이 발견되지 않는 이유 등의 문제가 동시에 해결되는 셈이다.

희한한 시나리오

이 논리를 국내에 들여와 확대시킨 사람이 그동안 신라사를 주로 연구했던 강종훈이다. 그는 4세기 후반 후연의 장군 여암餘巖이라는 자가 요서에서 후연에 반란을 일으킨 사실을 주목한다. 여기서 특이한 주장은 여암을 백제 왕족과 같은 여餘씨로 보는 점이다. 즉 백제의 왕족인 여암이 백제와 연결되어 반란을 일으킨 것으로 해석하는 것이다.

그가 제시하는 시나리오는 이렇다. 4세기 후반, 동진이 후연을 치는 과정에서 백제의 참전을 요구했고, 당시 백제 왕으로 즉위한 직후인 침류왕은 후연의 강요에 못 이겨 파병을 결정했다는 것이다. 이에 부담을 느낀 백

제는 혈연적 관계를 내세워 여암을 끌어들였다고 한다. 그렇지만 여암이 후연 군대에 패배하면서 백제의 요서 지배는 4~5개월 만에 종말을 맞았으며, 침류왕도 이때 요서에서 전사했다는 것이다. 이 시기가 바로 백제가 요서에 진출하여 지배한 시기라는 주장이다.

그런데 이런 최신 학설은 그 동안 축적된 연구 성과를 바탕으로 나온 학설답지 않게 많은 문제점이 지적된다. 우선 고구려의 압박을 받고 있던 백제가 시급한 대對고구려 전선을 제쳐두고, 그것도 고구려보다 더 막강한 중국 북조 세력을 상대로 신천지에 막대한 투자를 하려 했다는 발상은 사실 납득하기가 어렵다.

두말할 필요도 없이, 해외에 직접 통치하는 군郡을 설치하려면 상당한 투자가 선행되어야 한다. 물론 투자는, 어떤 형태로든 투자한 액수 이상의 이익을 올릴 수 있으리라는 기대가 가능할 때 실행되는 것이다. 혹자는 백제가 직할지直轄地를 건설하면서 그렇게 단기간밖에 유지되지 못할 줄 예측하지 못했기 때문이라 생각할지도 모르겠다. 그러나 해외에 직할지를 건설하는 비용이라는 것이 그냥 손해 봐도 그만일 정도의 작은 액수일 리는 없다.

백제는 개로왕 때 궁궐을 새로 짓는 정도만으로도 국력이 피폐해져 고구려의 공격에 속절없이 무너진 적도 있다. 하물며 요서 지역을 개발하는 사업이라면 궁궐 새로 짓는 것과는 비교할 수도 없을 만큼 많은 비용이 든다. 이렇게 부담스러운 사업을 벌이면서 백제가 덥석 투자부터 할 만큼 신중하지 못한 결정을 했을 리는 없을 것이다. 또 그런 투자를 해 놓고도 그 지역을 몇 달밖에 유지하지 못했다면 백제가 받았을 타격은 막대했어야 정상이다. 하지만 침류왕 때 그런 타격을 보여주는 기록은 없다.

제자리걸음 🐦

이렇게 해서 백제가 요서 지역을 몇 달밖에 유지하지 못했다는 논리가 성립하지 않게 되면 해결했다고 주장하던 문제점도 다시 부활하게 된다. 우선 진晉이 지배하던 영역 내에 백제의 영역이 상당 기간 존속했다면, 당연히 진과 별 상관이 없는 백제만의 문제로 그칠 일이 아니다. 그렇다면 이런 내용은 주변 민족의 역사가 아닌 진나라 자체의 역사에 기록되어야 할 것임은 물론, 이것은 진나라의 뒤를 이은 나라들의 기록에도 흔적이 남아야 한다. 『진서』가 아무리 자료가 소실된 상태에서 편찬되었고 「백제전」이 빠져 있다 하더라도 진나라 자체의 역사가 소실된 상태라고 보기는 어렵다. 따라서 백제의 식민지 건설이 수록되지 못한 이유를 주변 오랑캐에 대한 기록이 소실되었기 때문으로 볼 수가 없다는 것이다.

반면 그저 '남의 일' 이상이 되지 않는 남조 측이 당사자인 북조 측보다 이 문제에 더 많은 관심을 가졌다는 주장도 납득하기 어렵다. 오히려 남조 측은 백제와의 긴밀한 관계 때문에 백제의 주장을 굳이 엉터리로 몰아버리지 않고 무조건 지지해줄 수도 있었다는 주장에 힘이 실려 버린다.

여기에 더하여 동진에 대한 파병으로 백제의 요서 진출을 설명하려는 논리는 더욱 난센스가 된다. 근거라는 것부터 그렇다. 단순히 이름에 여餘자가 들어간다는 이유만으로 여암을 백제 왕족으로 간주하는 점, 더 나아가 단 한 줄의 근거도 없이 침류왕이 요서에서 전사했다고 주장하는 논리는 정상적인 역사학자의 논리치고는 지나친 비약이라는 비난을 받을 수밖에 없다.

또 그런 만분의 일이나 될지 모를 미약한 확률의 사건이 실제로 있었을 것이라고 한다 해도, 그렇게 해서 나온 결론은 더욱 황당하다. 그런 주장대로라면 백제는 동진의 강요에 못 이겨 요서에 군대를 파병한 것이 되고, 주

요한 활약도 여암이 이끄는 후연의 반란군이 했다. 이조차 4~5개월 만에 무산되고 침류왕은 현지에서 전사한 꼴이 된다. 이런 내용을 두고 백제의 요서 진출과 경략이라고 할 수 있을까?

대한민국은 미국의 요청으로 베트남에 파병해서 나름대로 활약도 했고, 백제보다는 훨씬 긴 십 년 가까이 주둔하기도 했다. 하지만 이를 두고 '대한민국의 베트남 진출과 경략' 운운한다면 제정신 가진 사람 취급을 받지 못할 것이다.

알고 보면 달리 보이는 대륙 진출의 논리

참고로 이노우에의 발상에 대해서도 배경을 이해할 필요가 있다. 속없이 생각하면 일본학자가 나서서 백제의 중국 대륙 진출을 주장해 주는 일이 무척 고마울 수 있다. 하지만 이노우에라는 사람이 굳이 백제의 대륙 진출을 인정하려 하는 이유는 한국 사람들이 생각하는 이유와는 다르다. 그는 이른바 '왜倭의 5왕'이 가야·마한 지역 등에 책봉 받은 기록을 바탕으로 실제로 한반도를 지배 내지 최소한 강력한 영향력을 가지고 있었다고 주장한다.

그러니 중국에서 책봉 받은 기록을 액면 그대로 인정하는 입장을 취할 수밖에 없게 되고, 그 연장선상에서 백제의 책봉도 당시 실질적인 효력이 있었던 것처럼 주장할 수밖에 없었던 것뿐이다. 물론 그렇다고 백제가 왜보다 강력한 세력이었다고 할 생각은 없었으니, 몇 달 정도로 한정시켜 다름대로 자신의 학설에 균형을 잡으려 한 것뿐이다. 이런 주장을 들여와 더욱 확대시켜 놓은 학설이 어떤 논리 구조를 가지게 되는지는 굳이 더 설명할 필요가 없을 것이다.

이렇게 되어 현 상황에서는 백제가 대륙에 진출했다는 주장이 힘을 받지 못하고 있다. 그렇다고 해서 여기서 백제의 중국 대륙 진출 여부에 대해 결론을 내자는 뜻은 아니다. 단지 역사학을 비롯한 학문이란 결론보다 그 결론을 도출해 내는 근거와 논리를 중요하게 여긴다는 점만은 강조해 두고자 한다. 그렇지 않으면 자기가 생각하고 싶은 대로 허무맹랑한 역사를 조작해 내는 일을 막을 수 없기 때문이다.

겉으로만 보면 논리나 근거가 어쨌건 백제가 대륙에 진출했었다는 식으로 듣기 좋은 주장만 하면 만사가 다 해결될 것처럼 생각하는 경우가 있다. 하지만 실질적으로는 정반대의 효과를 내게 된다. 근거가 되지도 않는 황당한 논리를 내세우게 되면 결과적으로는 결론 자체를 믿을 수가 없게 되어 버린다. 오히려 반대론자들의 주장에 힘을 실어주게 될 뿐이다.

음모를 꾸미는 사람들이 혐의를 벗는 수법 가운데 하나가 누가 들어도 황당한 근거로 음모론을 유포해서 진짜 음모를 묻어 버리는 것이다. 그렇기 때문에 백제의 중국 대륙 진출에 대해서도 정상적인 사람들이 납득할 수 있는 좀 더 확실한 근거와 논리가 요구되고 있다.

2. 백제와 고대 일본 왕실

아키히도 일본 천황이 백제계 모계혈통을 가졌다고 공
식적으로 언급한 환무桓武(간무) 천황.

몇 년 전 아키히도 일본 천황이 68세 생일을 맞아 열린 기자 회견에서 "간무桓武 천황의 생모인 다카노노 니시가사高野新笠가 백제 무령왕의 자손이라고 『속일본기續日本紀』에 기록돼 있어 한국과의 인연을 느끼고 있다"고 말했다. 천황가의 혈통이 백제계라는 사실을 언급한 셈이다.

매우 이례적인 일이었다. 현직 천황이 일본 왕실과 백제와의 혈연적 관계에 대해 직접 언급하기는 역사적으로 처음 있는 일이었던 것이다. 이로 인하여 양국 왕실의 관계에 많은 사람들의 관심이 쏠린 적이 있다.

백제와 왜의 관계가 밀접했으니, 당연히 양국 왕실 사이에도 깊은 교류가 있었음은 당연하다. 일단 양국 왕실 사이의 혼인 기록부터 제법 나타난다. 왜의 왕실 여자인 팔수부인八須夫人과 혼인을 했고, 나중에 왕이 된 전지腆支를 필두로 해서 동성왕과 무령왕의 아버지로 알려진 곤지昆支 역시 왜 왕실의 여자와 혼인했다고 추정된다.

왕실의 여성이 왜에 시집간 경우도 있다. 비유왕의 누이동생 신제도원新齊都媛이 왜 왕실에 시집갔고, 혼인이 성사되지는 않았지만 지진원池津媛도 천황의 여자가 될 뻔한 기록도 나온다. 이와 같이 왕실의 혼인 기록 자체는 심심치 않게 나오는 것이다.

백제-왜 왕실 관계가 연구되지 않은 이유? 🍃

그랬음에도 불구하고 백제 - 왜 왕실 관계에 대하여 정리된 내용은 쏟아진 관심에 비하면 그리 많다고 할 수 없다. 그런데 제4회 세계한국학대회에서 이에 대한 발표가 있었다. 거기서 백제와 왜의 왕실 관계, 그 중에서도 여성들에 대한 연구가 없었던 원인을 제시한 바 있었다.

관심에 비해 연구도 별로 없던 차에, 그것도 명색이 세계한국학대회라는 곳에서 얘기 거리를 주었는데 그냥 넘어가는 것도 섭섭할 것 같다. 그러니 한 번 따져 볼 것들은 따져 보고 지나가도록 하겠다.

우선 연구가 없었던 이유부터 들어보자. 그 이유는 일본으로 건너간 백제 왕녀들을 『일본서기』에서 채녀采女라고 기록하고 있기 때문에, 중세의 공녀貢女, 근대의 위안부를 떠올릴 우려가 있다는 데에서 찾았다. 학문적으로 다루는 것을 꺼렸던 이유가 여기에 있었다는 것이다.

별로 읽는 사람도 없는 학회지 한쪽 구석에서 조용히 잊혀질 이야기라면 이렇게 신경 쓸 필요가 없을지 모르겠지만, 지구촌 가족들을 모아놓고 우리나라에 대한 연구 성과를 발표하는 자리에서 공식적으로 나온 이야기이니 차원이 다르다. 그런 곳에서 생각 없는 소리 나오면 속 모르는 지구촌 가족들은 진짜로 그런 줄 알고 자기 나라로 돌아가 그대로 전할 테니 한 마디 덧붙여두는 것이 좋을 것 같다.

그럴 만큼 이유를 해괴한 곳에서 찾은 듯하다. 실제로 백제가 왕실의 여자를 천황가의 노리개감으로 바쳤다고 생각하는 사람은 일제 식민사학자급의 천박한 수준을 가진 자들 이외에 또 있는지 모르겠다. 일본뿐 아니라 국내 연구자들까지 이런 수준이 아닌 바에야 그런 이유 같지 않은 이유 때문에 연구를 하지 않았을 턱은 없다.

뒤집어 말하자면, 당시 백제 왕실 여자들을 굳이 '채녀' 어쩌고 하는 식으로 이해해줄 필요가 없다는 점을 인식하는 시점부터 연구 성과가 쏟아져 나와야 했다는 뜻이 된다는 것이다. 하지만 많은 연구자들이 식민사학에서 멋대로 설정한 개념에서 벗어난 지금까지도 이에 대한 연구는 그렇게 많다고 할 수 없는 실정이다. 결국 '공녀'나 '위안부'를 떠올릴까봐 연구를 못했다는 주장은 쓸데없는 소리 이상의 의미를 갖지 못할 것 같다.

그런 문제에 대한 연구자들의 입장은 대개 이렇다. 연구를 하려면 역사적으로 주목할 만한 이유만 있으면 되는 게 아니라, 이에 대한 자신의 주장

을 뒷받침할 만한 근거가 나와야 한다. 그런데 당시의 기록은 왕실 사이의 사적私的인 관계에 대하여 그리 큰 관심을 기울이지는 않았다. 따라서 연구 성과를 낼 만한 근거가 매우 부족했을 뿐이다.

그러다 보니 실제의 연구도 백제와 왜 왕실 사이의 관계 역시 왕실 자체보다 백제와 왜라는 국가 사이의 관계를 통하여 왕실 사이의 우열을 엿볼 수 있느냐는 점에 집중되는 경향이 있었다. 당시의 왕실은 곧 국가를 의미하던 시대였으니, 어찌 보면 이러한 경향이 나타나는 게 당연할 수도 있다.

채녀에 관한 시비

그 점을 감안하고 보면 백제와 왜 왕실 관계에 대한 시나리오도 양국의 국가적 위상과 관련시켜 나오는 경향이 있었다는 점을 이해하기 어렵지 않을 것이다. 이 부분 역시 백제사의 주요 관심사가 대개 그렇듯이, 여러 사람 헷갈리게 하는 요소가 있다. 혼선의 근원은 역시 백제 역사를 근대적 방법으로 먼저 정리한 일제 식민사학자들에게서 나온다.

초기의 일제 식민사학자들은 고구려의 압박을 받던 백제가 그 위기 극복을 위하여 백제 왕실의 남녀를 야마토 정권에 인질이나 채녀로 바쳐가며 원조를 구했다는 식으로 해석했다. 특히 일본으로 건너간 백제 왕녀를 '채녀'라고 기술하는 경향이 있었다.

여기서 채녀라는 말은 기본적으로 '일본 황실에 바쳐진 여자'라는 뜻을 가지고 있다. 실제로 『일본서기』 웅략雄略(유라쿠) 천황 때 기록에 백제에서 건너간 백제 왕녀들을 채녀라고 하였다. 이런 점을 근거로 곤지 파견 이전에 백제 여성이 왜에 보내진 사례가 있었고, 이들을 '채녀'라고 불렀다는 사실은 믿을 수 있다고 주장하는 경우도 있다. 이 주장 역시 하필 세계한국학대회에서 나왔기 때문에 한국에 관심이 있는 많은 지구촌 가족들이 정말 그런 줄 알고 있을 것이다.1) 백제와 왜 왕실의 관계도 이 같은 말에 현혹되어 이해하기 쉽다.

하지만 이렇게 껍데기에 나타난 말로 이해하기 전에 『일본서기』라는 역사책에 대한 인식이 앞서야 한다. 『일본서기』는 원래 천황이 천자와 같은 지위에 있었다고 제멋대로 간주하여 만들어낸 기록이다. 그러니 원래 사실이 어쨌는지, 사건이 일어났던 당시에는 어떻게 불렀는지에 대해서는 별 신경을 쓰지 않는다. 여기에 쓰여진 용어들도 『일본서기』가 쓰여진 8세기 때 자기들 멋대로 만들어낸 말로 바꾸어 넣기가 일쑤였다.

일본이라는 말부터가 그 대표적인 경우다. 지금도 쓰고 있는 '일본'이라는 나라 이름은 7세기 때부터 쓴 것이다. 그러니 그 이전의 사건에 '일본'이 등장하는 것 자체가 넌센스다. 그럼에도 불구하고 『일본서기』에는 처음부터 자기 나라 이름은 물론, 관련된 모든 용어에 '일본'이라는 이름을 쓰고 있다.

이렇게 보면 '채녀'라는 말도 그때 백제가 여자들을 보내면서 그렇게 불렀기보다, 나중에 『일본서기』를 쓰면서 제멋대로 갖다 붙였을 가능성이 크다. 따라서 굳이 『일본서기』 같은 곳에 나오는 글자 그대로 새긴 상황에 얽매일 필요가 없다. 그럼에도 불구하고 굳이 그런 말을 쓰려는 의도는 뻔하다. 백제를 왜의 종속국으로 취급하려는 식민사학적 발상에서 나온 것이다.

하긴 아무리 그렇다 하더라도 따지고 보면 채녀라는 말을 썼느냐 마느냐는 사실은 그렇게 중요한 문제가 아닐 수도 있다. 일반적으로 채녀를 보냈

01 ••• 몇 페이지나 떨어져 있는 각주에 '당대의 사실이 아닐 가능성도 완전히 배제할 수 없을 것 같다'는 식의 알쏭달쏭한 해명을 써놓기는 했지만, 이 정도로는 독자들에게 제대로 된 이해를 구하기 어렵다. 사실 독자들은 제자리에 붙어 있지도 않은 각주에까지 일일이 신경 쓰지 못한다. 따라서 무엇 때문에 『일본서기』에 쓰여진 용어에 집착할 필요가 없는지 확실히 다루어 놓으려 하는 것이다.

『일본서기』는 천황이 천자와 같은 지위에 있다는 것을 주장하려고 만든 기록이다. 따라서 과거의 일을 있었던 그대로 적는다는 역사학의 기본을 무시한 역사 왜곡의 원조라 할 수 있다.

다고 하면 자기 나라 여자를 바쳐야 할 만큼 상대국에 대하여 열등한 위치에 있었다고 생각하게 된다. 하지만 실제로 꼭 그런 것도 아니다.

'채녀와 인질을 보낸 점을 보아 무조건 종속 관계'라는 식의 주장에 대해서는 고전적인 '반론反論'이 있다. 중원을 차지했던 나라의 경우에 있어서도 주변 '오랑캐'에게 '채녀'를 보내는 경우도 있었다는 사실을 지적하는 것이다. 당시의 정세 등 여러 변수 때문에, 굳이 종속 관계가 아니더라도 상대의 호의나 신뢰를 얻기 위한 정략적 차원에서 보내는 경우도 많았다. 그러니 함부로 말하지 말라는 뜻이 된다. 채녀뿐 아니라, 인질 같은 것은 보내면 무조건 '종속 관계'로 몰아버리려는 측에 카운터 펀치를 날릴 때 '대대로 내려오는 보검'처럼 써먹는 수법이다.

기록에 나타나는 정황을 보아도 백제가 왜의 원조를 얻기 위하여 구걸하듯이 채녀를 보낸 것은 아닌 듯하다. 채녀에 대한 기록이 나오는 바로 그 웅략천황 때 기록에 '무례하여 우리나라(백제)의 이름을 떨어뜨렸다'는 말이 나온다. 이로 보아, 일본으로 건너간 백제 여자들이 그리 고분고분하게 살아준 것 같지 않기 때문이다. 진짜 채녀 정도의 주제라면 '무례하게 굴면서' 살기도 어려웠을 것이다. 이러한 점을 보아서도 '채녀를 보냈다'는 단 한 가지 사실만으로 백제가 왜에 종속된 관계였다고 설정할 필요가 없는 것이다.

지진원池津媛을 불태워 죽인 사건 때문에 혹시 왜에서 백제 왕녀들을 함부로 다루었던 것이 아닌가 하는 의구심을 가질지 모르겠다. 그렇지만 이런 사건 역시 과대 포장할 필요는 없을 듯하다. 사건에 관련된 기록을 보면 '천황이 부르려 하는데 석천순石川楯과 눈이 맞아 정을 통하였기 때문에 불태워 죽였다'고 되어 있다.

사건 자체가 무슨 심각한 정치적 의미가 있는 사건이 아니라, 단순 치정

사건에 불과하다. 지금 남아 있는 기록만 보아서는 성질 더러운 천황 하나가 홧김에 앞 뒤 생각 없이 저지른 사건 이상의 의미를 찾기 어렵다.

정황에도 이상한 점이 있다. 지진원은 자기를 천황의 여자로 만들려 한다는 사실을 알면서도 다른 남자와 정을 통한 여자다. 천황은 그런 여자를 굳이 불러들이려 했다. 또 그래 놓고 불태워 죽였다. 지진원도 눈치 없이 부른다고 불려가서 불타 죽었다는 얘기가 된다. 특별한 속사정이 소개되지 않는 한, 이 이야기는 '속 좁은 변태와 눈치 없는 바보의 행각'으로밖에 비치지 않는다. 그래도 명색이 '천황'이고 '왕녀'인데 이 정도 수준의 행각을 벌였다는 것도 쉽게 납득할 수 있는 상황이 아니다.

그보다 천황은 무슨 일이건 마음 내키는 대로 할 수 있었던 것처럼 써 놓는 『일본서기』의 성향을 감안해야 할 것 같다. '죽이고 싶도록 미웠다'는 상황을 '실제로 죽였다'고 쓸 수 있는 게 『일본서기』라는 얘기다. 그러니 지진원 사건 역시 액면에 드러난 상황에 너무 집착할 필요는 없을 것이다.

여성의 정치 참여?

백제가 자기네 왕녀를 채녀처럼 바쳤을 것이라는 전제를 인정하면서도 어떻게든 의미를 찾아보려 하는 경우도 있다. 최근 일본 학계에서조차 채녀를 단순한 인질로서가 아니라 고대 여성의 정치 참여 전통으로 이해한다는 점을 들먹이며, 여성이 작은 부분이나마 정치적 역할을 수행하고 있던 사례라는 식으로 몰아가는 것이다. 백제 왕녀 역시 천황을 가까운 거리에서 보필하며 혼인 관계도 맺을 수 있는 후비后妃의 지위를 가지고 있었다고 보게 된다.

그런데 이래 봤자 백제에서는 '천황을 모시면서 어떻게 그의 여자가 되어볼 기회나 노리는' 자리에 자기네 왕녀를 바친 꼴이 되어 버린다. 일본

학계의 논리에 어떻게든 묻어가 보려 하면, 대개 이런 꼴이 되는 것을 피하기 어렵다. 단순히 한국 사람으로서 이런 경향이 기분 나쁘다는 뜻만은 아니다.

『일본서기』에서 제멋대로 '채녀'나 '보필'을 시사하는 표현을 쓴 것 이외에 실제로 백제가 그런 짓이나 시키려고 자기네 왕녀를 보냈다는 점을 어디서 확인할 수 있을지 의심스럽다. 적어도 지금까지 나와 있는 기록 중에서 『일본서기』이외에 그런 시사를 주는 것은 필자가 아는 한, 없다.

지금까지 『일본서기』의 내용, 그것도 천황에 걸리는 것은 항상 액면 그대로 믿을 수 없다는 점은 지겹도록 얘기해 왔다. 그래서 군이 그런 『일본서기』를 이용해서 원하는 시나리오를 만들어 내려는 일본학계의 시각대로 백제 왕녀와 백제 – 왜 왕실의 관계를 보려 하는 발상을 너그럽게 보아주기 어려운 것이다.

좋게 보아서 '당시에는 여자도 정치에 영향을 주었다'는 이야기를 하고 싶었다고 이해해 주려 해도, 공연히 의미 없는 소리나 하려고 오해만 샀다는 혐의를 벗어나기 어려울 것 같다. '당시에는 여자도 정치에 영향을 주었다'는 이야기는 사실상 하나마나다. 왕실 사이의 혼인이라는 것이 기본적으로 정략적인 측면이 없을 수 없는 것이다.

왜 왕실 사람에게 한눈에 반한 왕녀가 있어, 사랑에 눈이 멀어 왜로 시집보내 달라고 떼를 썼고 백제 왕실에서 할 수 없이 보냈다는 식의 3류 드라마를 연출했다고 믿을 사람은 별로 없다. 당연히 기록에도 이런 정황은 나타나지 않는다. 결국 혼인을 통하여 뭔가 얻을 게 있다고 판단했으니, 자기네 왕녀를 시집보냈다는 점을 군이 확인할 필요가 있는지 의문이다.

그리고 무슨 벼슬이 있는 것도 아닌 여자가 남자를 통해 영향력을 행사하는 이른바 '베게머리 송사'는 동서고금을 막론하고 존재해 왔던 것이다.

이런 점은 사실 꺼내기도 민망한 내용이다. 그렇기는 하지만 그렇다고 국제 관계를 비롯한 중요한 정치 현안이 이로 인하여 얼마나 좌우되는지는 의심스럽다.

백제나 왜나 왕실 사이의 인적 교류가 이루어지기 시작하는 5세기 정도가 되면, 적어도 백제는 이른바 '중앙집권적 고대 국가'의 틀을 갖춘 일이 옛이야기에 속하는 단계가 된다. 왜도 비슷한 정도의 정비는 되었다고 보아야 한다. 이 정도 단계가 되면 국가의 중요한 외교 문제를 다루는 부서 정도는 기본적으로 정비된다.

어느 한쪽이 일방적으로 종속된 관계가 아닌 한, 왕실 여자들이 나서서 뭐라고 한다고 국가의 이익이 걸린 정책이 휘둘릴 정도의 엉성한 체제는 아닌 것이다. 그러니 『일본서기』에 나오는 내용도 치정에 얽힌 사건이 고작이다. 그만큼 외교 문제나 국정 운영 같은 중요한 문제에 큰 역할을 하고 있었다고 볼 만한 근거가 없다는 것이다. 그러니 무슨 생각으로 세계한국학대회에서 이런 내용을 발표했는지는 몰라도, 백제 역사를 제대로 이해하는 데 도움이 되는 시나리오는 아닌 것 같다.

백제 왕실과 왜의 구원군

이에 비해 왜에 파견된 백제 왕실 남자들은 여자들보다 중요한 정치 현안에 깊숙이 개입하고 있다. 그래서 논란이 될 여지도 그만큼 커진다고 할수 있다. 그래도 일본에서는 이조차 왜의 원조를 얻기 위하여 백제에서 보낸 '인질'이라고 해석하는 흐름을 유지하려는 경향이 있다. 비슷한 시기 백제에서 파견된 사람들 역시 '백제 왕실의 선물'이라는 식으로 본다.

이런 시각이 옳다면 백제 왕실은 왜 왕실의 눈치나 보며 빌붙어 먹는 신세였다고 보아야 한다. 하지만 여기서도 당시의 정황을 살펴보면 그랬던 것 같지는 않다. 백제 왕족들이 파견되어 수행했던 임무를 보면 알 수 있다. 그 가운데 하나는 왜군을 파병하게 하는 일이었다. 예나 지금이나 군대를 파견하는 일은 상당한 부담이다. 이때 왜에 파견된 백제 왕족들은 왜에게 그런 부담을 지도록 하는 임무를 맡았던 셈이다.

그렇다고 백제 왕족들이 왜에게 구걸하듯이 구원군의 파견을 요청하는 형태도 아니었다. 『일본서기』 등에 나타난 기록을 참고하면 백제를 위해 한반도에 파견된 왜병의 규모는 대개 천명 단위에 불과했다. 숫자만이 문제가 아니다. 이들이 참전한 전쟁에서는 대체로 백제가 참패했다. 전쟁에 졌으니 왜병이 쓸모가 없었다는 뜻이 아니라, 왜병의 활약상이라는 것을 보아도 그저 없는 것보다는 나을 정도의 도움밖에는 주지 못했다는 것이다. 즉 이때 파병된 왜군이 백제와 관련된 전쟁에서 결정적인 역할을 한 적도 거의 없다.

별 재미를 보지 못할 만큼 큰 역할을 하지 못했던 왜병 때문에 백제가 굴욕적인 외교를 했을 것 같지는 않다. 일방적으로 써버린 흔적이 뚜렷한 『일본서기』 이외에는, 백제가 왜군에 큰 도움을 받았다는 상황도 보이지 않는다. 그래서 이때의 왜병이 '용병'에 불과했다는 말까지 나오는 것이다. 단순한 인질이라면 이렇게 용병을 파병하게 하는 일에 적극적으로 개입하기는 쉽지 않다.

일본 측에서 제시하는 고전적인 시나리오가 이와 같이 별 설득력이 없기 때문에 이에 대응하는 시나리오 개발은 당연히 시도되기 마련이다. 그 가운데 하나가 일본 측의 시각과는 정 반대로 곤지를 비롯한 백제 왕족이 일본 열도 지배를 위해 파견된 총독이었다는 식으로 이해하려는 것이다. 곤지는 백제의 담로로 파견되었으며, 왜 왕실과의 혼인이나 무령왕의 탄생 역시 이 과정에서 생겨난 일이라는 논리로 발전하게 된다.

하지만 이는 일본에서 황당한 논리를 만들어내면 우리는 그보다 더 황당한 내용으로 대응해야 한다는 식의 발상밖에 안 될 수 있다. 이런 시나리오가 성립하려면 곤지가 왜를 지배하기 위하여 파견되었다는 점을 증명해야 함은 물론, 왜 왕실이 백제에 종속되어 있음이 밝혀져야 한다. 하지만 담로에 대해 다룰 때 살펴보았듯이, 그런 그림은 잘 나오지 않는다.

일본 열도에 백제의 분국이 있었나?

여기에 또 다른 단서가 될 만한 문제가 과연 일본 열도에 백제의 분국分國이 있었느냐는 점이다. 실제로 그랬다면 양국 왕실의 사이도 동등한 관계라고 보기는 어렵게 된다. 하지만 현재로는 백제뿐 아니라 고구려·신라 등의 분국도 있었을 것 같지 않다는 쪽이 대세다.

원래 이 이야기는 한반도 계통의 이주민이 일본으로 건너가서 나라를 세웠다는 북한 학자 김석형의 주장에서 출발했다. 『일본서기』에 나오는 고구려·백제·신라·가야 같은 나라들이 한반도에 있었던 나라들이 아니라, 일본 열도에 본국의 이름을 따서 설치되었던 각 나라들의 분국이라고 했던 것이다.

이렇게 되면 『일본서기』는 이 책을 편찬했던 야마토 정권과 한반도계 분국의 역사를 적어 놓은 책이 되는 셈이다. 이른바 '임나 일본부' 라는 것도 한반도에 설치되었던 것이 아니라, 야마토 정권이 일본 열도에 있던 분국인 가야를 지배하기 위해 설치되었던 기관이 된다.

이런 논리는 일본 측의 자료를 이용하여 일제 식민사학자들의 주장을 역으로 비판한 꼴이 된다. 그렇기 때문에 한때 참신한 역사 해석으로 각광을 받기도 했다. 그렇지만 이런 시나리오는 요즘 한물간 논리로 취급되고 있다.

심각한 문제점이 드러났기 때문이다. 김석형의 논리대로라면 임나 일본부라는 것이 야마토 정권과 일본 열도에 있던 한반도계 분국과의 관계에서 생긴 것이므로 임나任那나 임나가라任那加羅 같은 것도 한반도에 있을 수가 없다. 그런데 『삼국사기』나 광개토왕 비문, 진경대사탑비眞鏡大師塔碑 같은 한국계 기록 중에 임나가라가 한반도에 있었음을 보여주는 기록이 나온 것이다. 그 때문에 『일본서기』에 나와 있는 고구려·백제·신라도 한반도에 있던 나라들을 뜻하는 게 맞는다고 되면서 일본 열도에 한반도 고대 국가들의 분국이 있었다는 논리가 힘을 받지 못하고 있다.

뿐만 아니라 이 시기 왜는 백제의 국익에 피해를 주는 일을 벌이고 있었다. 고구려의 침략에 공동 대응하고 있던 신라를 공격하는 식의 행위 말이다. 비록 백제와 왜가 직접적인 충돌을 벌인 것이 아니라 하더라도 자신의 이익에 따라 상대에게 피해를 주는 것도 불사할 만큼 독립성을 가진 세력이었다는 뜻이다.

독립 국가, 독립된 왕실

결국 양국 왕실의 관계는 원칙적으로 대등한 것이었다고 보아야 할 것 같다. 단지 원칙적으로 대등했다 하더라도 실질적인 우열 관계가 있었다고 볼 여지까지 없다는 뜻은 아니다. 마치 현대의 한·미 관계가 원칙적으로는 대등한 독립 국가끼리의 관계이지만, 실제로는 미국의 영향으로 대한민국의 정책이 결정되는 경우가 많은 것과 비슷한 관계다.

백제와 왜의 관계에 있어서도 기본적으로는 왜에 필요한 여러 가지 문물을 백제가 제공하는 입장이다. 이런 상황에서는 아무래도 주는 쪽이 실질적 우위를 차지하기 쉽다.

반대 급부로 제공되는 군사력을 빌미로 왜가 백제에 영향력을 가지고 있

었던 것처럼 해석하는 경우도 있다. 하지만 이때 파병된 왜병을 빌미로 왜가 백제에 그렇게 큰 영향력을 행사했다고 볼 만한 상황도 없다. 마치 월남전에 대한민국이 미국에 일부 군사력을 제공했고 그 덕분에 상당한 이익을 얻었지만, 그렇다고 해서 한·미 관계의 우위가 역전된 것은 아니라는 점과 마찬가지다.

그렇다면 백제와 왜 관계는 국가나 왕실이나 기본적으로는 동등하지만 백제가 주도권을 쥐고 있던 관계라고 정리해 볼 수 있겠다.

이쯤해서 시작하면서 꺼냈던 아키히토 천황의 말은 도대체 뭐가 되는지 궁금해질 법도 하다. 백제 왕실의 남녀가 왜 왕실과 혼인을 해서 아이를 낳기도 했을 테니, 현직 천황이 자기 입으로 강력하게 시사했듯이 일본 왕실에도 백제의 핏줄이 남아 있다는 얘기가 될 수 있다. 심지어 지금 일본 천황 가문도 따지고 보면 백제인의 후손이 아니냐는 논리로까지 발전하게 된다.

그렇게 생각할 만한 근거가 전혀 없는 것도 아니다. 천황 집안의 문화는 일반적인 일본인의 문화와 조금 다른 측면이 있다고 한다. 예를 들어 일본인들은 숟가락을 잘 사용하지 않는데, 천황 집안에서는 숟가락을 사용한다는 것이다. 또 일본 중세 때까지만 해도 '천황은 조선에서 왔다'는 생각이 일반적으로 받아들여졌다고도 한다. 천황 집안이 한반도계, 특히 백제계였기 때문에 이런 현상이 생겼던 것 아니냐는 생각을 하는 것이 그렇게 이상한 일은 아니다.

일반적으로는 매우 호기심을 자극하는 소재다. 아키히토 천황의 말이 나오고 난 이후 한때 한국 사회에서도 일본 왕실과 백제의 관계에 대하여 상당한 관심이 쏟아지기도 했다. 하지만 그런 관심은 얼마 가지 못했다. 아직도 이에 대해 여러 가지로 말을 지어내는 경우는 많지만, 알고 보면 조금 싱거운 측면이 있기 때문이다.

사실 따지고 보면 너무나 당연한 일을 가지고 이리저리 포장만 그럴듯하게 해서 사람들의 호기심만 자극했을 뿐, 남는 것은 별로 없다. 핏줄 문제만 해도 그렇다. 당시 한반도에서 많은 사람들이 일본 열도로 건너갔고, 천황 집안과도 많은 관계를 맺었다. 그러니 한반도 계의 핏줄이 천황 집안에 섞이지 않으면 그게 오히려 이상한 일이다.

신라도 왜 왕실과 관계가 있다 🦋

일본 왕실에 한반도 계통의 핏줄이 섞이기 시작한 것으로 따지자면 백제보다 신라가 먼저다. 흘해이사금訖解尼師今 때에 왜 측에서 강력하게 요청하여 왜의 왕자와 신라 왕녀의 혼인을 추진했던 것이다. 왜와의 분쟁에 신물이 나던 신라도 이 요청에 응하여 혼사가 이루어지기는 했다.

물론 이 혼사가 순탄하지는 않았다. 어지간히 왜가 마땅치 않았는지, 신라 측에서는 공주가 아니라 아찬阿飡 급리急利의 딸을 시집보낸 것이다. 사실상의 사기 결혼이나 다름없는 꼴을 당한 왜 측에서 혼사를 다시 하자고 요구했지만, 신라는 매정하게 거절해 버렸고 곧이어 전쟁으로까지 번졌다.

이렇게 해서 혼사는 파탄이 났지만, 이때 시집간 신라 여자가 이혼 당하거나 죽었다는 얘기는 일단 없다. 왜의 행태를 보아서도 그랬을 것 같지는 않다. 실성이사금實聖尼師今 때 인질을 보내며 화친을 맺었을 때의 사례를 보면 짐작해볼 수 있다.

잘 알려져 있듯이, 이때 인질로 간 사람이, 나중에 박제상이 구출해 낸 눌지訥祗의 동생 미사흔美斯欣이다. 그런데 미사흔이 인질로 오고 나서 얼마 되지 않아 화친이 깨지고 신라와 왜 사이에 전쟁이 났다. 그런데도 왜에서는 박제상이 구출해낼 때까지 미사흔을 죽이지 않고 살려두었다.

하물며 정치적 볼모로 온 인질까지 죽이지 않았는데, 그래도 왕가에 시집온 여자를 죽였을 것 같지는 않다. 이후에도 신라와 교류가 있었으니, 기록에 나타나지 않은 혼인이 없으라는 법도 없다. 그렇게 보면 일본 왕실에는 신라인의 핏줄이 먼저 섞여 버린 셈이다. 그렇다고 해서 일본 왕실은 '신라인의 후손이다' 라고 하기는 곤란할 것이다.

또 이런 논리를 고집하게 되면 곤란한 반증이 나올 수도 있다. 일정한 기간에 제한되기는 하지만, 고려가 원元나라의 부마국駙馬國 신세가 되어 고려왕이 대대로 원의 공주를 왕비로 맞아들인 일이 있다. 반대로 고려 여자가 원의 황후가 되어, 나중에는 그 아들이 황제가 된 일도 있다. 원의 순제順帝가 바로 그 당사자다. 이를 빌미로 잡아 양쪽 왕실이 '몽고계' 니 '고려계' 니 따지게 되면 우스운 꼴을 만들기 쉽다.

문화에 관련된 문제도 마찬가지다. 지금 천황가의 문화에 일본 열도와 다른 한반도 문화의 흔적이 보인다고 해서 바로 '천황은 한반도 계' 라는 식으로 결론짓는 것은 신중하지 못한 처사일 것이다. 고려 왕릉을 파보면 거기에 상당한 정도의 몽고 문화가 나타날 것이다. 당시 고려 상류 사회에 몽고 문화가 유행했으니 당연한 일이다. 그렇다고 고려 왕실이 몽고계라 할 수 있을까?

또 실제로 천황 집안이 원래 한반도에서 건너간 사람들이라 하더라도 그 자체가 큰 의미를 갖는 것 같지는 않다. 건너간 바로 그 세대라면 새로운 시대를 개척했다는 의미가 크겠지만, 세월이 흘러 독자적인 세력권을 만들어 한반도와의 관계가 점점 멀어지면 원래 있던 지역과의 연계를 그렇게까지 중요하게 생각했을지도 의문이다.

예를 들어 미국을 건설한 사람들이 영국에서 이주해온 청교도의 후손이고, 이런 저런 인연 때문에 미국 자체가 영국의 식민지로 출발했다고 볼 측면도 있다. 하지만 지금의 미국이 자신들의 뿌리가 영국에서 나왔다고 해서 손해를 보면서까지 영국을 대우하는 일을 하지는 않는다. 중국, 러시아, 프랑스 같은 외국 가운데 하나일 뿐이다.

일본 왕실이라고 해서 별다른 의미가 있을 것 같지는 않다. 사실 왕실의 뿌리 같은 것은 많은 사람들의 흥미를 끌 수 있다. 그렇다고 너무 과대 포장해서 재미있는 이야기 만들어 내는 데에만 집착하는 것도 문제일 듯하다.

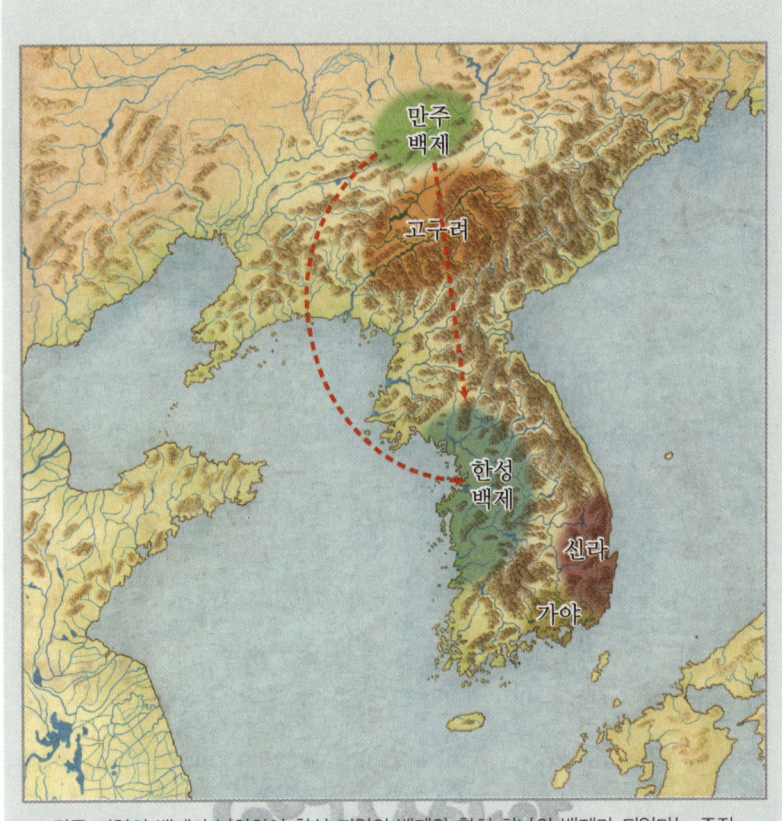

만주 지역의 백제가 남하하여 한성 지역의 백제와 합쳐 하나의 백제가 되었다는 주장
이 제기되고 있다.

　백제가 대륙에 진출했다고 하면 보통 요서 지역이나 산동 지역을 떠올리는 게 보통이다. 하지만 이와는 조금 다른 대륙 진출을 주장하는 경우가 있다. 바로 만주 지역에까지 백제의 영역이 있었다는 것이다. 또한 여기에는 조금 미묘한 측면도 있다. 백제가 만주까지 진출했다는 논리가 아니라, 정확하게 말하자면 만주에도 또 다른 백제가 있었다는 논리다. 그 백제가 근초고왕 때에 한반도의 백제와 합쳐졌다고 한다.

　구체적인 내용이 어쨌거나 이 역시 사실이라면, 그 동안 알려져 왔던 백제 역사와 완전히 다른 시나리오가 나오게 된다. 아닌 게 아니라 몇 년 전 바로 이 시나리오가 센세이션을 일으키며 관심을 끌기도 했다. 이러한 사정을 감안하면 이 책의 검토 대상에서 빼놓을 수가 없다.

'만주 백제'의 논리 ✎

　만주에 또 다른 백제가 있었다는 기본 논리는 대충 이렇다. 백제 세력은 원래 중국 대륙에 있었다고 한다. 백제의 건국 설화가 기본적 근거다. 백제의 시조인 온조부터가 고구려의 시조인 주몽의 아들이다. 단순히 설화에서만 이런 의식이 나타나는 것도 아니다. 백제에서 중국에 보낸 국서에서까지 '우리는 본래 고구려처럼 부여에서 나왔다'고 했으니, 백제의 출신 지역이 만주 지역이라고 하는 것까지는 어찌 보면 지극히 당연한 결론이다. 이것까지는 이상할 것이 없다.

　그런데 여기에 몇 가지 근거가 더 추가된다. 그 흔적이 개로왕 때가 되면 흉노나 모용선비·돌궐과 같은 유목 사회에 나타나는 좌우현왕제左右賢王制가 생겨나는 데에서 확인된다고 한다. 이 제도야말로 백제의 본래 거주지가 만주 지역이어서, 지역적 특성을 반영했음을 보여준다는 것이다.

　또 추가되는 한 가지 근거는 고려 성종이 송宋에게서 받은 책봉문이다.

여기에 고려 영역을 가리켜 '삼한의 옛 땅과 백제가 남긴 봉지封地를 가지고 있다'는 말이 나온다. 이와 같이 삼한과 백제가 별개로 언급되고 있다. 이를 백제의 해외 경영지로 생각할 수 있다는 것이다.

진짜 문제는 그 다음부터다. 이 시나리오의 특징은 백제의 출신지가 아니라 백제 세력이 남쪽으로 내려오는 과정에 있다. 일반적인 시나리오에서는 백제가 세워질 때 대부분의 이주민이 한꺼번에 다 내려왔다고 생각한다. 그렇지만 만주 백제가 있었다는 시나리오에서는 고향에 미련을 가진 일부가 이때 남하하지 않고 만주에 남았다고 본다.

그냥 남기만 한 것이 아니다. 갈라지는 김에 다른 나라를 세웠을 법도 하건만, 옛날의 의리를 잊지 못하여 남은 이들도 백제라는 이름으로 활동했다는 것이다. 똑같이 나라 이름을 백제라고 했으니 서로 다른 나라라고 여기지도 않았다고 한다. 더욱이 한반도로 남하해간 세력과 만주에 남은 세력은 서로 협조했다고 본다. 그러다 보니 백제 세력은 대륙에서 한반도까지 폭넓게 분포하게 되었다는 것이다. 만주에 남아 있던 백제는 고구려의 속민屬民으로 전락했다가 4세기 중엽 남하하여 한반도에 자리잡은 백제와 통합됐다는 차원으로까지 발전했다. 여기서 자연스럽게 백제가 해상 왕국으로 발돋움할 수 있는 기반이 마련된 셈이다.

여기에다가 백제는 낙랑·대방 등 중국 군현郡縣의 해상권까지 계승하게 되었다고 한다. 백제가 동북아의 해상 무역을 주도하게 됨에 따라 대륙-백제-가야-왜로 이어지는 하나의 해상 세력권이 형성되었고, 그 결과 대륙에 무역 기지나 거류민 지역이 성립되어 유지되었다는 게 큰 줄거리이다.

이런 각도에서 보면 백제의 요서 진출도 5호胡 16국國의 혼란기를 맞아 자신의 무역 기지를 보호하려는 목적에서 군사 활동을 하다 보니 백제군

내지는 진평군을 설치하게 된 것으로 해석한다. 백제의 외교도 이 해상 세력권을 유지하는 데 중점을 두었다고 한다. 동북아시아의 해상 무역권을 장악하게 됨에 따라, 백제에게도 약점이 생기게 되어 가야·왜와의 외교 활동에 신경을 쓰게 된 배경이라는 것이다. 즉 상당한 전력이 해상 세력권을 보호하기 위해 황해 쪽으로 쏠리게 되다 보니 다른 지역에 공백이 생기게 되었고 이를 보충할 필요를 느끼게 되었다는 뜻이다.

그 공백을 막아줄 만한 세력이 남쪽의 왜와 대륙 쪽의 중국 남조였다. 왜는 신라를 견제해 줄 수 있었고, 중국 남조 세력은 강력한 중국 북조 세력을 견제해 줄 수 있었다.

여기까지만 해도 지금까지 이 책에서 다룬 백제사 시나리오는 말할 것도 없고 이전까지 나와 있던 어떠한 백제사 시나리오와도 다르다. 만약 이런 주장이 사실이라면 지금까지 백제사를 연구해왔던 다른 전문가들은 한꺼번에 '닭 쫓던 개' 꼴이 되어버리게 된다.

의심받는 논리

그런데 이렇게 획기적인 시나리오가 아직 '정설'로 인정받고 있지 못하고 있다. 나름대로 이유가 있다. 참신하기는 하지만 근거와 논리가 확실한지 의심을 사고 있기 때문이다.

두말할 필요도 없이 한반도 백제와 다른 백제가 존재했다는 시나리오가 성립하려면 4세기 이전까지 만주에 완전히 이질적인 별개의 '백제'가 존재하고 있었다는 전제가 성립해야 한다. 그런데 바로 그러한 근거가 확실하게 나오지 않는다. 이 점을 확인하기 위해 만주 백제의 존재를 주장하는 측에서 제시하는, 계통이 서로 다른 3개의 기록부터 살펴보자. 바로 다음 기록들이다.

처음에 부여는 녹산鹿山에 거처하였는데, 백제의 침략을 받아 부락部落이 쇠산衰散해져서 서쪽 연燕나라 근처로 옮겼으나 방비를 하지 않았다. (『자치통감資治通鑑』 권97 [晉紀 穆帝 永和二年 正月])

모용황의 기실참군인 봉유가 간언하였다, "…… 구려와 백제 및 (선비) 우문부와 단부의 사람들은 모두 전쟁으로 인해 강제로 끌려온 자들이지 중국인들처럼 의를 사모하여 온 자들이 아닙니다. 그래서 모두들 고향으로 돌아가고자 하는 마음을 가지고 있습니다. 지금 십만여 호에 이르러 도성을 비좁게 할 정도로 많으니 장차 우리나라에 큰 해가 되지 않을까 걱정됩니다." (『진서晉書』 권109 [載記 9 慕容皝])

백제국은 본래 고구려와 더불어 요동의 동쪽 1천여 리 밖에 있었다. (『송서宋書』 권97 [列傳57 夷蠻 東夷 百濟國])

여기에 나타나는 상황으로 짜여지는 시나리오는 이렇다. 339년 전연을 방어하느라 고구려의 속박이 약해지자 만주 백제는 이 틈을 타 고구려의 예속에서 벗어났다. 그렇게 되어 343년 경 만주 백제가 부여를 침략했다는 것이다.

이러한 시나리오가 제시되는 뜻은 명백하다. 백제의 이른바 '요서 진출설'에 대한 논란에서 『송서』나 『양서』 기록의 문제점이 많이 성토를 받기는 했지만, 나머지 기록까지 모조리 잘못된 것은 아니지 않느냐는 뜻이다.

고구려의 속민 백제(?) 🐦

그러나 그렇다고 해서 중국 대륙에 별개의 '백제'가 있었다는 사실이 확

인되는 것은 아니다. 무엇보다도 같은 시기에 존재했던 두 개의 이질적인 국가를 똑같이 '백제'라고 부를 수 있었는가부터 의문이 아닐 수 없다.

하다못해 주변에 동명이인同名異人만 있어도 그들을 구별하기 위해 달리 부르는 게 상식이다. 같은 나라를 갈라 놓은 분단 국가 역시 남·북한이니, 동·서독이니 하는 식으로 하다못해 동서남북 같은 방향이라도 구별해서 부른다. 그러나 백제에 대해서는 이런 구별이 전혀 없다.

또 그렇게 같은 이름으로 부르기에는 국제 사회에서 두 세력의 행동이 너무나 다르다. 한반도에 있던 백제는 잘 알려져 있다시피 고구려와 원수처럼 지내고 있었고, 4세기 중반에는 갈등이 더욱 심해지고 있었다. 그런데 대륙에 있던 '백제'는 오히려 고구려의 적들과 분쟁을 벌이고 있을 뿐, 고구려와 적대 관계에 있었던 흔적이 전혀 없다. 그래서 이를 근거로 만주 지역에 있던 '백제'는 광개토왕 비문에 나타난 대로 고구려의 속민이었다는 해석까지 나왔던 것이다.

그런데 고구려의 속민이었다는 만주의 백제가 어떻게 한반도의 백제와 협력할 수 있었을까? 또 이렇게 국제 사회에서 전혀 다른 행동 양상을 보이고 있던 두 세력을 구별하지 않고 '백제'라고 부를 수 있었을까?

이런 의문을 품고 보면 두 개의 '백제'가 통합을 이루었다고 하는 과정도 이해하기가 어려워진다. 두 백제의 통합 과정에 대한 시나리오는 이렇다. 어떠한 이유에서인지 4세기에 이르자 만주에 남아 있던 백제인들이 한반도의 백제로 대규모 이주를 시작했다. 그들은 당연히 만주와 한반도에 걸쳐 있던 고구려 영역을 통과할 수밖에 없었다. 그런데 고구려는 이를 방조했다.

그런데 이렇게 고구려가 만주에 있던 백제인의 대량 이주를 허용한 이유가 걸작이다. 고구려의 입장으로서는 여러 지역에 흩어져 있는 지방 통치자들로 하여금 백제 세력의 이동을 굳이 저지하기보다는 오히려 놔주는 편이 유리하다는 판단을 내렸을 가능성이 크다는 것이다. 즉 고구려로서는 만주 지역 백제의 기반을 흡수하기만 하면 되는 입장이었다. 그래서 백제 세력이 만주에서 교전의 대상이나 잠재적 위협 세력으로 남아 있기보다는 그곳을 떠난다면 당장의 부담을 덜 수 있기 때문에 오히려 남쪽으로 내려가도록 통로를 열어주었을 것이라고 한다.

그렇지만 바로 가장 기본적인 문제에서부터 시나리오의 설득력에 의문 부호가 찍힌다. 만주의 백제 세력이 위협 세력으로 남아 있기보다 떠나버리는 쪽이 고구려에 부담이 되지 않았다고 하지만, 이들의 이동 시기가 4세기 중엽이라고 했다. 설명할 필요도 없이 4세기 중엽은 고구려와 백제의 관계가 험악해지는 시기이다. 이런 시기에 손아귀에 있던 주민들이 한꺼번에 백제로 이주해 버리면 어떻게 될까? 곧바로 적군의 군복을 입고 돌아올 수도 있는 막대한 인적 자원이 적의 손아귀로 걸어 들어가는 사태를 방치할 만큼 고구려의 지도자들은 한치 앞도 보지 못하는 바보였다는 뜻이 된다.

도움 안 되는 근거들

다른 근거들이라고 이 시나리오의 설득력에 도움이 되는 것 같지도 않다. 백제가 중국 대륙에 있었음을 확인해 준다고 했던 『송서』·『양서』의 기록부터 살펴보자. 여기서 '두 개의 백제'를 주장한 이들이 핵심적으로 이용했던 구절은 '백제국은 본래 고구려와 더불어 요동의 동쪽 1천여 리 밖에 있었다(百濟國本與高麗俱佐遼東之東千餘里)'는 부분이다. 이 기록에 나오는 '본本'이 중심 거점을 의미한다고 보아 원래 요동의 동쪽 천 리 밖에 있던 백제가 남하했다고 본 것이다.

그러나 여기서는 다른 해석도 가능하다. 백제가 원래 고구려에 뿌리를 둔 한 갈래였다는 의식은 백제인 스스로도 가지고 있었다. 이러한 의식은 백제의 건국 신화는 물론 외국에 보낸 국서國書에도 나타난다. 개로왕이 위魏에 보낸 국서에서 "우리는 원래 고구려와 함께 부여에서 갈려 나왔다(臣與高句麗 源出扶餘)"라고 스스로 밝히고 있다. 그렇다면 여기서의 백제는 한반도에 있던 백제와 다른 별개의 '백제'를 의미하는 것이 아니라, 백제가 본래 고구려에서 갈려 나왔다는 의미로 '본本'자를 썼다고 해석할 수도 있는 것이다.

물론 이 정도로는 달리 해석할 여지가 있다는 선에서 그친다. 하지만 이렇게만 되어도 만주 백제 시나리오를 지지하든 말든 양쪽에 다 확실한 근거가 될 수 없다는 뜻이 된다. 그러면 만주에 백제가 있었다는 시나리오를 주장하는 쪽이 더 급해진다. 다른 근거를 찾지 못하면 만주 백제가 생기게 된 동기에 설득력이 없어지면서, 확실한 근거라고 할 만한 것이 남지 않게 되기 때문이다.

그래서 동원되는 또 다른 근거가 『삼국사기』 「고구려본기」 대무신왕大武神王 2년의 "백제의 백성 1천여 호가 투항해 왔다(百濟民一千餘戸來投)"라는 기록과 『삼국사기』 「백제본기」 온조왕 37년의 "여름 4월에 가물었는데 6월에 이르러서야 비가 왔다. 한수의 동북쪽 부락에 기근이 들어 고구려로 도망해 간 자가 1천여 호가 되니, 패수와 대수 사이가 텅 비어 사는 사람이 없었다(夏四月旱 至六月乃雨. 漢水東北部落饑荒 亡入高句麗者一千餘戸 浿帶之間 空無居人)"라는 기록이다.

이 기록들이 만주 지역의 또 다른 백제의 존재를 확인시켜주는 근거라는 것이다. 그 논리는 대충 이렇다. "이들이 한강 유역의 백제 주민들이라면 '지상 낙원'도 아닌데 다른 이유도 아니고 '굶주림 때문에' 중국 군현 지역을 통과하면서까지 북상하여 열악한 풍토의 고구려로 이주했다는 것은 쉽게 납득이 가지 않는다"는 것이다. 따라서 이 상황은 한반도의 백제인이 고구려로 도망한 것이 아니라 만주 지역의 백제인이 고구려로 도망한 기록으로 보아야 한다는 논리다. 따라서 '만주 지역에서 백제의 존재에 대한 확실한 증거'가 확인된다고 보았다.

그런데 이건 자기 유리한 대로 해석한 결과라고 할 수밖에 없다. 온조왕 때의 기록은 '한강 동북부의 부락(漢水東北部落)'이라고 하여 한반도의 백제 백성들임을 분명히 밝혀주고 있다. 여기에 나오는 한수漢水가 지금의 한강임을 인정하면서도 이때 도망간 백성은 만주의 백제 백성이라고 하는 것은 분명한 모순이다.

물론 해명을 하기는 했다. 기록이 잘못되었거나 조작되었다는 것이다. 이렇게까지 몰아서 '한강 동북부의 부락(漢水東北部落)'의 백성들을 만주 지역의 백제인들로 둔갑시킨 이유는 대체로 두 가지이다. 하나는 '한수 유역보다 별로 나을 것도 없는 열악한 풍토의 고구려로 이주하였다'는 것이고 다른 하나는 '당시 한반도의 백제가 고구려와 국경을 맞대고 있지 않았다'는 것이다. 결국 중간에 있던 낙랑·대방 같은 중국 군현 지역을 통과하면서까지 고구려로 이주한 꼴이 되는데, 그게 사실상 곤란하다고 한다.

이것을 굳이 납득하기 어려운 사실로 간주했기 때문에 한강 부근에 살고 있었다고 쓰여져 있는 사람들을 만주에 살던 사람으로 바꿔 놓았던 것이다. 그렇지만 이게 과연 이상한 일일까?

먼저 첫 번째 문제부터 살펴보자. 백제인들이 하필 별로 기름지지도 않은 한강 북쪽으로 도망갔겠느냐는 의문 말이다. 틀린 얘기가 아닌 것처럼 들릴 수도 있지만, 그렇다고 꼭 맞는 얘기도 아니다. 한강 남쪽이 북쪽에 비하여 전반적으로 기름진 땅이 많다는 점은 사실일 것이다. 하지만 그렇

다고 해서 한강 북쪽에 기름진 땅이 전혀 없는 것은 아니다. 그러니 일부 부락민들이 그 쪽으로 떠났다고 해서 굳이 이상한 일로 보아야 할 필요는 없다.

또한 백성들이 다른 나라로 대량 탈주할 때에는 굶주림 한 가지만 문제가 되는 것도 아니다. 대개는 자신들을 보호해주지 못하는 지배 체제에 대한 실망이 작용한다. 그리고 보다 현실적인 문제가 겹치는 게 대부분이다. 예를 들어 농사가 제대로 안 되어 굶어죽을 지경인데도 나라에서는 꼬박꼬박 세금을 받아가려 하는 경우가 많다. 이런 상황에서 힘없는 백성들이 도망쳐버리는 건 흔한 일이다.

특히 한강 이북 지역 같은 국경 지대에 살고 있는 백성들은 다른 나라로 도망가는 게 훨씬 유리하다. 백제 안에서 떠돌아 다녀봤자 '기피자' 쯤 되어버리는 셈이니 제대로 기반을 잡고 살기가 어렵다. 반면 다른 나라, 특히 고구려에서라면 새로운 인적 자원이 생기는 셈인데 마다할 이유가 없으며, 귀순하겠다고 하는 백성들에게 처음부터 굳이 무거운 세금을 매길 필요도 없다. 탈주자들의 입장에서는 새로 시작할 수가 있게 되는 셈이다.

더구나 온조왕 때라면 아직 백제와 고구려의 적대 관계가 심화되기 이전이다. 동질감도 가지고 있던 시기이므로 백제 백성 일부가 고구려로 투항하는 것을 굳이 이상하게 볼 필요가 없다.

이 점을 의식한다면 백제와 고구려 사이에 있는 낙랑·대방 같은 지역을 거쳐서 굳이 고구려로 도망간 현상도 이상할 게 없다. 그래도 동질감이 있으니까 도와주기도, 도움을 받기도 쉬워진다. 애초부터 고구려에서 이주했던 백성들이니 백제의 체제에 실망해서 도망갈 바에야, 다시 원래의 나라로 돌아가는 게 생소한 체제인 낙랑·대방으로 귀순하는 것보다 훨씬 적응하기가 쉽다.

개로왕 때 유목사회에 나타나는 좌우현왕제左右賢王制가 생겨난다는 점도 마찬가지로 의문이 생기는 논리다. 통합이 되기는 근초고왕 때에 되었다고 했다. 그러면서 어떻게 백년이나 지난 다음에 북방 유목민족의 전통을 반영하는 제도가 생겨났다는 것인지, 그렇다고 그 사실이 만주 백제가 따로 있어서 그 전통이 계승되었다는 근거가 되는 것인지 이해해주기가 어렵다.

고려 성종이 받은 송宋의 책봉문도 그렇다. 자신의 말대로 고려를 가리키는 관념적 표현으로 이해할 수 있다. 또 고려에 책봉문을 보냈던 송나라도 이름이 같은 중국 남북조 시대의 송의 역사를 알고 있었을 터이니, 거기 나오는 내용을 아무 생각 없이 참고했을 수도 있다. 이렇게 보면 그다지 확실한 근거가 제시된 것 같지는 않다.

이중 잣대 ✒

또한 '두 개의 백제' 시나리오에서 주장해 왔던, 백제 백성들이 낙랑·대방 지역을 통과하면서까지 고구려로 도망갈 수 없었다는 이유 자체는 오히려 이중 잣대가 된다. 앞서 만주 지역의 백제인들이 남하하여 한반도의 백제와 통합되는 과정을 상기해 보자. '당시 고구려는 거점 지역에 축조된 성城 중심, 이를테면 점의 지배 형태였으므로 백제인의 고구려 영역에 대한 통과는 큰 마찰 없이 진행되었으리라 짐작된다' 라고 했다.

만주에서 고구려 영역을 통과한 백제 이주가 이런 식으로 가능하다고 본다면, 대무신왕大武神王 때에 중국 군현 지역을 통과한 백제 백성의 고구려 이주도 불가능할 이유가 없다. 당연히 온조 37년에 '한강 동북부의 부락(漢水東北部落)'에 살고 있던 백제 백성들이 고구려로 도망했다고 한 기록을 굳이 만주 지역의 백제인이 고구려로 도망갔다는 식으로 바꾸어 읽을 필요도

없어지는 셈이다.

　이래서 아무래도 근거가 박약하다는 느낌이 드는지 다른 근거를 동원하기도 한다. 『후한서』의 건광建光 원년元年과 연광延光 원년元年 기록이 동원 대상이다.

　　가을에 궁宮이 드디어 마한·예맥의 군사 수천 명을 거느리고 현도를 포
　　위하였다.

　　춘 이월에 부여왕이 아들에게 장병을 딸려 보내 현도를 구하고 고구려·
　　마한·예맥을 격파했다. 곧 사신을 보내 공물을 바쳤다.

　이 기록들에 보이는 마한이 사실은 백제를 가리킬 가능성이 높다고 본 것이다. 여기 나오는 마한이 정말 백제라면 중국의 한漢나라와 싸운 백제가 한반도의 백제라고 하기는 곤란하다. 그러나 문제는 그 근거이다.

　백제를 마한이라고 잘못 쓴 이유는 단지 『후한서』를 편찬한 범엽范曄이 실수했다는 것밖에 없다. 물론 실수를 하게 된 그럴 듯한 이유나 근거도 없다. 단순히 '백제가 속해 있던 마한이 중국과 빈번하게 교섭하던 시기요, 백제에 의해 마한이 통합되기 이전의 내용'이기 때문이라는 것뿐이다. 『양직공도』의 백제·낙랑처럼 서로 혼선을 빚는 기록이 있다면 모르지만 그런 것도 없는 상태에서 일방적으로 기록하는 사람의 착각으로 모는 것은 그 사람에 대한 명예훼손이 될 수도 있다. 지하에서 범엽이 펄펄 뛸지도 모를 일이다.

　또 다른 근거는 비류수沸流水로 일컬어졌던 혼강 상류에 비류국沸流國이 존재했다는 것이다. 여기서의 '비류沸流'가 백제 시조명의 하나와 부합되

고 있으므로 이게 백제의 땅이라고 본다. 그래서 고구려 동북에 설치된 백제군은 바로 이 비류국이 있던 자리라고 했다.

그렇지만 같은 한자 문화권에서 비슷한 명칭은 흔하게 나온다. 심지어 전혀 다른 지역이 동일한 이름을 가지고 있는 경우도 많다. 예를 들어 중국의 꽝저우廣州와 대한민국 경기도 광주廣州는 지명의 성격 자체부터가 완전히 틀리지만 한자로는 꼭 같다. 이런데도 '비류'라는 이름만 가지고 백제 땅이라고 몰아갈 수 있으면 중국 대륙에 백제 땅 아닌 곳을 찾는 게 더 쉬워질지도 모르겠다.

이런 논리는 주장을 한 당사자 자신이 표현한 대로 '추론'과 '느낌'일 뿐이지, 만주 지역에 있어서 백제의 존재를 증명해 주는 '확증'은 아니다. 그렇다면 공연히 구차한 근거만 추가하는 꼴이 될 수 있다. 결국 지금까지 근거라고 이용해 왔던 다른 기록들과 별 차이가 없는 셈이다. 뒤집어 보면 구차한 근거까지 들이대야 할 만큼 만주 지역의 백제를 확인시켜주는 확실한 증거가 없다는 얘기가 된다.

백제 세력에 대한 오해?

또 한 가지 더 지적해야 할 점이 있다. 만주 백제의 존재를 주장하는 당사자는 4세기 중반에 한반도에 있던 백제가 상당한 세력을 가진 세력이었다는 입장을 취하려 한다. 만주의 백제가 이때 한반도 백제에 통합되었다는 주장도 막강한 한반도 백제의 존재가 없으면 신빙성이 떨어질 터이니 당연한 귀결일 것이다.

그런데 그 근거는 4세기 당시의 백제가 북쪽으로는 예성강, 동쪽은 춘천, 남쪽은 금강에 이르는 영역을 확보하고 있었으며, 지방 세력에 대한 통제가 심화된 부部체제 단계였다는 것으로 삼는다. 그래서 자신이 이 무렵의

백제국을 '한강 유역의 조그마한 나라'로 간주했다는 주장은 명백한 사실의 날조라고 한다.

하지만 여기서 다른 사람들이 무엇 때문에 그렇게 생각했는지를 따져 볼 필요가 있다. 문제가 되는 것은 부部체제에 대한 인식의 차이다. 당사자는 부部체제를 '지방에 대한 통제가 심화된' 체제라고 생각했으니, 다른 사람의 주장이 억울했을지 모르겠다.

하지만 부部체제라는 것은 각 부部의 수장들이 왕과 맞먹는 존재라는 의미다. 그러면 지방은 고사하고 중앙정부마저도 왕이 확실하게 통제하는 체제가 아니라는 뜻이 된다. 그러한 체제를 두고 '지방에 대한 통제가 심화된' 체제라고 간주하고 자기 논리를 펴게 되면 오해가 생기지 않는 것이 오히려 이상한 일이다.

그리고 이에 대한 오해는 단순히 말꼬리 잡는 차원에서 그치지 않는다. 한반도 백제가 중앙집권적인 체제조차 제대로 갖추지 못한 나라였다면, 만주의 백제를 통합할 만한 역량을 가지고 있다고 생각하기도 어렵게 된다. 즉 만주 백제가 한반도 백제에 통합되게 된 원인에 대해서도 혼선을 빚게 만드는 일이다. 자신이 먼저 오해를 불러올 착각을 했으면서 남을 원망하는 일이 적절한 처사는 아닐 것이다.

IV 백제의 멸망

I. 성왕은 어떻게 전사했나?

충남 부여군이 제작한 백제 26대 성왕의
영정

백제의 역사에 대하여 잘 모르는 사람이라도, 백제의 중흥기를 이끌었던 성왕聖王에 대해서는 한 번쯤 들어본 적이 있을 것이다. 그 만큼 백제 역사에 있어서 성왕이라는 사람의 비중이 적지 않다. 따라서 그의 사망은 단순히 한 인물이 죽었다는 차원에서 끝날 수가 없다.

더욱이 성왕은 편안하게 사망한 것이 아니라 전장에서 적의 손에 목숨을 잃었다. 그 적도 얼마 전까지 고구려에 함께 대항하던 동맹 신라였다. 성왕이 전사하게 된 전투, 즉 서기 554년에 벌어진 이른바 '관산성管山城 전투'는 백제가 신라에게 한강을 잃은 후에 복수전으로 벌였던 전쟁이다. 이렇게 벌어진 백제와 신라의 전쟁은, 아신왕 때 단 한 번의 예외만 빼면 거의 300년 만에 벌어진 사태였다.

이 사실만 가지고도 성왕이 활약하던 당시의 국제 정세가 얼마나 변화무쌍하고 급박하게 돌아갔는지를 알 수 있다. 이런 와중에 일어난 성왕의 전사라는 사건이 예사로운 문제일 수 없다.

일단 중흥을 이끌었던 지도자가 전장에서 어떻게 죽게 되었느냐는 문제가 걸린다. 뿐만 아니라 성왕의 전사 이후, 신라와의 분쟁이 격화되면서 백제는 결국 멸망의 길로 접어들었다. 성왕의 전사라는 사건이 백제의 역사가 요동을 치게 된 계기가 되었다고 할 수 있는 것이다. 따라서 성왕이 죽음에 이르기까지의 과정이 중요해진다.

신라 팽창 시나리오

여기서도 갈래 길은 두 개가 나온다. 하나는 전통적인 해석이다. 성왕은 초반에 유리한 전황을 이끌었지만, 원군의 가세로 사기가 높아진 신라군이 백제군을 전멸시키며 이 와중에 전장에서 전사한 것으로 알려져 있다. 이와 동시에, 총동원되었던 백제의 3만 대군도 전멸 당했다는 『삼국사기』 기록도 인정하게 된다.

이 길을 택하게 되면 이때 백제와 신라를 중심으로 한 국제 관계는 이렇게 보인다. 진흥왕이라는 지도자의 등장을 계기로 급속하게 세력을 확장시켜 나아가던 신라와 재기를 모색하던 성왕의 백제가 한 판 승부를 벌였다. 이 전쟁에 모든 힘을 쏟았던 백제는 패배와 함께 성왕마저 전사함으로써 일대 타격을 받았다.

신라는 이 기세를 타고 가야마저 집어삼켰다. 신라가 이른바 '삼국 통일'을 이루게 된 계기를 여기서 찾을 만큼 고구려와 백제까지 누를 수 있는 세력 기반을 마련해 놓은 결과라고 보는 경우도 있다. 반대로 백제는 성왕이 신라와의 전쟁에서 전사하면서 상당한 타격을 받고 쇠퇴의 길을 걸었다고 인식하게 된다.

일반적으로 받아들여지는 시나리오이기는 하지만, 찬찬히 뜯어보면 이상한 점도 발견된다. 우선 이런 식으로 보자면 신라는 백제가 전력을 다하여 벌인 전쟁임에도 백제 왕을 전장에서 죽일 수 있을 정도로 성장했다고 평가해 주어야 한다. 교과서 등에 진흥왕 순수비巡狩碑가 있는 지역을 중심으로 당시 영역을 그려 놓아 신라가 백제를 능가하는 세력으로 그려 놓은 것도 이러한 맥락에서이다.

하지만 기록에 나타나는 국제 정세는 다르다. 가야를 손아귀에 넣고 나서도 신라는 백제와의 전쟁에서 밀리는 양상을 보이는 것 같다. 물론 『삼국사기』 기록을 껍데기만 보면 신라가 매우 선전한 것처럼 보인다. 그러나 그렇게 액면 그대로만 생각해 주기에는 이상하다.

주로 침공을 시도하는 측이 백제였다는 사실이 시사하는 바가 크다. 원래 전면전은 전력에 자신이 있는 쪽에서 도발을 하기 마련이다. 도발이 실패하더라도 심각한 반격을 받지 않을 만한 자신은 있어야 한다. 한두 번 정

도는 다른 이유 때문에 자신도 없는 전쟁을 도발하는 경우가 있겠지만, 수십 년에 걸친 전쟁에서 일관되게 심각한 반격을 받을 수 있는 도발을 계속하기는 어렵다.

그러고 보면 신라가 당나라와 동맹을 맺는 데 결사적인 노력을 기울인 이유도 의미심장하다. 그렇게 잘 싸웠으면 뭐 하러 당과 악착 같이 동맹을 맺으려 했을까 생각해 보면 시사하는 바가 있을 것이기 때문이다.

따지고 보면 고구려와의 분쟁 때문에 그런 위기의식을 느꼈다고 볼 근거는 별로 없다. 주로 백제와의 충돌이 많았다. 그 압력을 견디기 어려웠던 신라가 주변국의 협조를 구하려 백방으로 노력하다가 결국 당나라를 끌어들였다고 볼 수 있다. 그렇다면 성왕의 전사 이후 백제는 쇠퇴의 길을 걸었고, 신라는 욱일승천旭日昇天의 기세를 탔다고 보는 것은 무리가 있는 듯하다.

의문점 🐌

단순히 정황에서만 의심스러운 점이 나타나는 것도 아니다. 관산성 전투에 관련된 기록은 고대사 기록 치고 비교적 자세히 남아 있는 편이다. 여기에 나타나는 전황 자체가 앞의 시나리오와는 완전히 다르게 진행되었을 가능성이 있는 것이다.

그 중 주목되는 내용이 있다. 『일본서기』 기록에 보면 백제군이 주요 전투가 벌어진 관산성을, 한밤중에 불질러 함락시켰다고 되어 있다. 이 사실을 감안하고 보면 초기 전황은 신라가 조금 불리했던 정도가 아닌 것 같다. 성이 함락될 때에는 대체로 방어 병력이 궤멸해 버린다. 관산성 전투라고 예외가 아니라면, 이 전투에 투입된 신라군이 거의 궤멸 상태가 되는 게 정상이다.

성왕이 죽게 되는 상황에 대한 묘사도 다르다. 『삼국사기』에는 성왕이 전투 중에 전사한 것처럼 되어 있지만, 『일본서기』에서는 성왕이 초기 전투에는 아예 참여하지도 않았다고 기록되어 있다. 초기 전투를 지휘했던 백제의 사령관은 나중에 위덕왕威德王이 된 태자 여창餘昌이었다. 성왕은 승전보를 듣고 관산성 지역으로 오다가 운 없이 매복 부대에 사로 잡혀 살해된 것으로 나타난다.

여기서 왜 『일본서기』 기록을 바탕으로 시나리오를 짜야 하느냐는 의문을 가질 수 있다. 같은 사건에 대해 이와 같이 『삼국사기』와 『일본서기』의 내용이 다를 경우, 신뢰성 높은 『삼국사기』를 바탕으로 역사를 해석하는 것이 보통이기 때문이다. 하지만, 성왕의 전사 과정과 관련된 경우는 조금 다르다. 기록을 분석해 보면 같은 『삼국사기』 기록조차 『일본서기』의 내용이 보다 역사적 사실에 가깝다는 점을 시사하고 있는 것이다.

몇 가지 예를 찾아보자. 초기 전투에서 백제군을 맞아 싸웠던 군주 각간 우덕于德과 이찬 탐지耽知의 운명이 훌륭한 사례가 될 수 있다. 이들 중에서 탐지는 진흥왕眞興王 12년 고구려 정벌에 잡찬迊湌의 지위로 참전한 적이 있는 중요 인물이다. 그런데 이들은 김무력과 완전히 다른 길을 걷게 된다. 김무력은 이때의 공로를 인정받아 후손들까지 음덕을 입게 되었지만, 우덕과 탐지는 그 이후 역사에서 사라져버렸던 것이다.

만약 『삼국사기』 「신라본기」에 나오는 대로 우덕과 탐지가 백제군을 맞아 고전을 하던 중에 무력 부대의 합세로 백제군을 격파했다면 우덕이나 탐지 역시 김무력에 못지 않은 전공을 세운 셈이 된다. 그런데 그 전까지 잘 나아가던 탐지가 전공戰功을 인정받아 출세하기는커녕 갑자기 역사에서 사라졌다. 관산성 전투에서 전사했거나, 살아남았다 하더라도 패전의 책임을 져야 했기 때문일 것이다.

또 다른 사례로는 『삼국사기』 「김유신 열전」에 나오는 내용을 들 수 있

성왕의 아들 위덕왕(창왕)이 죽은 아버지에게 바친 돌 사리감.
부여 능산리 절터 탑자리 밑에서 발굴되었다. 화강암으로 만들어진 이 사리감 양쪽
에 백제 창왕昌王이 만들고 누이인 공주가 사리를 공양한다는 글을 새겼다. 이로 미
루어 능산리 절은 창왕과 공주 등 왕실이 성왕을 추모하기 위해 지은 것으로 추정
된다.(국보 288호)

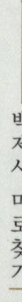

다. 여기에는 할아버지인 김무력의 공로를 기리는 말이 나온다. 그 중에 김무력이 성왕과 측근 좌평들까지 사로잡아 죽였다는 내용이 나오는 것이다. 전투 중에 성왕이 전사했다면 이렇게 굳이 '사로잡았다가' 죽였다는 말이 나올 턱이 없다. 이 내용은 성왕을 사로잡았다가 한동안 시비를 벌인 끝에 살해하게 되었다는 『일본서기』기록과 일맥상통하는 것이다.

여기에 같은 사건에 대해 기록한 『삼국사기』「백제본기」의 내용도 주목된다. 여기에는 성왕이 한밤중에 친히 50명 정도의 병력을 이끌고 신라군을 습격하려다가 죽었다는 기록이 있다. 얼핏 보면 전투 중에 전사했다는 「신라본기」기록을 뒷받침하는 것처럼 보일 수 있다.

하지만 조금만 더 생각해 보자. 명색이 군 최고 통수권자인 왕이 겨우 50명 이끌고 그 위험한 야습을 감행하는 일이 가당하기나 한 일인가. 오히려 50명의 호위 병력을 이끌고 한밤중에 관산성 지역을 지나려다 매복에 걸려 잡혔다는 해석이 훨씬 합리적이다.

결국 『삼국사기』기록들은 사실을 말하는 것 같으면서도 오해를 일으킬 수밖에 없도록 조금씩 묘하게 왜곡되어 있음을 알 수 있다. 따지고 보면 성왕이 신라군과의 전투 중에 전사한 것처럼 생각하게 된 이유는 『삼국사기』중에서도 「신라본기」기록을 위주로 관산성 전투를 해석해 왔기 때문이다.

또 다른 가능성 - 백제의 재기와 좌절

여기에 납득할 수 없는 점들을 분석·검토해서 다시 구성하게 되면 상당히 큰 해석의 차이가 생긴다. 두 번째 시나리오가 바로 이를 근거로 나오게 되는 것이다. 이 시나리오의 내용은 대략 이렇게 된다.

전쟁 초반 동맹군까지 총동원한 백제의 공세에 관산성이 함락되며 신라군은 일대 타격을 받았다. 그러자 성왕은 어떠한 이유에서인지 직접 전장

으로 가기를 원했다. 그래서 소수의 호위 병사와 측근을 데리고 관산성으로 향했다.

이때 멀리 떨어진 신주新州의 군주로 있던 김무력金武力(김유신의 할아버지)이 병력을 이끌고 남하하던 중, 그 부대의 일부가 운 좋게 성왕을 생포하여 살해했다. 백제군의 입장에서는 수도 사비의 상황이 불안하지 않을 수 없다. 단순히 왕만 죽은 것이 아니라 왕의 측근들까지 몰살당해 버렸다.

군사적으로는 후방 지원을 책임지는 역할을 하면서, 정치적으로는 왕권을 지탱해주던 대들보들이 한꺼번에 무너진 것이다. 신라와의 전쟁을 고집하다가 지원이 끊기는 날이면 신라 영역 깊숙이 진격한 백제군은 정말 심각한 사태를 맞이할 수도 있었다. 눈앞의 전황과는 상관없이 백제의 주력 부대는 철수할 수밖에 없었다.

시나리오가 이렇게 흐르면 관산성 전투에 대한 해석이 완전히 달라진다. 백제의 일방적인 패배가 아니라, 뜻밖의 해프닝 때문에 전투에 이기고 전쟁에 졌다는 결론이 나온다.

전쟁 상황 자체도 신라에게 상당히 위험했다고 보아야 할 것 같다. 동맹국 병력까지 동원한 총공세여서 신라가 막기에는 매우 버거웠다. 관산성이 함락된 사태도 큰 무리가 아니다. 매복 부대에 의한 성왕 살해라는 해프닝이 일어나지 않았다면 정말 큰일이 났을 것 같다.

두 번째 시나리오를 통해 보는 국제 정세 🐚

당시 국제 정세를 보는 시각도 달라진다. 한강 하류 지역을 차지하기 위하여 백제를 배신한 것부터가 신라로서는 위험한 도박이었다. 아직 백제에 맞설 만한 국력이 정비되지 않았음에도, 도발을 한 꼴이 되어 버렸기 때문이다. 백제가 제시한 타협까지 거부해버린 배짱이 어디서 나왔는지 궁금할 정도다.

그렇다고 해서 백제에 악영향이 없었다는 뜻은 아니다. 과정이야 어쨌건 전쟁에서 진 백제는 큰 홍역을 치러야 했다. 우선 정치적 타격이 컸다. 국내 정세부터 보자면 성왕은 물론, 성왕이 믿고 의지하던 측근들이 전쟁터에서 전사했다는 점부터 문제였다. 이 바람에 백제 왕권의 지지 기반이 눈에 띄게 약화되었다. 거기에 성왕의 후계자인 위덕왕은 반대하는 원정을 강행한 데 대한 부담도 떠 안아야했다. 한강 유역을 되찾으려던 백제의 국가적 숙원 사업이 무산되었다. 이를 위해 그 동안 투자해 왔던 모든 노력이 헛수고가 된 셈이다.

이러한 부담은 국제 관계에도 이어졌다. 백제의 국제적 위상부터 실추되었다. 관산성 전투 이전만 하더라도 한반도 남부에서 국제 정세를 주도했던 세력은 백제라고 할 수 있다. 그런데 패전 이후, 사실상 하위의 동맹자였던 신라가 이제 경쟁자로 바뀌었던 것이다.

가야와 왜에 대한 영향력도 이전 같은 수준을 유지하기 어려워졌다. 곧이어 가야 세력이 줄지어 신라로 넘어가는 데에도 별다른 조치를 취하지 못했다. 신라 원정 실패의 후유증으로 차후 국제 정세의 주도권까지 잃게 되었던 셈이다.

이에 따라 백제의 전략 목표도 달라졌다. 관산성 전투를 벌이기 직전만 하더라도, 고구려부터 먼저 공격해 예봉을 꺾어 놓고 나서야 신라 침공을 개시했을 정도였다. 그만큼 고구려와의 공방전에 비중을 두어왔던 것이다. 관산성 전투 이후에는 이러한 흐름이 바뀌었다. 백제가 신라와 공방전을 벌이는 비중이 월등히 높아진다.

그렇지만 전투의 진행 과정을 보면 알 수 있듯이, 군사적인 측면에서만 보면 관산성 전투 자체는 백제군에 그리 큰 타격을 준 것이 아니다. 백제가

재기할 여력까지 빼앗아 버리지는 못했던 것이다. 백제는 관산성 전투의 후유증을 노리고 달려든 고구려의 공격을 쉽게 격퇴했으며, 몇 년 지나고 나서는 다시 신라에 대한 공세에 나설 수 있을 정도로 국력을 회복했다. 이후 신라에 대한 압박은 계속 수위를 높여 나아갔고, 결국 신라로 하여금 당까지 끌어들여 최후의 일전을 감행하도록 하는 계기가 되었다.

2. 여제 동맹은 실체가 있었나?

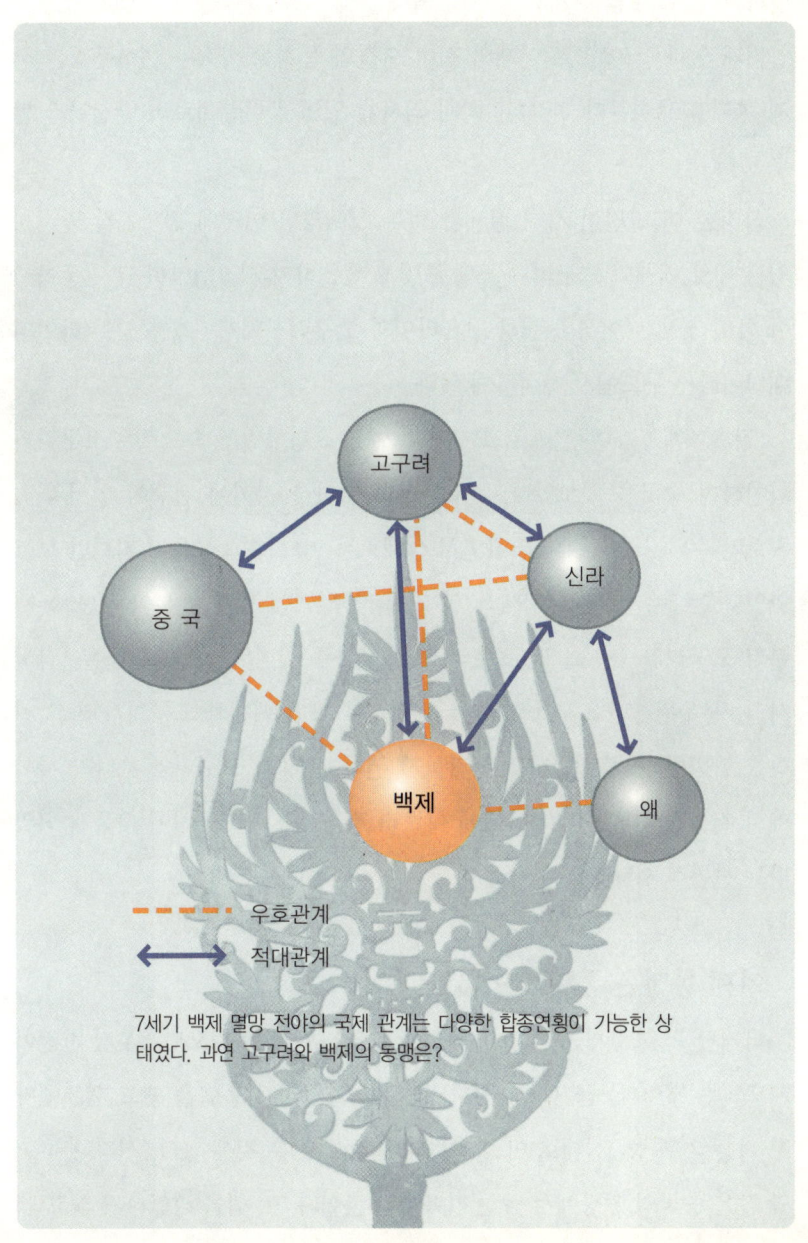

- - - - - 우호관계
←——→ 적대관계

7세기 백제 멸망 전야의 국제 관계는 다양한 합종연횡이 가능한 상태였다. 과연 고구려와 백제의 동맹은?

　백제는 그 역사 대부분을 고구려와 원수처럼 지내며 보냈다. 그런데 멸망하기 전 길지 않은 시간 동안인 의자왕 때, 고구려와 동맹을 맺은 것으로 알려져 있다. 그야말로 어제의 적이 오늘의 동지로 바뀌는 변화무쌍한 국제 관계를 보여준다 하겠다. 백제 역사에 있어서 나름대로의 반전이라 할 수 있다.

　하지만 이 반전이 사실 실체가 없는 것이라면 어떻게 될까? 잘 알려져 있는 대로 백제와 고구려가 동맹을 맺고 협조하기 시작했다면 당시 동아시아 국제 정세는 이른바 신라 · 당 라인과 고구려 · 백제 · 왜를 잇는 라인의 대립이라는 구도에서 해석하게 된다.

　'장璋(백제 무왕)은 겉으로 고구려 토벌을 요청하면서 속으로는 고구려와 화친하며 중국을 엿보았다,' '고구려와 수나라 사이에 전쟁이 벌어지자, 말로만 수나라를 돕는다고 하면서 실제로는 어느 쪽에 붙을지 기회만 보고 있었다' 는 『수서隋書』 「백제전」의 기록과 '일찍이 백제는 부여장扶餘璋 때부터 고구려와 화친을 맺고 우리 영토를 자주 침범하였으므로' 라는 『삼국사기』 문무왕 5년 8월 등의 기록들 위주로 보면 백제와 고구려가 짜고 신라를 압박한 게 틀림없다고 생각하게 된다. 백제가 고구려와 수나라 사이에서 저울질하다가 의자왕 때에 이르러 결정적으로 고구려에 기울게 되었다는 전통적 시나리오가 이런 기록들에서 나온다.

여제 동맹은 존재하지 않았다

　하지만 꼭 그렇게만 볼 것이 아니지 않느냐는 말이 나오면서부터 반전이 시도되는 것이다. 근거는 이렇다. 백제와 고구려가 동맹을 맺고 협조했다고 하는 기록 중, 실제로 이 나라들의 입장에서 쓴 것은 없다. 신라나 수 · 당 같은 중국의 입장에서 남긴 기록들일 뿐이다. 이 점을 감안하지 않고 액면 그대로 믿어줄 수는 없지 않겠느냐는 것이다.

이런 입장에서 쓴 시나리오는 이렇게 된다. 신라에게 가장 위협적인 적은 백제였던 반면, 수·당에 위협이 되는 것은 고구려였다. 신라는 이 점을 간파하고 외교 문서의 앞부분에는 고구려와 백제가 한통속이 되어 자신을 압박한다고 시작해 놓고는 끝에 가서 백제의 압박을 강조하는 식으로 썼다. 즉 신라가 백제와 고구려의 압박에서 벗어나는 데 수를 이용하기 위하여 수의 골칫거리였던 고구려에 백제가 협력하고 있다는 식의 거짓말을 한 것이다. 그렇게 유도하다 보니 고구려와 백제가 동맹을 맺은 것처럼 꾸며댈 수밖에 없었다.

여기에 수의 역사서인 『수서』가 당나라 때에 만들어지다 보니, 종주국의 입장에서 고구려·백제·신라를 통제하려 했던 당의 입장이 들어가게 되었다. 백제와 고구려가 신라를 침공하는 바람에 자신의 구도가 방해를 받는다는 인식이 생겨 두 나라를 한통속으로 생각하게 되었다는 것이다. 결국 신라의 교묘한 외교적 술책 때문에 실제로는 있지도 않았던 백제와 고구려의 동맹이 있었던 것처럼 기록되었다는 얘기가 된다.

실제로 『수서』에 백제가 고구려와 화친했다고 기록된 바로 그 해에 백제는 고구려의 침략을 받았다. 그래서 『수서』의 내용은 믿을 만한 것이 못 된다는 입장에 힘을 실어주는 역할을 한다.

만약 이 그림이 사실이라면 해석이 매우 복잡해지게 된다. 백제나 고구려가 실제로 무슨 생각을 가지고 움직였는지, 무엇 때문에 두 나라가 동맹을 맺은 것처럼 보였는지 고민해야 할 문제가 많아진다.

그래도 날조된 동맹은 아니다

반면 백제와 고구려의 동맹 관계가 완전히 근거 없이 날조된 것은 아니

지 않겠느냐는 말도 있다. 백제나 고구려나 신라가 차지한 한강 지역을 되찾고 싶어 했다. 또한 고구려는 백제와 수를 떨어뜨려 놓고 싶어 했고, 백제는 신라 공격을 위해 고구려의 도움이 필요했다. 그래서 신라와 수를 견제하기 위해 대립 관계를 버리고 동맹을 추구했을 가능성이 있다는 것이다. 이게 가장 최근에 나온 시나리오다.

여기에 「백제본기」나 「고구려본기」나 '백제가 두 마음을 가지고 있었다'는 사실을 부정한 적이 없다는 점도 근거로 이용한다. '장璋(백제 무왕)은 겉으로 고구려 토벌을 요청하면서 속으로는 고구려와 화친하며 중국을 엿보았다' 라는 말이 『삼국사기』 중에서도 「고구려본기」에만 나오는 것도 문제삼는다. 백제보다 고구려가 양국 관계 개선을 위한 노력을 적극적으로 추진했다는 뜻으로 해석하는 것이다. 이는 백제가 고구려의 동정을 엿보다가 연결되었다는 추정으로 연결된다.

이런 전제를 놓고 보면 시나리오가 조금 복잡해진다. 607년, 동맹 시도가 여의치 않자 고구려는 백제의 송산성松山城과 석두성石頭城을 공격하여 압력을 넣었다. 이렇게 압력을 받은 백제는 612년 수가 고구려를 공격하자 태도를 바꾸었다. 백제가 수의 고구려 공격에 참여하지 않은 것 자체가 간접적으로 고구려를 도왔다는 뜻으로 해석하는 것이다.

그럼에도 불구하고 여기까지는 백제의 양면 외교 또는 이중 외교라고 하기는 힘들다고 생각한다. 백제는 대중국 외교가 중심이기 때문이란다. 640년대 이전의 신라 공략도 동맹 상태의 공략이라기보다 각자 추진한 작전이라고 본다.

실질적인 동맹은 의자왕 초반인 640년대부터 시작되었다. 643년 당항성 공략이 그 계기였다. 김춘추의 고구려 외교가 오히려 고구려와 백제의 동맹을 자극했다는 것이다. 그러나 이것도 안정적 동맹은 아니라고 본다. 당

삼국 시대 외교의 달인 김춘추의 초상.
그의 활약이 고구려와 백제의 관계에 어떤 영향을 미쳤을까?

항성 공략을 시도하다 당의 압력을 받자 백제가 바로 철수했기 때문이다. 또한 당태종이 보낸 외교 문서에 대해 의자왕은 동맹 맺은 적이 없다고 답했다. 이것으로 보아 아직 확실한 동맹은 아니라고 결론지었다.

하지만 이후 백제는 고구려와 관계를 강화해 나갔다. 648년 김춘추가 당나라에서 돌아올 때 고구려가 그를 없애버리려 한 것이 그 근거라고 한다. 여기에 의자왕 15년(655) 8월, 고구려·말갈과 함께 신라 북쪽 국경을 공격해서 30여 성을 함락시킨 시점에서는, 백제가 당과 분리된 상태에서 확실히 고구려와 동맹을 맺었다고 파악하는 것이다.

오락가락하는 주장 🐟

내용이야 어쨌든 그 동안 나왔던 얘기들을 총정리하면서 마지막에 나온 시나리오이기 때문에 학계에서는 이 시나리오를 받아들이는 경향이 있다. 그런데 이 시나리오를 정리하다 보면 얘기가 왔다 갔다 하는 것을 느낄 수 있다. 백제와 고구려가 동맹을 맺었다는 얘기를 꺼내는 듯하다가 확실한 동맹은 아니라고 도로 집어넣는 일을 반복하는 식이다.

결국 확실한 동맹을 맺었다는 얘기는 백제가 망해버리기 불과 5년 전이 되어서야 나온다. 뒤집어 말하자면 확실한 동맹은 겨우 5년 정도 유지된 셈이다. 게다가 이 시나리오의 근거도 의심스럽다.

우선 백제와 고구려가 접근하게 된 동기부터가 그렇다. 신라가 차지하고 있던 한강 지역을 빼앗기 위한 협력이 기본적인 동기라고 했다. 그런데 한강 지역이 탐이 난다면 그건 백제와 고구려도 결국 서로 싸워야 한다는 뜻이다.

실제로 신라가 백제를 배신하고 한강 지역을 차지하기 전까지만 해도, 두 나라는 수백 년 동안 한강 지역을 두고 서로 치열하게 싸워온 역사를 가지고 있다. 또 백제의 입장에서는 신라에 배신당한 것이 얼마 되지도 않는다. 신라보다 보복하기가 더 곤란한 고구려에 대해 믿음이 생겼다면, 그게 더 이상한 일이다. 피차 언제 배신할지 모르는 상태에서 '동맹' 을 맺을 정도의 신뢰가 있을 리 없다.

이 사실을 모를 리 없는 백제와 고구려가 한강 지역을 차지하려고 '동맹' 을 떠올렸을 것 같지는 않다. 백제와 고구려가 이때 협력을 추구한다고 해봤자, 궁극적으로는 믿지 못하는 상태에서 서로를 이용하는 짧은 시간 동안의 협력에 불과할 수밖에 없다.

「백제본기」나 「고구려본기」나 '백제가 두 마음을 가지고 있었다' 는 사실을 부정한 적이 없다는 점도 근거가 될 수 있는지 의문이다. 따지고 보면 『삼국사기』에, 백제가 '신의를 지키고 있었다' 는 말이 나오기를 기대하는 편이 오히려 무리다.

안 그래도 나라가 망할 때 즈음의 역사는 좋게 써주지 않는 것이 역사를 쓰는 사람들의 심리다. '간에 붙었다 쓸개에 붙는 식으로 간사하게 굴다가 정의로운 세력에게 망했다' 는 식의 명분은 유교 이데올로기로 역사를 쓰던 시대에 나라가 망한 이유를 찾을 때 즐겨 쓰던 수법이다.

하물며 철저하게 신라 위주로 쓰여진 『삼국사기』에, 망할 때 즈음의 백제가 '신의를 지키며 별로 잘못한 것도 없는데 망했다' 라고 해석될 여지가 있는 내용을 써줄 턱이 없는 것이다. 『삼국사기』 본기本紀들이 1인칭으로 쓰여졌다고 해서 그게 고구려나 백제인이 남긴 기록이라는 뜻으로 착각한 것 아닌가 싶을 정도다.

고구려가 관계 개선을 시도하다가 잘되지 않자 백제를 공격하며 압력을 넣었다는 그림도 신중하게 다루어야 할 것 같다. 이 공격으로 이전까지 수에 접근하던 백제의 외교 노선까지 달라졌다고 했다. 막상 수와 고구려의

전쟁이 시작되자 중립을 지켜 간접적으로 고구려를 도왔으며, 이 덕분에 고구려와의 관계까지 좋아졌다는 바로 그 논리 말이다. 나름대로 나제동맹의 발전에 있어서 중요한 전환점으로 여겨질 수 있다.

그렇지만 아무래도 이상하다. 수백 년 동안 원수로 지내왔던 고구려가 성 한두 개를 공략해 왔다고 해서, 백제가 새삼스럽게 그 압력에 신경을 써서 대제국 수의 미움살 짓을 했다는 얘기가 된다. 이해하기 어려운 논리가 아닐 수 없다.

아무래도 의심스럽다 🌀

거기에 중립지킨 정도를 가지고 굳이 고구려를 도왔다고까지 해석해야 할지도 의문이다. 백제의 입장에서는 고구려 편든다는 생각을 하지 않더라도, 남들끼리 싸우는 데 공연히 끼어들어 힘을 뺄 필요를 느끼지 않았을 수도 있다. 이런 움직임은 보통 양면 외교나 이중 외교 부른다. 그런데 이렇게 부르기 곤란하다는 논리를 내세우기 위하여 백제의 중립을 굳이 '고구려를 도왔다' 고 해석한 셈이다.

의자왕 초부터 실질적인 동맹을 맺었다는 점도 확인하기는 어렵다. 642년 당항성 공략이 백제와 고구려가 동맹을 맺었다는 근거로 활용되지만, 다른 해석도 가능하다. 이는 신라가 당에 보낸 외교 문서에 나타나는 것인데, 상황을 자세하게 설명한 것이 아니라 간략하게 요약해서 써 보냈다. 그래서 백제와 고구려가 한통속이 되어 당항성을 빼앗으려 한다는 내용도 이미 그러고 있다는 것인지, 앞으로 그럴 것이라는 얘기인지 애매하게 되어있다. 글의 흐름이나 당시 상황을 보아서는 앞으로 그럴 것이라는 쪽에 무게가 실린다. 일부러 그렇게 썼을 것이라는 생각도 가능하다.

더욱이 642년에는 백제가 신라의 대야성을 함락시켜 김춘추의 사위 품

석품石을 죽였고, 그 복수를 위하여 김춘추는 고구려에 군사를 요청하려 했다. 당항성 공략에 백제와 고구려가 한통속이 되어 있었다고 생각했으면 , 김춘추가 굳이 고구려부터 찾은 이유를 이해하기 어려워진다.

고구려가 648년 당에서 돌아오던 김춘추를 없애려 한 것이 백제와 고구려가 동맹을 맺어 나아간 근거로 해석하는 것도 이상하다. 김춘추는 고구려에 위협이 되던 당과 동맹을 맺으려 하던 자다. 게다가 고구려에 왔다가 잡혀 있었을 때, 한강 지역을 양보할 뜻이 있다고 속이고 탈출한 경력도 있다. 고구려의 입장에서는 이런 자를 잡아 없애버리고 싶은 게 당연하다. 굳이 백제와의 동맹을 의식했다고 볼 필요가 없는 것이다.

그렇다면 이른바 '여제동맹' 의 확실한 근거라고는 655년에 있었던 공동 작전 하나뿐이다. 하지만 이것만으로는 뭔가 부족하다. 이 조차도 작정을 하고 동맹을 맺은 것인지, 일시적인 협력 관계에 불과했던 것인지 결론짓기가 어렵다.

따지고 보면 성왕 때 백제가 신라에 배신당해 한강을 잃었을 때에도 고구려의 암묵적 협력이 있었다고 본다. 그렇다고 이것을 두고 고구려 · 신라 사이에 동맹이 맺어졌다고 하는 사람은 없다. 백제와 고구려도 복잡한 국제 관계 속에서 자기 나라에 이익이 되는 방향으로 움직이다 보면 일시적인 협력 관계가 맺어질 수 있다. 신라가 중간중간에 고구려에 협력을 구해보려 했던 것도 백제와 고구려가 확실한 동맹이 아니었기 때문이었을 것이다.

물론 660년 백제가 망한 다음에는 보다 확실한 협력 관계가 보이기는 하지만, 이는 없어진 나라를 되찾기 위한 상황에서 맺어진 협조이니 '동맹 관계' 라고 하기는 곤란하다. 그렇다면 얼마 되지도 않는 기간에, 확실히 보이지도 않는 협력 관계를 두고 굳이 '여제동맹' 이라는 말을 쓸 필요는 없지 않나 한다.

3. 백제는 어떻게 멸망했나?

3천 궁녀가 떨어져 죽었다는 낙화암. 백제는 과연 그런 식으로 멸망한 것일까?

　최근까지만 해도 백제가 멸망에 이르기까지의 배경이나 과정에 대해서는 별다른 논란이 없었다. 적어도 큰 골격에서만큼은 그래왔다. 의자왕을 중심으로 한 백제 지배층의 사치와 방탕이 극에 달했고, 그에 따라 정치는 파탄 지경에 이르러 망할 수밖에 없었다는 것이다. 백제사 전문가라는 사람들은 물론 대부분의 한국 사람들도 백제 멸망의 원인을 이렇게 알고 있었다.

　물론 직접적인 원인은 나당 연합군의 침공이다. 그래서 침략을 당하는 데까지 이어지게 된 외교의 실패도 중요한 이유로 꼽힌다. 특히 신라를 지나치게 압박하여 당의 침략을 불러왔다는 생각은 『삼국사기』 편찬자들부터 가졌던 인식이다. 그만큼 백제의 외교력이 파국을 부를 정도로 안이했다는 비판을 받는 것이다.

전통적 시나리오와 의문

　이와 같은 일반적인 인식을 바탕으로 한 시나리오는 이렇게 된다. 백제는 성왕 이래 악화되어 온 신라와의 관계를 회복하지 않았다. 그래서 이전까지 원수처럼 지내온 고구려에 접근하게 되었고, 고립된 신라는 죽을힘을 다해 당에 접근했다. 신라의 외교적 노력을 알았는지 몰랐는지, 백제는 신라와 당의 접근을 차단하지 못했다. 그러다 보니 백제를 고구려 정벌의 후원 세력으로 여겨온 당의 정책이 졸지에 백제를 정벌 대상으로 삼게 되는 변화가 생겼다는 것이다. 외교를 이렇게 해 놓은 상태에서 국내 정치도 파탄을 맞게 되었기 때문에, 나당 연합군의 침공을 견디어 낼 수 없었다는 것이 일반적인 백제 멸망 시나리오다.

　얼핏 보면 그럴듯한 해석 같고, 지금도 대부분의 사람들이 아무 의심 없이 받아들이고 있는 시나리오다. 하지만 찬찬히 뜯어보면 백제 멸망의 배경과 과정을 속 시원하게 설명해 주는 게 아니라는 점을 알 수 있다.

우선 국제 정세의 변화에 백제가 제대로 대처하지 못했다는 발상부터가 그렇다. 이런 논리대로 하자면 신라와의 관계가 악화되어 결국 당의 침략까지 받게 된 것도 안이하게 대처한 백제 탓으로 돌리게 된다. 그렇지만 신라와의 관계가 악화된 근본적인 원인은 성왕 때에 신라가 백제를 배신하고 지금의 한강 유역을 탈취해 간 데 있었다. 이런 상황에서 신라와의 관계를 개선시켜야 했다는 발상은 험악한 정복 국가 시대에 배신당해 영토를 빼앗기는 꼴을 당하고도 참아야 했다는 논리밖에 되지 않는다.

의자왕은 그 동안 신라에게 잃었던 지역을 되찾았을 뿐이다. 거기에 간섭하는 당의 참견을 끝까지 참아야 했다는 생각 역시 무리다. 백제의 입장에서 생각하면 다르게 평가해 줄 여지도 있다. 의자왕은 고구려를 협공하자는 당의 요구를 들어주는 척만 하며 실제로는 백제의 숙원 사업을 추진해 나아갔다.

전력을 다해 당의 군사적 원조를 얻으라고 나중에 상당한 희생을 치러야 했던 신라와 비교되는 장면이다. 결과만 의식하지 않는다면, 남의 싸움에 말려들지 않고 그 동안 신라에게 잃었던 영토를 착실히 되찾아 오는 실리 정책을 폈다고 좋게 평가해 줄 수도 있다.

또 널리 알려진 것과는 달리 고구려에 접근했기 때문에 당의 침공을 당하게 되었다는 점도 의문이다. 고구려·백제의 동맹 관계를 보여주는 기록 자체가 거의 없다시피 하다. 굳이 찾는다면 신라의 일방적인 주장이 있을 뿐이다. 더욱이 백제와 고구려의 접근이 당을 자극했다는 근거도 확실하지는 않다.

그러고 보면 백제가 외교에서 뭘 특별히 잘못해서 멸망을 자초했다는 식의 논리가 성립하는 것 같지는 않다. 그렇다면 더 중요한 요인으로 여겨져 온 의자왕의 사치와 방탕, 그로 인한 국정 파탄을 어떨까? 이 역시 뜯어보

면 실체가 의심스러운 게 한 둘이 아니다.

누명 쓴 의자왕과 백제 귀족

의자왕으로서는 가장 억울할 일이 이른바 '삼천 궁녀'와 놀아났다는 말이다. 아직도 많은 사람들이 사실인 줄 알고 있지만, 실제로 '삼천 궁녀'는 있지도 않았고 있을 수도 없는 존재였다. 의자왕을 상당히 깎아 내렸던 『삼국사기』 등 고대사 기록에서조차 '삼천 궁녀'에 대해서는 한마디도 나오지 않는다.

지금 와서 생각해 보면 정말 황당한 유언비어 수준이다. 이런 내용을 몇백 년 동안이나 백제가 망한 이유라고 가르쳐 왔으니, 의자왕으로서는 무덤에서 뛰쳐나오고 싶을 정도로 억울할 일이다.

물론 '삼천 궁녀'가 없었다고 해서 의자왕은 전혀 방탕하지 않았다는 등식이 바로 성립하는 것은 아니다. 하지만 그렇다고 해도 이해가 가지 않을 만한 모순이 많다. 우선 의자왕은 중국에서 해동증자海東曾子라는 평가까지 받았던 인물이다. 이렇게 높게 평가받던 사람이 갑자기 타락해서 나라를 말아먹은 난봉꾼으로 돌변했다는 얘기가 된다. 있을 수 없는 일이라고까지는 아니라 하더라도 납득하기 쉬운 일은 아니다.

그러고 보면 의자왕이 사치와 향락에 빠져 있었다는 근거가 『삼국사기』 편찬자의 일방적인 주장 이외에는 없다. 그렇기 때문에 많은 전문가들은 백제의 멸망 이유를 다른 데에서 찾는다.

방탕보다는 정치적 분열이 생겼다고 보는 것이다. 즉 의자왕이 무리하게 왕권 강화를 추진하는 바람에, 그에 대한 반발이 있었고 분열이 생겨났다고 생각한다. 그리고 그 분열 때문에 나당 연합군이 쳐들어오는 중차대한 시국에까지 반대를 위한 반대를 남발하는 지경에 이르게 되었다고 본다.

성충과 홍수 같은 충신들이 백강과 탄현을 막으라는 지극히 타당한 전략을 제시했음에도 불구하고 바로 그 지역을 막지 않아 백제가 망하게 되었다는 시나리오도 같은 맥락에서 나오는 것이다.

그렇지만 알고 보면 이것도 이상하다. 우선 『삼국사기』 같은 기록을 자세히 살펴보면 백제 귀족들이 백강과 탄현 방어를 반대한 적이 없음을 알게 된다. 기록에는 "당나라 군사로 하여금 백강에 들어오게 하여 물의 흐름을 따라 배를 나란히 할 수 없게 하고, 신라군으로 하여금 탄현을 올라오게 하여 좁은 길을 따라 말을 가지런히 할 수 없게 함과 같지 못합니다. 이때에 군사를 놓아 공격하면 마치 조롱 속에 있는 닭을 죽이고 그물에 걸린 물고기를 잡는 것과 같습니다"라고 했다. 백강과 탄현에 적이 진입할 때 공격하자고 했을 뿐, 막지 말자는 뜻은 아닌 것이다.

실제로도 백강 전선에는 백제군이 투입되어 상륙을 시도하는 당나라 군대와 전투를 벌였다. 이 기록은 『삼국사기』뿐 아니라 『구당서』『신당서』 등 중국 쪽 기록에도 나오니 근거 없는 사실일 수가 없다. 그러니 백강에 병력 투입을 반대했다는 말부터 무저항으로 뚫렸다고 보았던 기존의 인식은 근거가 없이 만들어진 것이다. 백제 귀족들도 하지도 않은 말이 만들어져 억울한 혐의를 뒤집어 써 온 셈이다. 이와 같이 나타난 상황을 보면 '국론 분열' 운운할 여지도 별로 없다.

백제군의 실제 움직임을 보아도 내부에 무슨 정치적인 혼란이 있었던 것처럼 보이지는 않는다. 『삼국사기』 등에서 백제 측이 마치 방어 전략에 대하여 논의도 제대로 못하고 우왕좌왕했던 것처럼 묘사해서 그렇지, 백제 지배층의 태도를 보면 꼭 그렇게 말할 것도 아닌 듯하다. 침공 이전에 회의를 열었다는 자체가 이미 나당 연합군의 의도를 간파하고 대책을 세우려 했었음을 보여주는 것이다.

백제는 최선을 다했다

더욱이 이때 열린 대책 회의에서도 『삼국사기』 등의 기록과는 달리 뒤늦게 쓸데없는 말잔치만 벌인 것도 아니다. 『삼국사기』에는 좌평佐平 의직義直과 달솔達率 상영常永을 필두로 말싸움이 벌어져 의자왕이 제대로 결정을 못했다고 기록되어 있고, 또 그렇게 알려져 있다.

하지만 그들의 주장을 잘 뜯어보면 반대를 위해 되지도 않는 말을 늘어놓은 것이 아니다. 각각 일리가 있는 전략을 제시한 것이었다.[2] 실제 백제군의 움직임에도 이들의 전략이 모두 반영되어 있었다.

백제군의 움직임에서 작전을 읽어내 보면 이렇다. 1단계는 상영의 전략대로 보급을 가지고 오는 김유신 부대에 대한 저지를 시도하는 것이었다. 여기서 실패하면 의직의 전략대로 나머지 병력을 백강으로 철수시켜 당나라 군대의 상륙을 저지하는 2단계 작전을 실시한다.

알려진 것과는 달리, 황산벌에서 싸운 계백의 부대는 이른바 돌파 당하지 않기 위하여 그 자리에서 죽을 때까지 싸우는 식의 '결사대'가 아니었다. 『삼국사기』에 '결사대'라는 말이 들어가 있기 때문에 지금까지도 고전적인 시나리오 같은 오해가 발생했던 것이다. 실제 황산벌 전투를 치렀던 백제군은 전투에서 패배한 이후 곧바로 백강 전선으로 투입되었다.

이마저도 실패하면 사비에서 농성한다는 3단계 전략이 준비되어 있었다. 이러한 움직임은 미리 단계별 대책을 세워놓지 않고는 이렇게 움직일 수 없다 할 만큼 체계적이었다.

전략·전술적으로 백제군이 무모한 전투를 벌여 실패한 것도 아니었다. 얼핏 보기에는 황산벌에서 10배나 되는 신라군과, 백강에서는 그보다 훨씬

---

02 ••• 의직과 상영이 제시한 전략의 실체에 대한 구체적인 내용은 필자의 책(『전쟁의 발견』, 동아시아, 2004)를 참조해주시기 바란다.

많은 10만의 당군과 전투를 벌였다는 게 무모해 보일 수도 있다. 하지만 각각의 상황을 살펴보면 꼭 그렇지도 않다.

황산벌의 신라군 5만은 모두 전투 부대가 아니었다. 대부분의 숫자는 당군에 보급할 물자를 수송하는 짐꾼 수준이었고, 이들을 호위하는 전투 부대는 백제군에 그렇게 압도적인 우위를 차지하고 있었다고 할 수는 없을 것이다. 백강의 당군은 물론 그 이상의 병력 우위를 가지고 있었다. 그러나 상륙이라는 위험한 작전을 해야 했다는 점을 감안하면 백제군도 해볼 만한 전투를 감행한 셈이다.

양쪽 방면의 전투에서 실패한 이유도 백제 측에서 뭔가를 잘못했다고 보기가 어렵다. 잘 알려진 대로 황산벌에서는 초반만 하더라도 백제군이 선전했으나, 젊은 화랑을 희생시켜 사기를 진작시키는 신라군의 극단적 수법에 말려들어 전투에서 패배했을 뿐이다. 백강 전투 역시 신라 측의 치밀한 준비로 상륙 부대가 교두보를 확보하는 타이밍을 예상보다 훨씬 앞당기는 바람에 이미 상륙을 끝낸 당군과 싸우게 되어 실패했다. 이렇게 보면 백제는 국론 분열 때문에 대책을 세우지 못해 나당 연합군을 막지 못한 게 아니라 압도적인 힘의 차이와 연합군 측의 치열한 전략에 당했다고 보아야 한다.

알려지지 않은 사실 ☙

여기까지만 해도 백제의 멸망 과정에 대해 다시 생각해 볼 가치는 충분하겠지만, 이것 말고도 잘 알려지지 않은 사실이 또 있다. 황산벌, 백강에서 치열하게 벌어진 전투에서 패배하고도 백제의 패전과 멸망이 확정된 것이 아니었다.

사비성이 포위당한 상태에서 벌어졌던 상황이 그 점을 말해준다. 나당 연합군이 사비로 진격하는 데까지 전황이 진행되자 의자왕은 태자와 함께

사비성을 빠져 나와 피신해버렸다. 그러면서 사비성의 방어 책임을 둘째 아들 태泰에게 맡겨 버렸다.

진정으로 일이 꼬이기 시작한 시점을 여기서부터다. 태는 이 기회를 틈타 스스로 왕위에 올라 버렸다. 자기들만 피신하면서 책임을 떠맡겨 버린 아버지와 형에 대한 배신감, 왕에 비해 권위가 떨어지는 사령관으로서의 통솔의 어려움, 그동안 숨겨왔던 야심의 폭발 등이 복합적으로 작용했을 것이다.

쿠데타 같지도 않은 쿠데타였건만, 결과적으로 정권이 바뀌는 정변이 일어난 꼴이 되어 버렸다. 갑작스럽게 쿠데타 상황이 벌어지자 이 장면에서 백제 왕족들이 동요하기 시작했다. 특히 태자의 아들 문사文思가 주동자였다. 여기서 그가 왕족들을 선동하고 다닌 말의 내용이 주목된다.

"왕과 태자가 (성을) 나갔는데 숙부가 멋대로 왕이 되었습니다. 만일 당나라 군사가 포위를 풀고 가면 우리들은 어찌 안전할 수 있겠습니까?"

이 말에 적나라하게 나타나듯이, 사비성에 남아 있던 백제 지도층은 사비성 자체가 함락되는 사태를 걱정한 것이 아니다. 그들의 진짜 걱정은 오히려 '나당 연합군이 포위를 풀고 물러간' 이후의 사태였던 것이다.

그저 말로 그치는 푸념이나 늘어놓는 정도였다면, 이런 말이 그다지 심각한 의미를 가지지 못할지도 모른다. 하지만 이 말은 행동으로 옮겨졌다. 많은 사람들이 잘못 알고 있는 것처럼, 백제는 나당 연합군의 공격에 사비성이 함락 당하면서 멸망한 게 아니다.

반역자로 처단 당할 것을 두려워 한 왕족들이 밧줄을 타고 성벽을 내려가 항복해 버리자, 그들을 따르는 무리들의 뒤따른 투항이 이어졌다. 대규모 이탈 사태를 보며 기가 막힌 태泰도 성문을 열고 항복해 버린 것이다. 7세기를 이어왔던 왕국의 멸망치고는 허탈할 정도의 결말이다. 거의 코미디에 가까운 해프닝이라 해도 과언이 아니다.

이즈음에서 두 번째 시나리오에 대해 의문을 품을 수도 있을 것이다. 황산벌 전투에서 백제군 지휘관이었던 계백의 행동이 이 시나리오와 반대되기 때문이다. 나라가 망할 테니 어차피 적의 손에 죽을 것 내 손에 죽으라며 가족들을 베어 죽이고 전장으로 나간 사건 말이다. 계백의 행동을 보아서는 나당 연합군이 쳐들어온다는 사실만 가지고도 백제가 절망적인 상황에 몰렸던 것처럼 보인다. 분명히 백제 왕족들이 보여준 태도와는 다르다.

여기서 누구의 판단을 당시의 역사적 상황에 부합하는 것으로 보느냐는 문제가 생긴다. 어느 쪽을 택하느냐가 시나리오의 분기점이 되기도 한다. 이를 두고 내기를 하자면 필자는 백제 왕족들 쪽에 걸고 싶다.

뭐라고 해도 계백의 행동은 개인적인 판단에 불과하다. 도대체 무엇 때문에 가족들을 다 죽일 정도로 비관을 했는지, 다른 이유는 없었는지, 심지어 계백의 이야기가 나중에 만들어져 넣어진 것은 아닌지 확인하기도 어렵다.

반면 백제 왕족들은 백제의 대응을 결정할 수 있는 위치에 있었다. 그러한 입장에 서 있던 사람들이 자신들의 운명을 결정할 행동을 결행하면서 되는 대로 대충 판단했을 리가 없다. 또한 그들의 행동은 이후 벌어진 사태의 발전과 직결되어 있다. 실제로 그들의 행동은 사비성이 무저항으로 점령되며 백제가 망하는 데 결정적인 계기가 되었던 것이다.

이렇게 보면 두 번째 시나리오가 나올 근거는 충분한 듯하다. 두 번째 시나리오를 따른다면 구조적으로 쌓여 있던 분열이 폭발해서 나라가 망하는 지경에 이르렀다고 볼 수 있는 그림이 아닌 것이다. 그래서 백제는 '자연사' 한 게 아니라 '피살' 되었다는 말까지 나온다.

계백장군의 무덤
계백의 최후 결전장이던 황산벌 가까운 곳에 복원되어 지방문화재로 지정되었다. 계백의 결사항
전을 후대에 꾸며진 로망으로 볼 것인지, 아니면 역사적 사실로 볼 것인지에 따라 백제 멸망사는
행로를 달리할 것이다.

이러한 점들을 감안하고 보면 백제 멸망의 시나리오는 완전히 달라진다. 의자왕 때를 전후한 백제는 수·당 제국과 고구려의 싸움을 즐기며, 고구려가 남쪽 방면에 신경을 쓰지 못하는 틈을 이용해서 신라에 빼앗겼던 영토를 되찾아 나아갔다. 고구려와 백제가 서로 으르렁거리던 때의 이 분쟁을 이용해서 어부지리를 챙겨 나아갔던 신라는, 고구려를 걱정할 필요가 없게 된 백제의 압박 때문에 위기에 몰리게 되었다. 이 위기를 극복하고자 신라는 죽을힘을 다해 당에 접근하여 군사 동맹을 맺었고 백제에 대한 대규모 연합 침공을 시도했다.

이때까지만 해도 백제가 크게 흔들린 것 같지 않다. 사비성이 포위당한 상태에서도 그랬으니, 침공해 온다는 데 그렇게 큰 위협을 느꼈을 것 같지가 않기 때문이다. 당이 쳐들어온다 해도 '제까짓 것들이 그래봤자' 라는 식으로 생각했을 가능성이 크다. 하지만 전술적으로 예측하지 못한 상황이 벌어져 전투에서 연거푸 패배했다. 여기다가 포위당한 상태에서 정변이 일어나는 해프닝이 생겨나 무기력하게 망해버린 것이다.

숨겨져 왔던 또 다른 사실 - 배신자 🌤

물론 이 자체로 백제가 망해버린 것은 아니지 않느냐는 말도 나올 법하다. 최고 통치자인 의자왕이 항복한 장면에 가서야 형식적으로라도 백제가 망했다고 해야 하는 것 아니냐고 할 수 있는 것이다. 굳이 의자왕의 항복이 강조되는 이유는 이 단계에서 극적인 장면이 연출될 수 있기 때문이다.

보통은 의자왕이 사비성의 함락과 함께 항복한 것으로 아는 경우가 많지만, 실제로는 웅진성(지금의 공주로 추정)으로 피신했다가 나중에 항복했다. 그런데 이조차도 보통 항복이 아니라는 말이 있다. 최근 백제의 장군 예식이라는 자가 웅진성으로 피신한 의자왕을 배신하여 당나라에 팔아넘기고

출세했다는 얘기가 나왔던 것이다. 최근 KBS의 〈역사 추적〉이라는 프로그램에서 이러한 맥락으로 만든 시나리오의 주장은 이렇다.

성난 파도처럼 밀려오던 나당 연합군에게 사비성이 함락되었고, 그 직전에 탈출한 의자왕이 주변 성城들의 병력을 동원해서 반격하려 했다는 그림을 그려낸다. 함락되면서 벌어진 전투 끝에 사비성 안의 군량은 다 불타버렸고, 고립된 상태에서 군량의 보급이 시원치 않아지는 사태가 벌어져 나당 연합군의 고전이 예상되었단다. 의자왕이 그런 뜻을 행동으로 옮기려는 때에 배신자 예식에게 사로잡혀 항복하게 되었다는 얘기다.

하지만 이런 시나리오가 성립할 여지는 별로 없다. 이 자체에 그럴 듯한 측면이 있다는 점 정도는 인정할 수 있지만, 이 장면을 끌어내기까지의 시나리오는 순 엉터리라고 잘라 말할 수 있다.

우선 의자왕이 굳이 웅진성으로 옮겨가게 된 동기부터가 그렇다. 그 동기는 사비성은 평지에 있어 방어하기 어려웠다는 데에서 찾는다. 내용을 모르는 사람들은 사비성은 평지에 있어 방어하기 어렵고, 웅진성은 험한 산에 지어져서 방어하기 쉽다고 하면 진짜로 그런 줄 안다. 하지만 백제 사람들이 바보가 아닌 한, 명색이 수도를 방어하기 어려운 곳에 정할 턱이 없다. 실제로 부여에 가보면 한눈에 확인할 수 있다. 지금까지도 남아 있는 부소산성은 한 눈에 보더라도 공주의 웅진성보다 함락시키기 어려우면 어려웠지 쉽지는 않은 지역에 자리 잡고 있다.

사비성이 평지에 자리 잡고 있었다는 얘기는 거짓말로 만들어낸 동기를 숨기기 위한 말장난일 뿐이다. 백제 뿐 아니라 당시 동아시아 나라들은 원래 평지의 성과 험한 산을 끼고 짓는 산성山城을 하나의 세트로 묶어 짓는 경향이 있었다. 그러니 사비의 도성은 당연히 평지에 있고, 바로 옆에 산을 끼고 있는 부소산성이 있는 것이다. 웅진성이라고 다른 구조가 아니다. 그럼에도 불구하고 사비는 평지에 도성만 있고 웅진에는 산성만 있는 것처럼 꾸며댄 것이다. 이렇게 보면 의자왕이 방어하는 데에 불리할 것이 없는 수도 사비에서 굳이 빠져나갔던 이유가 역사 추적에서 주장하는 것 같이 성립하지는 않는다.

뿐만 아니라, 의자왕이 나당연합군을 사비에 고립시켜 놓고 주변 성城의 병력을 이용하여 반격하려 했다는 그림도 나오지 않는다. 그렇게 잘라 말하는 이유가 있다. 의자왕은 웅진성으로 탈출한 지 5일 만에 항복했다. 그 사이에 나당연합군이 사비에 고립되어 보급에 곤란을 겪고 있었다는 근거가 없다.

물론 방송에서는 이유를 대기는 했다. 사비성이 함락되는 과정에서 벌어진 치열한 전투의 와중에 군량미가 불타버렸고, 신라에서 가져오는 보급품도 백제의 저항 때문에 제대로 전달되기 어려웠다는 것이다.

이게 바로 꾸며낸 상황이다. 사비성의 함락 과정에서 치열한 전투 따위가 없었다는 점은 이미 보여드린 바 있다. 당연히 사비성에 쌓여있던 군량이 불타버릴 일도 없었다. 혹시 부여에 가면 불에 타 '탄화炭化'된 쌀이 있다며, 그게 사비성이 함락되며 군량미가 불타버린 증거라고 할 사람이 있을지 모르겠다. 한때 그렇게 믿기도 했으니 무리도 아니다. 그러나 그건 조선 시대의 양식 창고가 화재로 불탄 흔적으로 밝혀졌다.

사비에 고립된 당나라 군대가 보급 때문에 곤란을 겪었던 것은 사실이다. 하지만 이는 훨씬 나중에 백제 부흥운동이 본격적으로 펼쳐지며 일어난 사태일 뿐이다. 이를 마치 사비 함락 직후에 일어났던 것처럼 착각하게 만들었던 것이다.

그렇다면 〈역사 추적〉에서는 무엇 때문에 있지도 않았던 상황을 꾸며냈을까? 의도는 뻔히 보인다. 이 프로그램의 중심적인 내용은 예식이라는 배

신자 때문에 백제가 망했다는 것이다. 이러한 내용을 부각시키려면 예식의 배신이 백제의 멸망에 결정적인 한방이 되어야 한다. 예식이 의자왕을 팔 아넘기지 않았어도 백제가 붕괴했을 것이라고 하면, 그의 배신이 가지는 의미는 별 것 아니게 되어버리니까.

따라서 의자왕은 뒷일을 도모하기 위해 탈출해서 실제로 나당연합군을 몰아내기 위한 위대한 사업을 주도하고 있었던 것으로 만들어야 했다. 의 자왕의 탈출을 막지 못한 것이 나당연합군의 '최대 실수'라고 몰아간 이유 가 여기에 있다. 사비성이 치열한 전투 끝에 함락되는 바람에 군량미가 불 타버렸다는 이야기를 만들어낸 이유도 비슷하다. 그래야 나당연합군이 보 급 때문에 고전하고 있었다는 그림이 나오는 것이다.

예식의 배신 같이 숨겨져 왔던 상황을 찾아낼 성의가 있었으면, 『삼국사 기』 등에 자세히 나타나는 상황을 살펴두기는 훨씬 쉬웠을 것이다. 그런데 도 그런 상황을 모조리 무시해버리고 시나리오를 짰다. 무엇 때문에 그랬 는지 굳이 의문을 가질 필요도 없다. 원하는 결론을 얻기 위해서라면 어떠 한 역사 조작이건 마다하지 않는 버릇은 못 고치는 것 같다.

이렇게 조작된 상황을 제거하고 나면 의자왕이 사비성을 탈출한 동기부 터가 〈역사 추적〉이 그려주는 그림과는 완전히 달라진다. 결론부터 말하자 면 의자왕은 나중의 반격을 위해서가 아니라, 무슨 일이 있어도 자신만은 험한 꼴 당하지 않으려고 나당연합군의 1차적인 목표인 사비에서 도망친 것이다.

그래서 의자왕의 탈출은, 이것을 막지 못한 나당연합군의 실수가 아니라 의자왕 자신의 실책이었을 뿐이다. 이 점을 확인하기 위해서라면 사비성이 함락된 과정을 다시 떠올려주시면 된다. 예식의 배신도 사비가 황당한 이 유로 무너지고 나서 생겨난 혼란과 공황 상태의 연장선상에서 일어났다고 보아야 한다.

　백제의 부흥운동도 의자왕과 상관없이 일어났다. 기록에는 의자왕이 항복한 이후부터 백제 사람들의 저항이 나타나고 있는 것이다. 이는 의자왕이 없어도 저항할 사람은 다 했었다는 얘기가 된다. 심지어 백제의 부흥운동은 의자왕이 항복하고 난 이후에 시작되었다고까지 할 수 있다. 그래서 회심의 반격을 준비하던 백제가 배신자 하나 때문에 망해버렸다는 그림이 잘 나오지 않는 것이다.

　이러한 상황을 보면 예식의 배신이 그렇게까지 중요한 의미를 가질 것 같지는 않다. 차이라고 해봤자, 의자왕이 제 발로 나와 항복을 했느냐 묶여나와 항복을 했느냐는 정도에 그치게 되기 때문이다. 결국 이 시나리오는 잘해야, 원인은 엉터리인데 결과만 그럴듯한 것이 되어 버리는 셈이다. 그렇게 보면 뒤에 추가된 시나리오 때문에 앞에 보여드렸던 시나리오가 그렇게 큰 영향을 받을 것 같지는 않다.

4. 백제 부흥 운동과 백촌강 전투

의자왕의 가묘. 2000년 9월 중국 화남성 북망산에 묻힌 것으로 알려진 의자왕을 기리기 위해 그곳의 흙을 가져다 부여 능산리 고분군 안에 비를 세우고 능을 만들었다

660년 사비성이 함락되고 의자왕이 항복함으로써 백제는 일단 멸망했다. 하지만 백제 역사가 여기서 그대로 끝난 것은 아니다. 비록 수도 사비는 함락되었지만, 다른 지역에 남아 있던 백제인들이 궐기하여 백제 땅에 들어와 있던 신라와 당나라 군대를 궁지에 몰아넣기도 하였다. 알다시피 이 저항 운동은 백제 부흥군 지도자들의 내분으로 인하여 무산되었다. 여기까지는 역사 해석에서 별다른 논란이 없다.

하지만 그 과정에서 백제 부흥을 지원하기 위하여 왜가 대규모의 병력을 파견하였다. 그래서 당나라 수군과 백촌강에서 일대 격전을 벌였다. 이것이 이른바 '백촌강 전투'이다. 사건 자체는 간단하다. 백제 부흥군을 지원하기 위해 온 왜의 수군과 신라의 엄호를 받는 당의 수군이 백강(또는 백촌강)에서 전투를 벌여 왜의 수군이 전멸한 사건이다. 사건 자체는 이와 같이 간단하지만, 이 상황을 어떻게 해석하느냐에 따라 백촌강 전투 자체의 성격은 물론, 당시 동아시아의 국제 관계까지 설정된다.

뒤늦게 쏟아진 시나리오

그런 만큼 이 문제에 대해서도 어떤 시나리오가 그려지는지 살펴볼 필요가 있다. 그럼에도 불구하고 한국학계에서는 상당한 기간 동안 이 문제에 그다지 큰 신경을 쓰지 않는 경향이 있었다. 그래서 대한민국 고대사학계에서 나온 상당수의 관련 연구가 백강과 주류성이 어디에 있었는지 따지는 데 집중하기도 했다.

나름대로 중요성이 없다고는 못하겠지만, 근원적인 성격이 무엇이었느냐는 문제를 남겨둔 상황에서 다소 한가한 문제에 집착하는 느낌을 준다. 『백제문화사대계』 역시 이 부분에 대해서는 별로 언급이 없다.

대한민국 사회에서 이 부분을 소홀하게 취급한 결과, 내용을 잘 모르고 일본에 갔던 사람이 현지에서 이 사건에 관련된 자료들을 접하고 혼란에 빠진 경우가 있었다. 그 사람은 결국 일본의 주장을 그대로 대한민국 사회에 번역·소개했다. 이러한 사태를 보아서는 백제사에 있어서 제법 중요한 문제임에도 불구하고 우리나라에는 소개가 잘 되지 않는 경향이 있었던 것 같다. 알고 싶고, 믿고 싶은 이야기 이외에는 철저하게 묻어버리는 풍조가 엉뚱한 결과를 초래하는 사례인 듯하다.

늦게나마 한국 학계에서도 해답을 제시하는 사람들이 나타나기는 했다. 덕분에 현재로서는 대략 4가지 정도로 구분되는 시나리오가 나왔다고 할 수 있다.

첫 번째 시나리오 - 일본적 해석 ✎

첫 번째는 거의 반세기 동안 이 사건에 대하여 거의 유일하다시피 했던 시나리오이다. 왜가 자신의 속국인 백제를 구원하기 위해서 군대를 보냈다는 것이다. 여기에 이른바 '임나의 조調' 같은 공납을 계속 바치던 백제가 망해 버리면 그때까지 받던 조調를 못 받게 되니, 이를 유지시키기 위해서였다는 원인도 추가된다. 아직도 일본에서는 이런 시나리오가 주류를 이룬다고 한다.

이 전쟁을 '일당日唐 전쟁,' '대당군大唐軍과 황군전皇軍戰'으로 부르는 것을 보면 그 의도를 짐작하기 어렵지 않다. 자신들이 속국처럼 지배하던 한반도에 난리가 터지자 당나라 군대와 싸우기 위해 군대를 파견한 것이 백촌강 전투의 배경이라는 것이다.

이 전투에서 패배한 이후 왜는 한반도에서의 권리를 잃고 천년이 훨씬 넘게 일본 열도에서 웅크리고 인고忍苦의 세월을 보냈다고 본다. 그렇지만 당唐 제국의 압도적인 물량에 전례 없는 대패를 당하고 나서, 당의 제도와

문물을 배워 왜에서 일본으로 다시 태어났다는 해석으로 연결된다. 물론 이마저도 '패전'이 아니라 전투에서의 패배에 불과하며, 백촌강 전투에서의 패배 이후에도 당唐에 당당히 맞서며 일본 국내의 변혁을 꾀한 것으로 보아야 한다는 주장도 있다. 어떻든 당 수군과 일본 수군의 대결 구도로 이 전쟁의 성격을 규정짓는 셈이다.

그렇지만 일본 자체에서야 이 정도 차이로 논란이 있건 말건, 설득력 있는 근거와 논리를 갖춘 시나리오라고 하기는 어렵다. 기본 구도부터 제멋대로 짜 맞춘 흔적이 역력하기 때문이다.

이 전쟁의 기본 구도는 점령군인 신라와 당 연합군에 대해 백제인들이 자신들의 나라를 부흥시키겠다고 일어난 것이다. 다시 말해서 전체 전쟁의 핵심은 왜군보다 훨씬 더 많은 전투를 벌였던 백제 부흥군의 저항 전쟁이었다. 신라나 당 측에서도 왜군이 아니라 부여풍을 중심으로 한 백제 부흥군을 핵심 세력으로 파악하고 있었다.

근본적으로 왜군은 백제 부흥군을 도와주러 왔을 뿐이다. 그럼에도 불구하고 딸랑 한번밖에 없었던 백강 지역에서 수군끼리 벌인 전투만 떼어내서 제멋대로 전체 전쟁의 성격인 것처럼 만들었다.

정작 주인공인 백제 부흥군은 빼버리고 상대역 중에서도 당과 단역 정도의 비중밖에 안 되는 왜군의 출연 장면만 부각시켜 전체 줄거리인 것처럼 소개하는 꼴이다. 신라나 당 쪽의 기록에서는 백제 부흥 운동을 진압하는데 왜군에 관련된 이야기는 별로 나오지도 않는다. 그러한 측면을 편집해버리고 자기들이 원하는 시나리오를 만들어낸 것이다. 백제에 구원군을 보냈다는 사실을 일본 중심으로 부각시켜 식민사학적인 해석을 할 의도가 너무 노골적으로 드러나는 시나리오라 할 수 있다.

너무 오랜 동안 이렇게 같지 않은 시나리오에 이 사건을 내맡겨 놓는 바람에 일본에 가서 충격 받고 아무 생각 없이 그들의 의도를 전달하는 부작용도 생기기는 했지만, 이에 대응하는 한국 학계의 시나리오가 나오기 시작하자 짧은 시간에 두세 가지가 쏟아졌다.

두 번째 시나리오 – 귀소 성향? 🌰

두 번째로 소개할 시나리오는 백촌강 전투가 일본에 진출했던 백제인들의 귀소歸巢 성향 때문에 일어났다고 보는 것이다. 즉 고향을 잊지 못한 백제계 왜인들이 고국을 구원하기 위하여 군대를 파견했다는 취지다. 그래서 이때 동원된 왜병도 백제계 호족들과 관련된 사병私兵으로 파악한다. 이 근거로 많이 이용되는 구절이 이것이다.

> 백제의 주류성이 마침내 당唐에 항복했다. 이때 나라 사람들이 서로 "주류가 항복하였으니 일이 어찌 할 수가 없게 되었다. 백제의 이름이 오늘에 끊어지게 되었다. 조상의 무덤이 있는 곳에 어찌 다시 갈 수가 있을꼬." (『일본서기』 덴지天智 천황 2년 9월)

당시 일본 열도에 많은 백제인들이 진출해 있었던 것도 사실이고, 그들이 고향에 대하여 애틋한 감정을 가지고 있었다는 점 역시 사실일 수 있다. 그렇다고 이 시나리오에 설득력이 있다고 단언하기는 곤란하다. 백제계 왜인들이 귀소 본능을 가지고 있었다는 사실과 이것만으로 백강 전투에 대규모 왜군이 동원되었다는 사실을 설명할 수 있느냐는 별개 문제이기 때문이다.

이 전쟁은 해변이나 약탈하는 지엽적인 분쟁과는 차원이 다르다. 당시 동아시아 주요 세력이 거의 다 말려들었던 대규모 전쟁이다. 이 전쟁에 말려

백촌강 전투는 7세기 동아시아 국제 전쟁 가운데 하나인가?

돌 궐

말 갈

부여성

책성

신성 　남소성

목저성

요동성

국내성

안시성

고구려

건안성

서안평

동 해

평양

황 해

당

칠중성

북한산성

남천성

신라

백촌강전투

경주

신라·당 연합군

백제·왜 연합군

백제

전투의 주체를 백제 부흥군으로 볼 것인가, 왜로 볼
것인가에 따라 여러 가지 시나리오가 나올 수 있다.

왜

든다는 자체만으로도 필연적으로 국가적 차원의 영향이 있을 수밖에 없다.

실제로 동원된 병력이 백제계 호족들의 사병이었는지를 확인하기도 어렵겠지만, 그렇다고 해도 야마토 정권의 결단 없이는 병력 파견 자체가 불가능하다. 호족들이 중앙 정부의 의사와 상관없이 병력을 파견했다면, 이는 일본 열도 전체가 전쟁에 말려들 수 있는 일을 제멋대로 벌였다는 뜻이 된다. 야마토 정권이 호족들에 대하여 아예 통제 자체를 못하는 상황이었다는 얘기밖에 되지 않는다. 만약 그랬다면 당시 일본 열도는 거의 내전 수준의 혼란에 빠져 있었을 것이다. 하지만 그런 상황은 보이지 않는다.

그럼에도 불구하고 이런 시나리오를 밀고 나가려면 백제계 호족들이 야마토 정권의 핵심을 장악하여, 부대를 파견하지 않을 정도로 내키지 않아 하는 중앙 정부에 자신의 의지를 강요할 수 있을 만큼 정계를 장악하고 있었다는 점을 증명해야 한다. 하지만 그런 그림이 잘 나오지 않는다.

당시 야마토 정권은 백제계 호족들이 장악하고 있었다는 말을 하기 어려울 만큼 신라·당에도 적극적으로 접근했다. 따지고 보면 훨씬 전부터 야마토 정권은 백제와 정치적으로 구별되는 독자 노선을 걷고 있었다. 『일본서기』에 백제에 대한 불신이 곳곳에 나타나고 있다는 사실도 이와 무관하지 않을 것이다. 이런 점을 보아서는 백제계 호족들이 야마토 정권의 의사 결정을 마음대로 조종했다고 하기가 곤란해진다. 그래서 백제에 대한 구원군 파견이 백제계 호족들의 귀소 본능 때문이었다는 그림이 잘 나오지 않는 것이다.

세 번째 시나리오 - 고대 제국주의 🌀

이와는 달리 처음에는 야마토 정권이 백제를 구원하기 위하여 참전했으나, 준비 과정에서 '신라 정벌'이라는 제국주의적 전쟁으로 변질되었다는

시나리오도 제시된다. 왜군의 파병 동기를 이른바 '고대 제국주의적' 의도로 파악하는 것이다.

그 근거로 세이메이齊明 천황 때의 1차 파견군과 덴지天智 천황 때 2차 파견군의 성격이 달랐다는 점을 강조한다. 1차 파견군은 중앙 정부의 지배 신분층이 주도했던 반면, 2차 파견군은 주로 지방 호족 출신으로 편성되었다고 한다.

이들은 편성에서만 차이가 나는 것도 아니었다. 작전의 목표 자체도 달랐다. 2차 파견군은 백제가 아닌 신라를 공략했다. 이들이 백제 구원군이라면 직접 백강으로 가지 않고 신라를 공격한 사실을 설명할 수 없다는 입장이다. 또 2차 파견군이 신라를 침공했을 당시에는 백제 부흥군의 전황이 불리하지 않았다는 점도 강조한다. 전황이 불리하지도 않은데 굳이 구원군을 요청할 이유가 없다는 것이다. 그렇기 때문에 덴지天智 천황 2년에 왜에 왔던 백제 사신의 파견 목적도 병력을 요청하는 걸사乞師가 아닌 조를 바치러 왔다는 진조進調로 기록되어 있다고 본다. 이러한 점들은 근거로 2차 파견군의 목적은 백제와 상관없이 덴지天智 천황이 독자적으로 신라를 정벌하기 위하여 기획한 침략 전쟁이었다고 해석하는 것이다.

물론 왜의 구원군이 궁극적으로는 백강에서 당나라 군대와 전투를 벌이게 되기는 했지만, 이는 국제 정세가 왜의 의도대로 풀려주지 않았기 때문이라고 해석한다. 663년 2월 백제에 대한 신라의 공세가 시작되고, 5월 손인사孫仁師가 이끄는 당의 증원군 도착, 6월 부여풍의 복신 살해 등 백제 부흥군의 악재가 겹치며 전황이 어려워지자, 8월 대규모의 구원군을 재편성하여 백강으로 보냈다. 이 과정에서 나타나는 덴지天智 천황의 의도에는 백제의 국가적 의지와 관계없이 백제를 '부용국附庸國'으로 간주하는 고대 제국주의적 인식이 나타난다는 것이다. 즉 세이메이齊明 천황 때 군사 동맹국 백제를 구원하기 위하여 시작한 전쟁이, 덴지天智 천황 때에는 신라 정벌이라는 제국주의적 전쟁으로 전환되었다는 것이다.

그런데 이 시나리오 역시 추천할 만한 것은 아닌 듯하다. 주장하는 사람 스스로가 인정했듯이, 이 시나리오는 '고대 제국주의' 라는 전제 조건을 비판 없이 수용해야 나오는 것이다. 문제는 처음 이런 말을 사용한 사람들이 황국 사관의 색채가 짙은 자들이라는 점이다. 그러한 경향을 이어받은 이 시나리오 역시 중간에 신라를 침공했다는 사실이 강조되어 있을 뿐, 당시 "백제를 '부용국' 으로 간주하는 인식을 가지고 있었던 제국주의 일본의 전쟁"이라는 인식은 전형적인 황국 사관의 시나리오와 큰 차이가 없다. 결과적으로 첫 번째 시나리오와 마찬가지로 조연도 아니고 거의 단역 수준에 불과했던 왜가 졸지에 제국주의적 야욕을 드러낼 정도로 비중 있는 주인공으로 둔갑하는 현상도 별 차이가 없이 나타나는 셈이다.

시각이 어쨌건 근거와 논리가 철저하다면 수용해 볼 여지도 있겠지만, 시나리오의 도처에 문제점이 도사리고 있다. 663년 왜가 신라를 침공했다는 사실을 바탕으로 시나리오가 전개되는 것부터 문제다. 『일본서기』 덴지天智 천황 2년 3월 기록에 '전군前軍의 장군 가미쓰케노노키미와카코上毛野君稚子 · 마시토노무라지오하후타間人連大蓋, 중군中軍의 장군 고세노카무사키노오미오사臣勢神前臣譯語 · 미와노키미네마로三輪君根麻呂, 후군後軍의 장군 아베노히케타노오미히라부阿倍引田臣比邏夫 · 오야케노오미카마쓰카大宅臣鎌柄을 보내어 2만 7천명을 이끌고 신라를 치게 했다' 는 기사와 『일본서기』 · 덴지天智 천황 2년 6월조 '전군의 장군 가미쓰케노노키미와카코上毛野君稚子 등이 신라의 사비기노강沙鼻岐奴江에 있는 2성을 함락시켰다' 는 기록이 나온다고 이 내용을 덜컥 사실로 인정하고 그 기반 아래에서 시나리오를 짠 것이다.

하지만 이 사건이 실제로 있었는지는 의심스럽다. 『일본서기』를 빼고 나면 『삼국사기』를 비롯한 다른 기록에는 이 사실이 나타나지 않는다. 정말 '고대 제국주의적 전쟁' 이라는 말을 들을 정도로 비중 있는 전투가 벌어졌다면 당연히 당사자인 신라, 관련자인 당의 역사에도 이 사건이 나올 법도 하건만, 일언반구 말이 없는 것이다.

여기에 같은 해 8월 백제 부흥군과의 전투를 성공적으로 이끈 후, 포로로 잡힌 왜병들에게 문무왕이 한마디 한 기록도 있다.

> 우리나라와 너희 나라는 바다를 사이에 두고 강역이 나뉘어 있어 일찍이 전쟁한 일이 없고 단지 우호관계를 맺어 사신을 서로 교환하여 왔는데 무슨 까닭으로 금일 백제와 죄악을 함께 하여 우리나라를 도모하는가? 지금 너희 군졸은 나의 손아귀 속에 들어 있으나 차마 죽이지 않겠다. 너희는 돌아가 너희의 국왕에게 전하라! 그리고 너희는 가고 싶은 대로 가라! (『삼국사기』, 「김유신 열전」)

실제로 왜가 신라를 침공해 왔고, 성을 두 개나 함락시킨 사실이 있었다면 이 기록은 이해할 수 없는 것이 된다. 불과 몇 달 전에 전투를 치른 상대를 두고 '일찍이 전쟁한 일이 없다' 는 말을 하는 것도 그렇고, 언제 도발을 해올지 모르는 상대 군사를 풀어주었다는 사실도 이상하기 때문이다.

그렇다면 『삼국사기』의 이 기록이 헛소리거나 『일본서기』의 신라 침공 기록이 거짓말이라는 뜻이 된다. 시비가 이렇게 걸리면, 이 분야를 제대로 아는 사람들은 『일본서기』 쪽을 범인으로 지목하는 게 정상이다. 알고 보면 『일본서기』에서 이런 식의 거짓말은 거의 상습적인 수준이기 때문이다.

멀리는 신공황후 때 가야 정벌부터 그렇다. '신라를 정벌' 한다고 해 놓고 실제 작전에서는 신라에 손도 대지 않고 엉뚱하게 가야 방면에서 실행한 경우도 있다. 여기서부터 시작해서 실제로는 있을 수도 없는 '신라 정벌' 기록이 심심치 않게 나타난다. 즉 왜가 한반도 지역에 군사 행동을 하게 되면 그 자체가 신라와 직접적인 관련이 없다 하더라도 무조건 '신라 정벌'이라는 식으로 써놓는 것이 『일본서기』의 상투적인 수법이라는 것이다. 그러니 『일본서기』에 신라를 침공한 기록이 있다고 해서 속도 없이 '덴지天智 천황의 고대 제국주의적 전쟁' 운운하는 주장에 따라 줄 필요는 없을 것 같다.

네 번째 시나리오 - 국제 정치는 국내 정치의 연장

마지막으로 남아 있는 시나리오는 야마토 정권이 국제 정세를 정권 안보에 활용하는 하나의 방법으로 구원군을 파견했다는 것이다. 6세기 후반부터 왜의 외교는 백제 뿐 아니라 신라·고구려·당과 직접 관계를 갖는 다면多面 외교라고는 하지만 백제와 특수한 관계에 있던 소가蘇我씨가 야마토 정권의 실권을 장악하고 있어 기본적으로는 친백제 정책을 취하고 있었다.

그러나 한반도에서 백제와 신라 사이에 대립이 심해지며 다면 외교가 어려워지자, 신라·당 유학생을 중심으로 선진 문물은 신라나 당에서 주로 도입하면서 친백제 정책을 취하는 소가씨에 대한 비판이 일었다. 일본에게 필요한 선진 문물을 더 이상 제공할 수 없게 된 백제와의 관계를 단절하고 신라·당과의 관계를 강화해야 한다는 것이었다. 이러한 요구에도 불구하고 소가씨가 자신들의 기득권을 지키기 위하여 친백제 노선을 고수하자 반대 세력들이 정변을 일으킨 사건이 이른바 대화개신大化改新(다이카 가이신)이다.

소가씨를 타도하고 정권을 잡은 이른바 개신정권改新政權은 645~649년

에 해당하는 이른바 대화大化년간 신라·당과의 3국 연합을 추진했다. 그러나 고구려·백제에 대한 당의 압력이 고조되자 이번에는 대화개신으로 등극한 고토쿠孝德 천황과 나카노오오에노미코中大兄皇子(나중에 덴지天智 천황이 됨) 사이에 권력 투쟁이 일어났다. 나카노오오에노미코의 논리는 당이 고구려와 백제를 정벌하고 나면 일본도 위험해지므로 차라리 고구려·백제와 손을 잡고 당을 저지해야 한다는 것이었다고 본다.

결국 649년 개신정권 내부에서 쿠데타를 통하여 실권을 장악한 나카노오오에노미코는 외교 노선도 전환하여 650~654년에 해당하는 이른바 백치白雉 연간 일시적 등거리 노선을 취했다. 그러다가 655년 세이메이齊明 천황의 등극을 계기로 본격적인 친백제 - 고구려 노선으로 전환했다.

그래서 왜가 참전하게 된 근본적 이유도 스스로 느끼고 있던 현실적 위기감에서 찾는다. 왜가 당과 신라에게 그들의 편에서 출병할 것을 약속해놓고 655년을 기점으로 친백제 노선으로 전환해버렸다는 것이다. 이때 개시된 당의 백제 공격은 목표가 고구려에 있다고 생각해 왔던 왜의 입장에서는 의외의 사태였고 당혹스러움과 위기감이 교차하며 증폭되는 상태에서 당의 공격을 받을지 모른다는 불안감에 휩싸였다고 본다.

이런 와중에 일어난 백제의 멸망은 그 지정학적인 위치로 인하여 왜가 당의 공격 목표로 노출됨을 의미했다. 이에 백제를 일으켜 세워 고구려 - 백제 라인을 복구하고 궁극적으로는 일본 열도에 대한 당의 위협을 미리 저지하려는 의도가 나타났다는 게 이 시나리오의 개요라 할 수 있다.

그렇지만 마지막 시나리오마저 무조선 믿으라고 하기는 곤란할 것 같다. 소가씨를 타도했던 이유를 백제가 왜에 '필요한 선진 문물을 더 이상 제공할 수 없게' 되었다는 데에서 찾는 점부터 문제다. 사실 납득할 수 있는 이유가 아니다. 백제에 기본적인 국가 기능까지 마비시킬 만한 천재지변이라도 일어났다면 모르겠지만, 그런 일 조차도 아니다. 이유라고는 딸랑 선진 문물을 신라·당에서 제공하게 되었다는 것뿐이다.

그런데 아무리 신라·당과의 관계가 개선되었다고 해도, 수 백년 동안 선진 문물의 창구 역할을 했던 백제가 불과 몇 년 사이에 '필요한 선진 문물을 제공할 수 없게' 되었을 리는 없다. 기껏해야 신라와 당이 새로운 선진 문물의 도입 창구 역할을 하게 됨으로써, 그 동안 거의 유일하다시피 했던 백제의 비중이 줄어드는 추세였다는 표현이 정확할 것이다.

또 아무리 백제의 비중이 줄어드는 추세였다고 하더라도 백제와 거래를 끊어 버리면 신라·당이라는 라인에 완전히 독점권을 주어버리는 꼴이 된다. 험악한 국제 정세 속에서 자신들의 이익을 남의 손에 완전히 넘겨 버리는 것은 바보짓이다. 아무리 당시 야마토 정권의 수준이 낮아도 이런 바보짓을 하려 했을 것 같지는 않다. 따라서 파란만장한 외교 노선의 변화가 일어난 기본 동기부터가 설득력이 없다는 뜻이 되어 버린다.

게다가 많은 이 분야 전문가들이 왜가 백제 – 고구려와 신라 – 당 사이에서 균형 외교를 했다고 해석하는 흐름을 완전히 뒤집을 정도로 확실한 근거가 있느냐는 점도 문제다. 이 시나리오에서 밀고 있는 근거는 고토쿠孝德 천황 때 신라와의 관계가 밀접해져서 신라·당이 왜에 군사적 출병을 요청하였고, 이에 왜가 화답했다는 것이다. 신라·당의 요구에 의한 출병은 곧 반백제적 행동인데 균형 외교를 한다면서 이런 행태를 보일 수 있느냐는 것이다.

하지만 여기에는 미심쩍은 점이 있다. 이 내용은 기본적으로 당 고종이 신라가 고구려와 백제의 공격을 받을 경우 병력을 보내 신라를 도와주라는 일방적인 명령에 불과하다. 왜가 '화답' 했다고 하지만 실제로 백제나 고구려를 상대로 병력을 파견하려 했음을 보여주는 확실한 근거는 없다. 극단

적으로는 말로만 파병하겠다고 해 놓고, 막상 상황이 벌어지면 언제 그랬느냐는 듯이 오리발을 내밀 수도 있다. 이는 수나라가 고구려를 침공했을 때 백제가 써먹은 수법이다.

이른바 '대화 연간'에 왜가 신라 · 당 쪽으로 치우친 외교를 했다는 주장도 설득력이 떨어진다. 이 시기라고 백제 · 고구려와 교류 했다는 기록이 없는 것은 아니다. 단지 믿지 못하겠다는 것뿐이다. 고구려 사신이 왔다는 기록을 믿지 못하겠다는 이유는 간단하다. '백제 · 신라 사신과 같은 시기에 들어왔다'고 되어 있기 때문이라고 한다. 이 자체가 그렇게 확실하고 설득력 있는 근거라고는 못할 것이다.

사실 근거라고 하기도 좀 뭣할 정도다. 예전에 어떤 재야 사학자도 바로 이런 점을 근거로 일본 열도에 고구려 · 백제 · 신라의 분국分國이 있었다는 논리를 펴기도 했다. 하지만 『일본서기』를 썼던 사람들의 사고방식을 이해하고 나면 별로 이상한 일이 아니다. 천자에게 조공을 바치러 오는 사신들은 원래 날짜를 맞추어서 오게 되어 있다. 천황을 천자의 지위에 있었다고 우겼던 당시의 기록이라는 점을 감안하고 보면, 『일본서기』에 주변 나라의 사신들이 같이 왔다고 적어 놓는 게 오히려 당연한 일이다.

백제 사신이 왔다는 기록을 믿지 못할 것으로 몰지도 못한다. 그럼에도 불구하고 백제와 왜 관계가 파탄이 나 있었다고 보는 근거는 이렇다. 이 사신들은 이른바 '대화개신'이 일어나기 전에 출발했기 때문에 일본 열도에서의 정변을 알지 못하고 파견된 것이다. 따라서 반드시 '우호적으로' 임무를 마쳤다는 보장이 없다. 그렇기 때문에 당시 왜가 친親 신라 - 당 노선을 걷고 있었다고 보겠다고 하는 것 뿐이다.

이 역시 확실한 근거가 될 수는 없다. 뒤집어 말하자면 굳이 백제 - 왜 관계에 극단적인 불화가 있었다는 점이 증명되는 것도 아닌 것이다. 오히려 반증으로 작용할 여지까지 있다. 만약 왜가 일방적인 친親 신라-당 노선을 걷고 있었다고 할 정도로 백제-왜 관계가 파탄이 나 있었다면 이럴 때 백제가 파견한 사신이 왜에 도착해서 임무를 수행하는 상황이 벌어지는 것 자체가 어렵기 때문이다.

설사 백제가 사정을 모르고 사신을 보냈다 하더라도, 정말 백제-왜 관계에 문제가 있었다면 왜의 고위층에서 만나주지 않고 돌려보내 버리면 그만이다. 왜의 입장에서는 공연히 사신을 받아들여서 신라·당에 오해를 살 만한 짓을 할 필요가 없다. 그럼에도 불구하고 굳이 백제 사신을 받아들였다는 사실 자체가 최소한 백제와 왜가 단교 상태 정도는 아니었다는 뜻이 된다. 그렇다면 굳이 지엽적인 변화만 가지고 왜가 국가의 운명이 걸린 외교 문제에 극단적인 변덕을 부렸다고 볼 필요는 없지 않을까 한다.

선택보다 대안을 찾아야 🌥

이 정도면 이미 나와 있는 시나리오 중에 전적으로 믿고 따를 만한 것은 없다고 해도 좋을 것 같다. 일본 계통의 시나리오는 아직까지도 살아 있는 식민사학의 전통에 젖어 있으니 그럴 수 있다. 하지만 대안으로 나온 한국 학계의 시나리오 역시 근본적으로 문제를 해결한 것은 아니다.

자신들이 보고 싶어 하는 장면을 부각시키는 데 너무 집착한 나머지 왜의 참전과 관련된 백제 부흥 운동의 역사 전체 상황을 설득력 있게 엮는 데 실패한 듯하다. 즉 일부 장면에 집착해서 시나리오를 어렵게 끌고 나아가는 바람에 문제를 만든 측면이 있다는 것이다.

오히려 쉽게 생각하면 해답을 찾을 수도 있을 것 같다. 왜의 참전과 관련해 지금까지 나와 있는 시나리오 중에서 설득력 있는 내용은 대략 두 가지를 골라 볼 수 있겠다. 신라·당과의 전쟁을 빌미로 국제적인 긴장 관계를

만들어 놓고 국내 정치에 이용해 먹었다는 점과 선진 문물의 도입 창구 역할을 했던 백제가 없어져 버리며 신라–당의 위협에 노출될 상황에 위기의식을 느꼈다는 점이다.

첫 번째 이유는 『일본서기』라는 역사책을 쓰게 된 배경 자체가 바로 거기에 있었다는 점이 널리 인정받고 있으니 받아들여도 좋은 것이다. 하지만 엄밀하게 말하자면 이 점은 왜가 군대를 파견하여 동아시아 전체가 얽히는 분쟁에 말려드는 원인이라기보다 전쟁이 끝난 다음 벌어진 결과를 이용했다는 측면이 더 강할 것 같다.

따라서 진정한 원인은 두 번째 것에서 찾아야 한다. 왜의 입장에서 백제가 망해버린다는 의미는 단순히 이웃나라 하나가 망한다는 차원에서 그칠 문제가 아니다. 중요한 선진 문물의 도입 창구 하나가 완전히 막혀 버린다는 것을 뜻했다.

신라 · 당과의 관계를 개선해서 새로운 창구를 만드는 것도 말처럼 쉬운 일은 아니었다. 가게 하나만 운영해 보아도 그 동안 해오던 거래처를 한꺼번에 바꾸려다가 낭패를 보는 일은 흔하다. 그래서 제대로 된 장사꾼이라면 특별한 사정이 없는 한, 유리한 거래처에서 들여오는 물건을 조금씩 늘려 가는 방식을 취하지 거래처를 한꺼번에 바꿔버리는 짓은 잘 하지 않는다. 하물며 나라의 운명이 걸린 문물의 도입 창구를 한군데 의존하고 싶어하지는 않았을 것이다.

특히 당과는 지리적 위치만 하더라도 어려운 점이 있다. 보통은 지금 일본에서 중국에 가는 게 아무것도 아니니까 이 당시에도 그런 줄 아는 경향이 있다. 그러나 당과 일본의 관계가 좋아져서, 본격적으로 이른바 '견당사遣唐使'를 보내게 되었을 때에도 교류가 쉽지는 않았다. 사신의 반쯤은 바다에 빠져 죽어 돌아오지 못했던 현실 때문이었다. 그래서 장보고의 배를

일본의 견당사
일본이 한반도를 거치지 않고 중국 대륙과 직접 교류하기 위해서는 대양을 항해할 수 있는 선박
이 필요했는데, 이는 당시 기술 수준으로는 매우 어려운 일이었다.

이용해 보려고 갖은 아쉬운 소리를 했다고 한다. 그러니 당이 백제를 완전히 대치하는 선진 문물의 창구가 되기는 어렵다.

그렇다고 신라만 믿을 수는 없다. 백제가 없어진다면 왜에게 가장 가깝고 쉬운 위치인 한반도에 신라가 독점적인 지위를 가지게 된다. 그런 지위를 이용하여 신라가 무슨 횡포를 부릴지 예측하기 어렵지 않았을 것이다. 실제로 일본의 선진 문물 도입 통로를 거의 독점하다시피 한 조선 시대에는 동래 상인을 중심으로 한 조선 상인들이 왜인들을 상대로 수십 배의 폭리를 취했다고 한다.

왜의 입장에서 이런 사태가 벌어지도록 앉아 있을 수만은 없었을 것이다. 백제에 구원군을 파견하기 전까지만 해도 150년이 훨씬 넘게 왜는 한반도의 분쟁에 개입하지 않았다. 백제 부흥 운동이 실패하고 난 다음에도 상당 기간 일본과 한반도 지역과는 평화로운 관계가 유지된다. 그랬던 왜가 이때만큼은 대규모의 병력을 파견하여 깊숙이 개입했던 것이다.

뒤집어 말하자면 당시 왜의 백제 구원군 파견은 그만큼 백제가 왜에 대하여 이른바 '사활적 이익'을 쥐고 있던 세력이었음을 반증하는 사건이라 하겠다. 굳이 '귀소본능'이니 '고대 제국주의 전쟁'이니 '친親 신라-당과 친親 백제-고구려 외교 노선의 변덕스러운 변화' 같은 복잡한 논리 없이도 당시 상황을 설명하는 데 큰 무리가 없는 듯하다. 결국 쉽게 보면 무리 없이 풀어낼 수 있는 시나리오를 공연히 어렵게 꼬아 놓은 케이스인 것 같다.

맺으면서

이렇게 해서 백제 역사에서 실타래처럼 얽혀 있는 부분을 골라 미로찾기를 해보았다. 워낙 복잡하게 얽혀 있는 미로인지라, 필자가 미로의 모든 길을 샅샅이 뒤져서 살폈다는 장담은 드리지 못하겠다. 또한 여기서 필자가 골라잡은 길이 반드시 옳은 길이라는 보장 역시 드릴 수 없다. 필자 역시 확실하다는 보장도 없는 길 안내를 한 꼴이다.

실제로 반드시 소개해야 할 내용 가운데 필자가 모르거나 미처 주의를 기울이지 못해 빠뜨린 것도 제법 되리라고 짐작한다. 나중에 다른 사람이 나서서라도 반드시 보완되어야 할 부분이다. 어찌 보면 애초부터 무리한 시도를 했는지도 모른다. 필자라고 무리가 될 수 있다는 점을 의식하지 않은 것은 아니다. 그럼에도 불구하고 무리한 작업에 나서야 했던 변명을 덧붙여 두어야 할 것 같다.

책의 여러 부분에서 밝혔듯이, 상당수의 미로는 식민사학의 앞잡이 노릇이나 역사 팔아 사리사욕 채우기 같은 불순한 동기에서 만들어진 것이었다. 그렇게 만들어진 미로 속에서 여러 사람이 헤매도록 방치하는 일도 명색이 고대사를 전공했다는 사람으로서는 직무유기에 해당한다.

또 한 가지 바로 그런 내용을 책으로 엮으면서 엄청난 돈이 쓰인다는 것

이다. 『백제문화사대계』 정도의 책을 내는 데는 십 억 단위의 자금이, 국제
학술대회나 역사다큐멘터리 찍는 데 억 단위의 자금이 든다는 점은 뻔한
상식이다. 그 자금 가운데 대부분은 지방자체단체나 정부가 걷어간 세금이
거나 세금이나 다름없이 강제로 걷어 가는 시청료 등에서 나온다.

반면 이 책을 쓰는 데 피 같은 국민 세금은 땡전 한 푼 들지 않았다. 그럼
에도 이 책에서 다룬 내용 대부분은 수십억의 세금 들인 책에서 전혀 다루
지 않았거나, 다루었다 하더라도 부실하게, 좀 더 심한 곳은 '같지 않게' 정
리한 부분을 보충해 넣는 역할을 하고 있다. 들어간 자금의 효율이라는 측
면에서는 비교가 되지 않는다.

필자가 무슨 천재라도 되어서 수 십 억이 들어간 책보다 나은 내용을 쓸
수 있는 것은 당연히 아니다. 뒤집어 말하자면 피 같은 세금 수십 억 들여
만든 책이 그만큼 성의 없이 쓰였다는 뜻이다.

성의 없는 글이 나오게 된 이유는 간단하다. 남이 무슨 연구를 했건 싹
무시해버리고 자기 또는 자신과 친한 패거리 얘기만 앵무새처럼 되씹어 놓
았기 때문이다. 결국 그 돈을 들인 만큼 애꿎은 국민들이 갈취 당한 꼴이
다. 국제학술대회나 역사다큐멘터리에 들어간 자금이라고 크게 다를 것은
없다.

역사 연구 제대로 해야 한다고 바람만 잡아놓고, 대충 되는대로 써 놓는
풍조가 당연한 것으로 여겨지기 때문이다. 이렇게까지 된 데는 연구비나
업적 채우기 같은 잿밥에나 신경 쓰는 자들이 백제사 전문가랍시고 거들먹
거릴 수 있는 학계의 상황이 단단히 한몫을 했다. 『백제문화사대계』를 비
롯해서 각종 국제학술대회 등에서 스포트라이트 받아 가며 대중에게 소개
된 백제사 연구 성과에 곱지 않은 시선을 보내는 이유도 여기에 있다.

지금 경제 상황이 매우 어렵다. 앞으로도 어려운 상황이 계속 닥칠 것이

다. 그럼에도 불구하고 역사 팔아 사리사욕이나 채우는 자들에게 계속 떼돈을 퍼부어야 할까? 한 발 더 나아가 의문을 던져볼 수도 있을 것 같다. 위기라는 것도 따지고 보면 열심히 살아가는 국민들에게 세금 빼앗아 사리사욕이나 채우는 작자들에게 떼돈을 안겨주고 낭비하게 만들어주니까 찾아오는 것은 아닐까? 이 정도면 이런 책을 써야할 이유에 대한 변명은 될 것 같다.

끝으로 덧붙여 놓아야 할 말이 있다. 이 책의 일부 내용은 예전에 나온 책에서 한번 다루었던 것이다. 이렇게 비슷한 내용을 또다시 쓰게 되는 것이 이른바 '재탕'이 되는 것 같아 한동안 그러한 내용을 완전히 빼버릴까를 망설이기도 했다. 그렇지만 일부 책은 현재 절판된 상태이며, 그렇지 않은 것도 백제사에 있어서의 논란을 정리해 보고자 하는 이번 책의 체계와 근본적으로 구조가 다르다. 이와 같이 완전히 체계가 다른 책의 내용을 두고 독자들에게 알아서 찾아보라고 하기도 곤란하다는 지적이 있었다.

사실 일부 내용을 다른 책에서 다루었다고 해서 그런 부분을 빼버리고 백제 역사를 쥐가 뜯어먹은 것처럼 정리할 수는 없는 노릇이다. 그리하여 일부 내용의 중복을 감수하고 이 책을 내게 되었다. 이러한 사정에 양해 바란다.

참고문헌

충청남도역사문화연구원, 『백제문화사대계 연구총서』, 2007.

KBS 일요스페셜, 〈10대 문화유산 무령왕릉 I〉, KBS 영상사업단. 1995.

KBS 일요스페셜, 〈10대 문화유산 백제 22 담로의 비밀〉, KBS 영상사업단. 1995.

姜鍾薰, 「백제 대륙진출설의 제문제」, 『한국고대사논총』 4, 1992.

金庠基, 「百濟의 遼西經略에 對하여」, 『白山學報』 3, 1967.

김석형, 『고대한일관계사』, 한마당, 1988. (원서 : 『초기 조일 관계사 연구』, 조선민주주의인민공화국 사회과학원 출판사, 1966.)

金聖昊, 『沸流百濟와 日本의 國家起源』, 知文社, 1982.

김세익, 「중국 료서지방에 있었던 백제의 군에 대하여」, 『역사과학』 1·3호, 사회과학원출판사, 1967.

김인배·김문배, 『任那新論』, 고려원, 1995.

金哲埈, 「百濟社會와 그 文化」, 『韓國古代社會研究』, 1975.

金泰植, 「廣開土王陵碑文의 任那加羅와 '安羅人戍兵'」, 『韓國古代史論叢』 6, 1994

金泰植, 『加耶聯盟史』, 一潮閣, 1993.

金鉉球, 「神功紀 加羅七國平定記事에 관한 一考察」, 『史叢』 39, 1991.

末松保和, 『任那興亡史』, 吉川弘文館, 1956.

方善柱, 「百濟軍의 華北進出과 그 背景」, 『白山學報』 11, 1971.

山尾幸久, 『古代の日朝關係』, 塙書房, 1989.

山尾幸久, 『日本古代王權形成史論』, 岩波書店, 1983.

申瀅植, 「百濟의 遼西進出問題」, 『百濟史』, 이화여자대학교 출판부. 1992.

延敏洙, 「6世紀 加羅諸國을 둘러싼 百濟, 新羅의 動向」, 『新羅文化』 7, 1990.

延敏洙, 「廣開土王碑文에 보이는 對外關係 – 高句麗의 南方經營과 그 波紋」, 『韓國古代史研究』 10輯, 1995.

延敏洙, 「古代韓日關係史 研究의 現段階와 問題點 – 金鉉球·金泰植氏의 업적을 중심으로」, 『歷史學報』 143, 1994.

俞元載, 「"百濟略有遼西" 記事의 分析」, 『百濟史의 理解』, 學研文化社, 1991.

李道學, 「百濟의 起源과 國家形成에 관한 재검토」, 『한국고대 국가의 형성』, 民音社, 1990.

이도학, 『백제사』, 푸른역사, 1997.

이도학, 『한국고대사 그 의문과 진실』, 김영사, 2001

李玟洙, 「百濟의 遼西經略에 대한 考察」, 『韓社大論文集』 1, 1980.

李炳銑, 『任那國과 對馬島』, 亞細亞文化社, 1987.

李熙眞, 「4세기 중엽 百濟의 '加耶征伐'」, 『韓國史研究』 86, 1994.

李熙眞, 「廣開土王碑文에 나타난 任那加羅征伐 배경과 영향」, 『韓國古代史研究』 10, 1995.

李熙眞, 「백제의 대륙식민지 건설에 대하여」, *Strategy 21*, 1999.

李熙眞, 『加耶政治史研究』, 학연문화사, 1998.

井上秀雄, 『古代朝鮮』, 日本放送出版協會, 1972.

井上秀雄, 『任那日本府と倭』, 東出版寧樂社, 1978.

鄭孝雲, 『古代韓日政治交涉史研究』, 學研文化社, 1995.

池內宏, 『日本上代史の一研究 −日鮮の交涉と日本書紀』, 近藤書店, 1947.

津田左右吉, 『日本古典の硏究』上・下, 岩波書店, 1973.

千寬宇, 『加耶史硏究』, 一潮閣, 1991.

坂元義種, 「‘三國史記’ 百濟本紀の史料批判」, 『百濟史の硏究』, 塙書房, 1978.

和田博德, 「百濟の遼西領有說について」, 『史學』第25卷 第一號, 1951.

일본 속의 백제를 찾아서

첫 날

이번 답사는 일본에 남아 있는 백제의 흔적을 돌아볼 목적으로 계획되었다. 국내에 있는 백제의 본거지 유적들은 놔두고 무엇 때문에 굳이 일본까지 가서 백제의 흔적을 찾아보아야 하느냐는 생각이 들 법도 하다. 그렇지만 백제의 역사에 관심을 갖는 중요한 이유 가운데 하나가 고대 한일관계사에 있어서 핵심적인 역할을 하기 때문이라는 점이다. 그러니 쉽게 볼 수 있는 국내의 백제 유적지보다 일본에 남아 있는 백제의 흔적을 보는 편이 의미가 있을 것 같아 그렇게 기획을 해 보았다.

인천공항에서 9시 45분 출발이지만, 분당에서 가는 시간에 출국수속까지 하면 시간이 많이 걸릴 것 같아 새벽 6시부터 서둘렀다. 출근 시작되는 월요일 새벽부터 잠을 설치게 되어 투덜거리는 집사람이, 그래도 공항버스 정류장까지 태워준다. 덕분에 간신히 약속시간 8시에 맞추어 도착했다.

김병기 선생과 둘만의 단출한 여행이라 복잡할 일은 별로 없다. 수속에서 탑승까지는 무리 없이 진행, 비행기에 타니 일본 입국 서류를 작성하란다. 별 내용도 없는 것이지만, 테러 위협 때문에 없었던 것까지 생겨난다고 했다. 나중 일이지만, 공항에 내려서도 테러에 대비하고 있으니 협조해 달라는 플래카드가 걸려 있었다. 지문 찍고 사진까지 찍어야 하는 덕분에 조금이라도 시간이 지체된다. 남들 싸움 때문에 우리 같이 평범한 사람들 여행까지 어려워지는 현실이 씁쓸하다.

혹시라도 문제 생길까봐 착해 보이는 여승무원 하나 붙들고 꼬치꼬치 물어가며 작성했다. 투철한 서비스 정신 때문에 싫은 표정 하나 못 짓고 일일이 응대해주는 승무원에게 미안하지만 어쩔 수가 없다. 20년 만에 나가 보는 해외여행이라 있는 촌티는 다 낸다.

좌석에 앉자마자 일본 입국 서류를 작성하라고 용지를 나누어준다. 볼펜을 꺼내 몇 자 적으려 하니 이륙한다고 테이블 접으란다. 이륙이 끝나자 이번에는 식사하라며 기내식을 내준다. 이런 것 저런 것을 처리하다보니 별것 아닌 서류 작성에도 제법 시간이 걸린다. 서류 작성을 마치고 창밖을 내다보니 어느새 간사이 공항이다. 비행기 창문으로는 아무 것도 안 보이는 바다 위를 날다가 갑자기 활주로가 나타나는 게 인공섬에 세워진 공항답다.

마중 나오기로 한 히라키 선생과의 시간을 맞추기 위해 서둘러 연락을 시도했다. 후배 녀석이 이럴 때 쓰라고 챙겨준 일본 전화카드는 잔액이 없거나 아예 먹히지를 않는다. 급한 마음에 공항버스 티켓 사고 남은 동전 100엔 짜리를 넣어 본다. 이번에는 잘 걸린다. 도착했다는 인사와 곧 나오겠다는 말씀만 오가는 간단한 통화였지만, 전화기는 100엔 짜리 동전을 통째로 꿀꺽 해 버린다.

한국 돈 900원이 전화 한 통화로 날아간다. 한국통신만 낙전 수입 노리는 줄 알았더니 일본은 더 지독하다. 쓰라린 마음을 공항 매점에서 구입한 초콜릿으로 달래며 버스에 오르니 금방 약속 장소인 이치노모토에 도착했다. 내리자마자 히라키 선생께서 반갑게 맞아주신다.

차에 오르고 5분도 안되어서 왕인의 신사神社가 있는 곳을 지나고 있다고 알려주신다. 잠깐 들러보고 싶다고 했지만, 호텔 체크인이 먼저라며 지나치신다. 그러면서도 왕인의 후손을 자처하는 사람들이 근처에 촌락을 이루며 산다는 말을 덧붙이신다. 그런데 지금 일본 사회에서는 이런 말을 담는 것이 금기처럼 되어 있지만, 그들이 천민 출신이란다. 무엇 때문에 왕인의 후손들이 천민이 되었는지 의문이며, 연구해 볼 가치가 있다는 말씀이다.

호텔에 도착해서 설명을 들어보니 나라奈良-텐리天理 지역만 해도 볼 게 너무 많아 하루 가지고는 도저히 다 볼 수 없을 거라고 하신다. 조금이라도 영양가 있는 답사를 위해 식사 대접을 빌미로 붙잡으려 했지만, 히라키 선생은 뿌리치고 돌아가 버리신다. 그렇다고 넋 놓고 시간 낭비 할 수는 없어 할 수 없이 우리끼리 주변 지역에 있는 유적 답사부터 나섰다.

혹시 문을 닫아 버릴지도 모른다는 생각 때문에 다른 곳을 다 젖혀두고 박물관으로 향한다. 그랬더니 정기휴일이란다. 그렇다고 실망할 필요는 없다. 워낙 유적들이 다닥다닥 붙어 있는 지역이다 보니 둘러보는 데 큰 문제는 없다. 곧바로 동대사로 발걸음을 옮겼다. 동대사까지 가는 중에 낯익은 한국말이 계속 들려온다. 아직은 외국에 나와 있다는 부담이 크게 느껴지지 않는다. 그저 한적한 지방 도시를 걷고 있는 느낌이다.

조금 이색적이라면 사슴과 까마귀들이 아무렇지도 않게 사람들을 따라다니며 먹이를 얻어먹는다는 사실이다. 일본에서는 자연친화를 강조하기 위하여 사슴 방목을 즐기며, 한국에서 비둘기를 보는 만큼이나 까마귀가 흔하다고 한다. 자연친화도 좋지만 야성을 잃어버린 동물들에 대해 곱지 않은 시선도 있을 수 있겠다. 그래도 이런 동물들과 자연스럽게 어울릴 수 있는 환경이 그리 나빠 보이지는 않는다.

동대사 입구에는 동대사東大寺가 아닌 대화엄사大華嚴社라는 현판이 붙어 있다. 나름대로 의미심장하다. 한국 고대사학계의 토지제도 연구에 엄청난 영향을 준 신라 장적 문서도, 따지고 보면 폐기될 장적 문서를 활용하자고 뒷면에 화엄경을 써 간 덕분에 남은 것이다. 그만큼 화엄학을 바탕으로 해서 운영하려고 세워진

동대사 남대문의 현판은 대화엄사大華嚴寺이다.

절이라는 뜻이다.

듣던 대로 규모는 제법 크다. 불상
역시 한국 고대 국가의 웬만한 불상
보다 훨씬 크다. 동대사를 대충 둘러
보고 신라 장적 문서가 발견되었다
는 정창원으로 향했다. 걸어서 5분
정도밖에 안 되는 거리에 있다. 하지
만 이 거리가 대단한 의미를 가질 수
도 있다. 정창원은 동대사의 보물을
보관해두는 장소다. 그만큼 관리도
철저하다. 동대사에는 불이 난 적이
있지만, 정창원에는 그런 적이 없다.

동대사東大寺 정창원正倉院은 일본 황실의 보
물 창고로 많은 백제 보물을 소장한 것으로
알려지고 있다. 신라 장적문서가 발견된 것
으로도 유명하다.

그렇게 중요한 의미를 가진 정창원이건만 문은 굳게 잠겨 있다. 중요한
문서나 보물을 공개하는 않는 관행은 어느 나라나 있겠지만, 일본은 그 중
에서도 심한 편에 속한다. 정창원 안에 있을 그 많은 문서나 보물을 먼발치
에서나마 구경도 못해보고, 껍데기에 불과한 건물만 사진에 담는 것으로
끝내고 쓸쓸히 돌아선다.

어느 새 날씨가 추워지며 해가 지고 있다. 각오는 했지만, 많은 것을 보
지는 못할 게 뻔하다. 그래도 호텔로 돌아가는 방향에 있는 전방후원분 몇
개는 보고 가야하지 않겠느냐고 김병기 선생을 채근해 본다. 가봐야 별 볼
일 없을 것이라는 말을 애써 무시하며 발길을 재촉했다.

사실 큰 기대를 할 상황이 못 되는 사실을 모르는 바 아니다. 천황릉이라
는 급의 전방후원분은 워낙 규모가 커서 항공기로 내려다보지 않으면 그
윤곽조차 제대로 볼 수가 없다. 아니나 다를까 애써 찾아본 성무聖武 천황

성무聖武 천황릉, 광명光明 황후릉을 알리는 표지판.

전방후원분으로 올라가는 층계, 무덤 전체는 너무 커서 사진 화면에 담지도 못한다.

릉, 광명光明 황후릉을 찾아가 보니 평범한 동산으로밖에 보이지 않는다.

아무리 돌아가 보려 해도 우회하는 길조차 건물들로 막혀 있다. 천황과 황후의 무덤이라고 쓰여 있는 입구의 사진만 찍고 발길을 돌려야 했다.

돌아서는 길에 바로 평범한 사람들의 무덤과 한국으로 말하자면 성황당 같은 역할을 하는 신당들이 눈에 들어온다. 너무나 작고 아담하다.

잠시 쉬기 위해 돌아온 호텔도 마찬가지다. 방도 작고 화장실은 꼭 캡슐 속에 들어가 있는 기분이 들 정도다. 그래도 깨끗하고 아담하다. 여행사에서 가격 위주로 골랐다고 겁을 준 것과는 달리 있을 만하다. 작은 공간을 깨끗하고 효율적으로 사용하는 일본 문화의 특징인 셈이다.

눈에 보이지도 않게 거대한 천황들의 무덤과 상당한 규모의 절이 평범한 사람들의 너무나 작은 생활공간과 비교된다. 철저하게 기득권층 위주로 돌아가던 일본 사회의 한 단면을 보여주는 것 같다.

추운 날씨에 힘든 걸음을 옮기다 보니 쉽게 지친다. 호텔로 돌아오며 식사할 곳을 찾아보지만 여의치가 않다. 애써 찾아낸 곳은 모두 문을 닫았다.

호텔까지 오는 동안 찾지 못한 식당을 반대쪽으로 찾아 나섰지만, 한참을 돌아다녀도 없다. 지칠 대로 지쳐 될 대로 되라는 심정으로 어묵 파는 곳에서 이것저것을 사 담는다. 그러고 나서 돌아오는 중에 그제서야 편의점이 보인다. 음료수라도 사자고 들어가 또 몇 가지를 사 본다. 양손에 가득 음식을 들고 돌아오는 길에 이번에는 그렇게 찾던 식당들이 줄지어 나타난다. 그것

표지 판에서 전방후원분으로 가는 길

도 호텔에서 가까운 지역에서. 하필 식당가가 있는 쪽과 반대편으로 찾아 나선 것이었다. 나름대로 신고식을 치른 셈이다. 다른 날 반드시 들려볼 것을 기약하며 호텔로 돌아왔다.

2일 째

객지에서의 잠자리라 깊은 잠이 들지는 못했지만, 그래도 일찍 깨어 활동하는 데는 큰 지장이 없다. 7시부터 시작되는 식당에 가보니 뷔페 식이 제공된다. 실컷 먹고 준비하고 있으니 약속 시간에 정확히 맞추어 히라키 선생께서 와 주신다. 김병기 선생께서 잠깐 늦는 틈에 자연스럽게 어제 본 동대사에 대한 이야기가 화제에 올랐다. 일단 규모는 인정받는 모양이다.

목조 건물로는 동양에서 가장 큰 것이라고 한다. 안에 있는 불상의 크기만 해도 그런 정도의 건물이 필요했을 것이다. 청동으로 만들어졌다는 점도 동대사 불상들의 특징이다. 일본은 구리가 제법 생산되기 때문이라는 설명이다. 한반도에서는 구리가 많이 나지 않아 청동을 원료로 그 정도 크기의 불상을 만들기는 어렵다. 그래서 고대 한반도 국가들은 큰 불상은 철로 만드는 경향이 있다고 하지만, 그렇다 해도 그렇게 큰 불상은 별로 없다.

동대사의 대불은 세계 최대 규모라 한다. 얼굴의 길이만 5미터에 달한다.

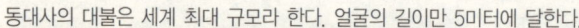

남아 있는 불상 중 가운데
중심에 있는 비로자나불毘盧
遮那佛은 화재 때 불타 버린
흔적 때문에 푸르스름한 색
깔을 띄고 있다.

화재가 문화재에 미치는
후유증이 이만큼 크다. 덕분
에 며칠 전 화재로 불타버린
숭례문이 자연스럽게 입에
오르게 되었다. 일본에서도

왕인 신사 표지판. 일본어로 와니시타和爾下 신사로 표
기되어 있다.

난리였단다. 한 사람이 저지른 일 때문에 대한민국이 국제적인 망신을 당
한 셈이다.

그 와중에도 불이 난 적이 없는 정창원은 덕분에 철저하게 신비에 싸여
진 곳으로 남았다. 그 말이 나오면서 중요한 사실을 알게 되었다. 그렇게
신비의 건물이었던 정창원이 내부 수리가 필요해져서 내부의 모습이 얼마
전 언론에 공개되었단다. 몸이 바짝 달아 그 기사가 난 신문을 구해 볼 수
없겠느냐고 물었다. 불행히도 가지고 계신 자료가 없어 인터넷으로 찾아보
면 어떠냐는 말이 나오는 중에 김병기 선생께서 나타나신다. 해결을 뒤로
미룬 채 일단 출발부터 하고 본다.

출발하자마자 어제 보았던 왕인의 신사에 들러보자고 졸라댔다. 오늘은
흔쾌히 부탁을 들어주신다. 신사의 정식 이름은 와니시타和爾下 신사라고
되어 있다. 왕인의 후손을 자처하는 이곳의 와니씨는 천민이라고 한다. 히
라키 선생께서는 혹시 도래인들을 천시해서 그런 것 아닌가 하는 추측도
해보지만, 당시 도래인은 일본에서 영입하는 입장이었다. 힘써서 영입해

놓고 천대한다는 발상도 이상하다.

나름대로 신경 써서 둘러보았지만, 왕인을 모시고 있다고 전해 내려오는 말 이외에는 특별한 것이 없다. 근처에 전방후원분이 있다고 해서 여기까지 확인해보기로 했다. 히라키 선생께서 길에서 일하는 인부에게 물어봐 주신다. 공사중이라서 갈 수가 없다고 한다. 거기에 와니시타 신사하고는 별 관계가 없다는 말까지 덧붙여진다.

사실 왕인王仁을 일본에서는 와니라고 발음하지만, 신사의 이름 와니和爾는 한자부터 틀린다. 왕인의 무덤도 오사카에 있다. 무덤은 그곳에, 신사는 이곳에 있다는 것부터 뭔가 앞뒤가 맞지 않는 듯하다. 지금 왕인의 후손을 자처하는 사람들이 진짜 후손들인지, 심지어 그들이 백제에서 건너온 게 아니라 현지에 살던 원주민이었는지 조차 밝혀진 것도 거의 없다.

사실 한국의 족보만 해도 대다수가 조작이다. 지금 대한민국 사회에서 양반 가문 후예 아닌 사람은 거의 없다. 그렇다면 그 많던 양민 노비들 후손은 멸종했을까? 뒤집어 말하자면, 김해 김씨 같이 대단한 가문이 그렇게 많은 이유는 그만큼 많은 사람들이 족보를 조작해서 편입되었기 때문이다. 신분적으로 천대받는 집단일수록 존경받은 사람을 조상으로 조작할 가능성이 큰 것 같다. 조작 가능성에도 불구하고 근사하게 신사를 지어놓고 보존하는 이유는 다른 데 있는 듯하다.

왕인 신사의 석등

가문에서는 내세울 만한 기념물이 되는 동시에, 지역 사회에서는 관광 자원으로 활용할 수 있다. 이런 저런 이유로 역사를 조작해 내는 경우가 잦아지는 것 같다.

와니시타 신사에서 나와 다음 목적지로 가는 길에 이름 없는 고분 옆에 멈춰 주신다. 상태를 보니 옆에 집을 짓느라 일부는 이미 훼손되어 있는 상태였다. 위에 뭐가 있다고 하셔서 길도 제대로 나 있지 않은 고분 위로 힘들게 올라 보았다. 연세가 70이 넘으신 히라키 선생께서도 따라 올라오셨다. 그렇지만 아무 것도 발견할 수 없다. 있는 것이라고는 도굴의 흔적뿐이다. 문화재 보존에 상당히 신경을 쓰는 일본임에도 불구하고, 이런 식의 문화재 훼손은 흔한 일이라고 하신다.

올라온 노력이 아까워 이거라도 사진에 담고 얼른 내려갔다. 안타까운 일이지만, 이런 정도의 고분이 발견되는 것을 일일이 보존하다 보면 아무 것도 못 짓는다고 했다. 우리나라도 마찬가지지만, 개발과 보존 사이의 갈등은 일본도 심각한 문제인 것 같다.

다음 목적지는 칠지도가 있다는 이소노가미 신궁石上神宮이다.

일본에서 가장 오래된 신궁이라고 하지만, 꼭 그런지는 확인이 되지 않고 있다. 신궁 안의 국보와 문화재를 둘러 보다보니, 마침 기도회가 열리고 있다. 히라키 선생께서 돈만 내면 누구에게 언제든 기도회를 해준다고 귀띔해준다. 그래도 우리에게는 신기한 광경이라 몇

이소노가미 신궁 입구

이소노가미 신궁 표지석 　　　　　 신궁 안에서 벌어진 기도회

분 안 되는 시간이지만 동영상으로 담아본다.

　신궁을 나와서도 지나가는 길마다 고분이 나타난다. 하도 많아 모두 보존할 수가 없어 발굴만 하고 파괴한다고 한다. 그런 유적들을 대충 지나치며 청동거울이 대량으로 나왔다는 구로츠카 고분으로 향했다. 대표적인 전방후원분 중 하나로 꼽힐 만큼 형태가 뚜렷하다. 이 정도가 일본 전체의 전방후원분 중에서는 그다지 크지도 않고 작지도 않은 크기이다. 그런데도 지상에서는 사진을 한 화면에 담을 수가 없다. 고분을 한 번 돌며 이 각도 저 각도에서 사진을 찍은 후 전시관으로 들어갔다.

　전시관 안에는 주변 전방후원분의 사진과 설명이 붙어있다. 그 중에서 눈에 확 띄는 게 출토된 청동거울들과 처음 무덤을 개방했을 때, 청동거울들이 들어 있던 양상 모형으로 만들어져 있다.

　히라키 선생께서 일본에서는 이렇게 청동거울이 많이 나오는 데 비해 한국에서는 그렇게까지 비중이 높지 않다는 점을 지적하며 청동 거울에 대한 비교연구가 필요하다고 역설하신다. 연구자들이 많은 것 같으면서도 정작 세밀한 부분을 파고드는 전문가들이 별로 없는 게 학계의 현실이라는 점을 공감했다.

구로츠카 고분의 전방후원분으로 올라가는 길　　구로츠카 고분의 내부구조

전시관을 떠나면서 숭신崇神천황과 경행京行천황, 히미코의 무덤이라고 알려진 곳을 지난다. 큰 의미는 없겠지만, 그래도 내려 한번쯤 규모를 확인해 본다. 구로츠카 고분보다 훨씬 거대한 크기다. 주위의 호수가 메워진 부분도 있지만 그래도 형태는 잘 보존되어 있다. 보존을 위해서인지 일반인들의 출입은 통제되어 있다. 무덤 위로 올라가 봐야 별로 볼 것도 없겠지만, 주위를 둘러보며 규모를 확인해 볼 기회가 없다는 점은 못내 아쉽다.

전시관 안에는 주변 전방후원분의 사진과 설명이 붙어 있다. 그 중에서도 눈에 확 띄는 게 히미코의 무덤이다. 실제로 히미코가 묻혀 있는 곳인지는 확인할 수 없겠지만, 전방후원분임은 틀림이 없다. 여기서 나온 유물은 토기의 상대편년으로 계산해 보니 3세기의 것이란다. 만약 이게 사실이라면 전방후원분이 4세기부터 나타난다는 기존의 학설이 무너지는 셈이다. 반드시 검증되어야 할 부분이다.

한때 한국 나주 지역에서도 전방후원분이 발견되었다고 해서 일본의 전방후원분도 한국에 기원을 두고 있다는 주장이 나왔었다. 하지만 나주 지역의 전방후원분이라고 알려졌던 것 대부분이 불완전한 형태를 보고 넘겨짚는 것이었다. 물론 실제로 전방후원분 형태를 가진 것도 극소수 있기는

히미코의 능이라고 되어 있는 전방후원분

하다. 하지만 그조차 보통 5세기 즈음에야 만들어진 것으로 보고 있다. 게다가 규모가 너무 작아 지상에서도 한 눈에 보일 정도다. 이래저래 일본에 널려 있는 초대형 전방후원분과는 비교가 되지 않는다.

히미코릉에서 아스카로 넘어가는 도중 야마타이국의 새로운 중심지로 떠오르고 있다는 지역을 지난다. 이전에는 기타규슈 요시노가리가 중심지였다고 보는 학설이 주류였는데, 이에 맞서 새롭게 제기되는 학설이라고 한다. 그래서 사쿠라이시에서 관리하는 매장문화재센터에 들려본다. 전시관에 들러보려 했지만, 하필 오늘이 휴관이란다. 어제 나라에서는 월요일 휴관이라 나라박물관을 보지 못했는데, 여기는 무엇 때문에 사람들 헷갈리게 화요일에 휴관을 하는지 모르겠다.

아쉬움을 달래며 아스카로 넘어갔다. 백제가 멸망한 후, 그 이주민들이 넘어와 처음으로 정착한 곳이라는 점만으로도 백제의 흔적을 찾는 답사에서 빼놓을 수 없다. 아스카에 도착하자 곧바로 기념관부터 들러보았다. 여기서 큰 비중을 두어 전시하는 것이 벽화이다.

벽화에는 그 유명한 미인들의 모습뿐만 아니라 청룡 · 백호 · 주작 · 현무라는 고구려 벽화의 사신도와 같은 내용이 들어 있으니 주목받는 게 당연할 것이다. 얼마 전 고구려 광개토왕이 사신四神의 힘을 모아 천하를 어쩌고 하는 드라마가 방영되었다. 이런 드라마만 보면 사신이 꼭 고구려만의 수호신인 것 같지만, 알고 보면 이렇게 백제와 일본에까지 퍼져 있던 공통적인 신앙이었음을 확인할 수 있다.

아스카 벽화의 미인도

　기념관 주변에도 백제의 흔적은 널려 있었다. 돌을 쌓아 만든 백제식 무덤, 석무대石舞臺, 거북이 석조물 등 너무 많아 일일이 세심하게 살펴보지 못하고 대충만 둘러보았다. 그 와중에도 독특한 연못이 발견된 만엽기념관에도 들러본다. 경주의 안압지와 비슷한 점이 많다는 해석이다.

　기념관을 나오니 근처에 문무천황릉이 있다. 만들어진 시기는 7세기로 추정한다.

　이 무덤의 크기가 작다고는 할 수 없지만 전방후원분에 비해서는 규모가 작아진다. 이런 사례를 보면 이상하다는 생각이 들어야 정상이다. 우선 도래인을 비롯한 문명의 중심이 아스카에서 나라로 이동하는 양상을 보이는 반면, 지금 표기된

석무대石舞臺 고분. 아스카 하천의 상류에서 중류 사이에 있다. 누가 묻혔는지, 무엇을 묻었는지, 언제 만들어졌는지 정확하게 알려진 것이 없다.

| 문무천황릉 | 문무청황릉 표지석 |

대로라면 천황릉은 반대로 움직이는 양상을 보인다. 초기의 천황릉들이 나라 지역에 있고, 후대의 천황릉들이 아스카 방면에 분포되어 있는 것이다.

국가의 중심 역할을 한 천황의 무덤들이 문명의 중심과 반대로 움직인다는 점부터 납득하기 어렵다. 이런 현상이 나타나게 된 근본적인 원인은 지금 고분들의 주인이라고 붙여 놓은 천황의 이름부터 제대로 되어 있지 않기 때문일 듯하다. 메이지明治 시대에 정치의 시녀 노릇을 했던 자들이 나서서 한 일이기 때문에 철저한 고증이 이루어졌으리라는 기대를 하기가 어려운 것이다.

일본 고대사 유적의 규모에만 감탄하는 사람들도 이런 성향을 보고 생각할 점이 있다. 전방후원분 같은 유적의 규모 자체만 주목하는 경향이 일본 고대국가의 발전 상황을 터무니없게 과대평가하게 만들기도 한다. 여기에 반론이 되는 사례도 있다. 신라만 하더라도 왕권이 강화되고 국가체제가 확실히 발전하게 되는 5세기 이후에는 오히려 왕릉들이 작아지는 추세를 보인다. 고구려 같은 경우 국력에 비해 왕릉들은 초라한 편이다.

사람들의 인식이 깨게 되면 눈앞의 웅대하고 화려한 상징물보다 합리적

인 정치에 더 신경을 쓰게 마련이다. 뒤집어 말하자면 웅대한 상징물에 집
착하는 것은 오히려 그 사회의 발전이 늦었음을 시사할 수도 있다는 뜻이
다. 그렇게 보면 7세기에 만들어진 무덤의 규모가 더 작아지는 현상도 다
른 측면에서 이해할 수 있으며 유적의 규모에만 현혹되어서는 안 된다는
사례가 될 듯하다.

다음 코스로는 다카마쓰 고분군을 택했다. 벽화는 기념관에서 보았지만,
실제로 벽화가 발견된 곳을 지나치기는 섭섭하다. 단순히 섭섭하기 때문만
은 아니다. 벽화의 보존 문제가 심각하게 걸려있기 때문에 상황을 한번쯤
직접 보아두고 싶은 생각도 들었던 것이다. 벽화가 훼손되고 있는 데 대한
염려는 꽤 오래 전부터 있어왔기 때문에 대책도 일찍 나왔다. 일정한 온
도·습도를 유지하여 여기서 발견된 벽화를 보존한다는 방안이었다.

결과는 오늘 확인하고 있듯이 완전한 실패였다. 우리가 갔을 때에는 해
체 공사가 진행 중이었다. 기술
을 자랑하는 일본도 이런 실패
를 하는 상황을 보니, 새삼 문
화재 보존이라는 것이 쉽지 않
음을 느낀다.

다카마쓰 고분군을 떠나 천
지천황과 지통천황릉을 지난
다. 하지만 여기서까지 내려 볼
엄두가 나지 않는다. 그렇게 서
둘러 가시와라 고고학 연구소
부속박물관으로 갔다.

마침 특별전이 열리고 있었

다카마쓰 고분군 공사현장

일본에서 가장 오래된 화폐로
인정받는 부본전富本錢

다. 아스카 산간 지역에서 나라로 이동하는 시기에 해당하는 지통·문무·
원명 천황 시대에 관한 것이다. 전시되어 있는 토기에서는 큰 변화를 느끼
기 어려웠다. 그보다 8세기에 만들어진 화폐가 시사해주는 의미가 크게 들
어온다.

우선 눈에 들어오는 것이 부본전富本錢이다. 『일본서기』 기록에만 나타
날 뿐 실제로 발견되지 않아, 그 실재 여부는 물론 『일본서기』의 신빙성까
지 의심하는 근거가 된 적이 있었다. 그러던 것이 발견됨으로써 거꾸로 『일
본서기』에도 역사적 사실이 상당히 반영되어 있음을 증명하는 사례가 되었
다. 이것 말고도 화동개진和同開珍, 신공개보神功開寶라는 화폐도 나온다.
신공개보神功開寶는 이름만 보아서는 4세기 신공황후와 관련이 있는 것 같
지만 실제로는 지통·원명 천황 시대의 것이다.

일본의 화폐경제가 이때부터 발달되었다는 점을 잘 보여준다. 히라키 선
생은 그게 일본의 사회발전이 빨랐다는 증거로 생각한다. 하지만 여기에는
고려해야 할 점이 있다. 마르크스 같은 사회경제사의 입장에서 보자면 상
업의 발달이 근대화를 촉진하는 역할을 했으니, 사회발달의 척도로 해석될
수 있을지 모른다.

그러나 정작 고대에서 중세까지 체제의 성공 요건은 중앙정부의 통제체

제 정비였다. 중앙정부의 입장에서 지방에 대한 효과적인 통제를 위해서는 상업의 발달은 달갑지 않은 일이다. 중국에서도 통일 제국이 안정되어 가는 한漢나라 때부터 상인을 천시한 이유도 여기에 있었다. 그러니 고대에 화폐경제가 발달되었다는 뜻은 뒤집어 말하자면 지방에 대한 통제가 제대로 되지 않았다는 뜻이 될 수 있다.

사실 일본은 중앙정부가 제대로 지방을 통제하지 못해서 호족들끼리 싸움을 벌이는 이른바 '전국시대戰國時代'가 한국이나 중국에 비해 훨씬 길었다는 점을 상기해야 한다. 그 시대에서는 나름대로 실패 요인으로 지적될 수 있을 것이다. 역사에 대해 제대로 이해하려면, 우리가 사는 근대 이후의 잣대로 역사를 보는 게 이런 위험성을 가지고 있다는 점부터 의식해야 한다. 필자의 이런 해석에 히라키 선생도 크게 반론을 하지 않으신다.

일본의 문명 발전이 늦었음을 보여주는 증거는 구석기 유물에서도 나타난다. 이 박물관에 전시된 구석기 유물도 대체로 BC 23000년에서 BC18000년 때의 것이다. 이 정도면 거의 신석기시대에 가깝다. 문명의 시작부터 늦었고, 문명의 중심에서도 멀리 떨어져 있었으면, 근대처럼 완전히 다른 방면에서 전혀 다른 문명이 들어오는 것 같은 특별한 계기가 없는 한 갑자기 발전하기는 어렵다.

나라奈良에의 정착이 확립되던 8세기의 유적으로 눈길을 끄는 것이 또하나 있다. 『고사기』의 전승을 전했다던 오노야스마로太安萬侶의 무덤이다. 숯으로 시신을 묻은 주변을 둘러싼 것이 이채롭다. 이런 형태의 무덤도 희귀한 것이다. 이 사람 역시 실재 인물임을 의심받아 왔으나, 묘지墓誌가 나오는 바람에 확실하게 증명이 되어 버렸다.

거의 다 둘러보았을 때 즈음, 히라키 선생께서 여기 신문이 보관되어 있으니 정창원에 대한 기사를 확인해보자고 하신다. 오는 중에 계속 정창원

오노야스마로太安萬侶의 무덤.

기사에 대해 집요하게 물었더니 의식하고 계셨나 보다. 박물관 직원에게 부탁하니 신문 한 뭉치를 한동안 뒤지더니 찾아준다. 표정 관리를 하면서 복사했다. 한국 언론에서 언급한 기억이 없으니, 나름대로 좋은 정보가 될 것 같다.

박물관을 나오니 해가 뉘엿뉘엿 지고 있다. 그래도 일본 초대 천황인 신무천황을 모시고 있다는 가시와라 신궁을 찾아보았다. 또 그 장본인인 신무천황의 릉도 찾아 본다. 여기를 둘러보면서 이상하다는 생각이 들어야 정상이다. 신무천황이면 그 재위시기가 기원전 660년까지 거슬러 올라간다. 연대조작 120년을 더하느냐 마느냐도 큰 의미가 없을 정도로 앞선 시기다. 이런 시기에 이렇게 규모가 어마어마한 전방후원분을 만들었다는 건 백발백중 엉터리다.

호텔로 돌아오는 도중, 백제사가 있다고 해서 마지막으로 들러보자고 부탁드렸다. 별 것 없을 거라고 하시면서도 차를 거기까지 몰아 주신다. 가보니 삼층탑 이외에는 남은 것이 거의 없다. 그 앞에 백제인들의 기원을 담았다는 돌무더기와 비석이 서 있다.

여기에 백제사가 실제로 있었는지 확인하기도 곤란하다. 근거라고는 『일본서기』에 백제천 옆에 구층탑을 만들었다는 기록 정도다. 하지만 이것은 삼층탑이고 그 기록에 나오는 탑과 같은 것인지는 확인할 길도 없다. 게다가 이미 해가 저버리는 바람에 컴컴하다. 사진을 찍어도 제대로 나올 것 같지 않다. 서둘러 답사를 접었다.

히라키 선생 말로 '시골' 이라는 나라만 하더라도 이렇게 볼 게 많다. 하루라는 시간만으로는 다 볼 수 없을 거라는 말이 정말 빈말이 아니다. 백제 또는 한국 고대사와 관련이 있는 유적만 돌아보는 데에도 그렇다. 일본이라고 완벽한 것은 아니지만, 문화재들도 비교적 깔끔하게 보호되고 있다. 문화재 보호와 관리라는 측면에서라면 일본이 확실히 선진국이다.

3일 째

오늘은 히라키 선생께서 조금 늦으셨다. 민족박물관에 전화하다가 그랬다고 하신다. 하필이면 오늘이 그곳 휴관일이다. 모처럼 이곳 사람들을 만나 정보 얻을 기회를 놓친 셈이다. 그래서 법륭사 위주로만 둘러보는 방향으로 할 수밖에 없게 되었다. 그 대신 오늘은 여유 있게 돌아 볼 수 있게 된 것 같다.

한껏 여유를 찾느라, 일본식 정원에 미술관을 지어 놓은 이스이엔依水園이라는 곳에 들러보았다. 마침 히미코 시대 중국에서 받아온 인장印章들을 특별 전시하고 있었다. 둘러보니 그리 크지 않은 인장 20개 정도가 전시되어 있다.

히미코 시대에 얼마나 중국의 권위를 등에 업는 일에 집착했는지 알 수 있다. 비싼 입장료 내고 들어온 보너스로 은-주 시대의 제법 정교한 청동기 전시관과 나름대로 잘 관리된 정원까지 둘러보았다.

히라키 선생께서 거기서 나오면서 평성平城궁 유적 전시관에까지 보자신다. 헤이안 시대의 유적을

이스이엔 풍경

신공황후릉 표지석

복원하느라 자료관까지 만들어 전시하고 있다. 그 내용은 대부분 어제 봤던 것들의 중복이지만, 정리가 된 의미는 있다. 여기까지 둘러보니 어느새 점심시간을 지나고 있다. 칠십이 다 되신 노인이 시장하실까봐 걱정되어 점심부터 모셨다.

점심을 하고 법륭사로 가는 길에 신공황후의 무덤이라고 알려진 전방후원분에도 들렀다. 그런데 이 고분이 의외로 찾기 힘들다. 네비게이터에도 입력이 되어 있지 않을 뿐더러, 근처까지 가서 경찰관에게 물어도 모르겠다고 한다. 신공황후면 야마토 정권의 핵심적인 인물이다. 그런 사람의 무덤이라는데, 현지 경찰관도 모를 정도라면 중요한 유적지로 인정받지 못하는 것 같다.

여기를 둘러보니 어느새 2시를 넘고 있다. 최후의 목적지인 법륭사 답사가 슬슬 걱정되기 시작한다. 괜찮겠느냐고 여쭈어 보니 5시까지는 열어놓을 거라고 하신다. 그렇다니 아직 여유를 가져도 될 것 같았다.

그래서 주변의 수인천황릉도 들러보았다. 이것 역시 확실한 엉터리일텐데, 네비게이터에 등록이 되어 있다. 철도 주변에 있어서 기차를 타고 가면서 쉽게 볼 수 있는 곳이라 그런 모양이다. 그런데 여기에는 또 다른 구경거리도 있다. 릉 주변 호수 안에 조그마한 무덤 하나가 더 있다.

여기에 얽힌 전설이 있다고 한다. 전설에 의하면 천황이 불로약을 찾아오라고 다지마모리라는 신하를 보냈다고 한다. 그런데 그 신하가 돌아오기도 전에 천황이 죽었단다. 돌아와 임무를 다하지 못함을 한탄하며 죽은 다지마모리의 무덤도 천황릉 옆에 만들어주었다는 것이다.

다지마모리 무덤

여기까지 둘러보고 나서야 마지막 목적지인 법륭사로 향한다. 그런데 야외에 있는 천황릉만 둘러보다 보니 화장실에 갈 기회가 없었다. 법륭사에 도착하자마자 급한 김에 일단 화장실부터 찾아 뛰었다. 볼일을 마치고 나오는데, 히라키 선생께서 따라 들어오시며 귀띔을 해준다.

"4시에 입장 마감한대요. 4분 남았어요."

겨울이라 일찍 닫는단다. 깊이 생각할 사이도 없이 이번에는 매표구로 뛰었다. 급하게 뛰어 놓고 보니 나이 드신 분들이 뒤쳐져 버려 매표구에는 혼자 닿았다. 매표구 직원에게 손가락 3개를 펴 보이니, 뭔가를 장황하게 설명한다. 중간에 말을 끊을 수도 없어 다 듣고 나서 가장 자신 있는 발음으로 한 마디 했다.

"수미마셍 니혼고가 데끼마셍"(죄송합니다. 일본어 못합니다.)

대략 난감한 표정이다. 크게 잘못한 것도 아닌데 상당히 미안하다. 하긴 일껏 말해놓고 나니 못 알아듣겠다고 하면 나라도 그런 표정을 지을 것이다. 보다 못한 옆자리 직원이 나서며 영어로 어디서 왔느냐고 한다. '코리아' 라고 하니 한글 설명서를 내민다. 급한 마음에 설명서는 대충 집어넣고,

계속되는 말은 듣는 둥 마는 둥 하면서 눈에 띄는 요금을 내밀고 표를 받았다. 그제서야 히라키 선생과 김병기 선생께서 매표구로 오셨다. 서둘러 표를 보여드리며 입장했다.

절 안을 둘러보며 오늘도 무사히 일정을 마친다고 생각하는 순간, 담징의 벽화가 있다는 금당이 닫혀 있음을 발견하게 되었다. 겨울이라 일찍 닫는단다. 안을 본다 해도 화재로 벽화가 손상되어 볼 것도 별로 없다고 한다. 하지만 그런 거라도 보지 못한 점은 못내 씁쓸하다. 그런데 일찍 닫는 곳이 여기뿐만이 아니었다. 법륭사의 보물들은 따로 전시한단다. 그리고 그 전시관에 들어가려면 입장료도 따로 내야했다.

아까 매표구 직원들이 열심히 설명한 게 바로 이것이었다. 1000엔씩 내고 전시관까지 볼 건지 반만 내고 전시관 관람을 포기할 것인지를 묻는 것이었다. 말을 못 알아들을 탓에 반쪽짜리 표만 사 버렸다. 표를 따로 사면 안 되느냐고 했더니 돌아가서 표를 사와야 한단다. 그리고 4시 반이면 전시관도 닫아버린다. 도저히 시간이 안 된다. 그것도 겨울이라 그렇단다. 모레부터는 5시까지 열게 된다는데, 참 인연도 없다. 너무 여유를 잡은 대가를 톡톡히 치른다.

답사를 끝내고 돌아오는 중, 히라키 선생께서 내일은 일이 있으셔서 함께 할 수 없다고 하셨다. 같이 지내는 마지막 날이 될 것 같아 히라키 선생과 사모님까지 모셔 접대하는 것으로 하루를 마무리 지었다.

4일 째

오늘은 안내해주는 사람도 없이 낯선 곳을 돌아다녀야 한다는 압박감과 어제 여유 부리다가 법륭사를 반쪽밖에 보지 못한 쓰라린 기억까지 있어 아침부터 서둘렀다. 아침 7시부터 시작되는 아침 식사를 끝내고 바로 호텔을 나섰다.

안내와 통역 없이 직접 부딪쳐야 한다는 생각에 긴장이 된다. 이제서야 진정한 해외답사가 되나보다. 교토로 가는 열차표 끊는 것부터가 고전이다. 일본 철도망이 복잡하다는 말을 익히 듣고 왔지만, 닥치고 보니 웬만한 머리로 해결 안 된다는 말이 실감난다. 하도 표를 못 끊고 헤매고 있으니 직원이 달려온다. 교토행 급행이라는 말을 알아듣고 알아서 표를 끊어준다. 이번에는 무사히 넘어갔지만 앞으로가 걱정된다.

교토에 도착하자마자 시내관광 버스부터 찾았다. 신청 받는 곳이 어디 붙어 있는지 찾아내는 것부터가 고역이다. 다행히 안내 표지판이 보인다. 영어로 안내해주는 코너도 있어 그리로 발걸음을 옮겼다. 하지만 일본인 안내원도 영어를 그리 잘 하는 편이 아니다. 우리보다 나을 것도 없는 듯하다. 더듬거리며 의사소통을 해야 하니 답답했다. 겨우 겨우 원하는 대로 시내관광 안내서를 보게 되었지만 상품이 영 아니다. 가격도 엄청 비싸지만, 그보다 이번 답사 목적에 맞는 곳이 별로 없다.

당장 첫 번째 목적지인 광륭사부터 빠져 있다. 편하게 관광이나 하자면 이런 걸 타고 다니면 되겠지만, 이래서는 자금 지원 받고 온 면목이 서지 않는다. 고민 끝에 관광버스에 편하게 의지할 생각을 포기하고 직접 찾아 나서기로 했다. 그렇다고 택시를 타자니 예산이 걱정된다. 악착같이 버스 편을 물었다. 혹시라도 잘못 타서 시간을 낭비하게 될까봐 서툰 일본어 실력을 총동원해서 확인했다. 급해지니 시험공부 할 때에는 머리에 들어오지도 않던 단어들이 마구 떠오른다. 역시 말은 현지에서 배워야 한다. 물론 현지 사람들이 제대로 못하는 일본어를 알아 들어주는 것도 고맙다.

우여곡절 끝에 도착한 광륭사는, 일본의 국보 제1호가 소장되어 있는 곳 답지 않게 후미진 곳에 자리잡고 있다. 게다가 반가사유상 이외에는 이렇다

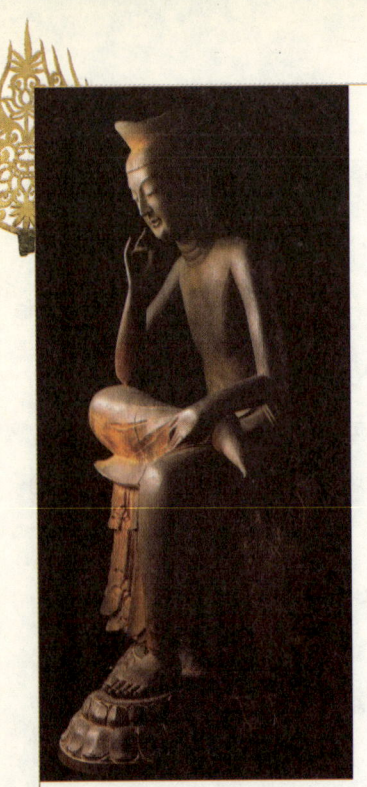
광륭사 반가사유상.

하고 내놓는 것도 별로 없다. 관광코스에서 빠져 있는 이유를 알 것 같다. 그런데도 요금이 비싸다. 아무래도 한국 사람들이 많이 찾는 덕분인 것 같다. 그런 점을 이용해서 바가지 요금을 물리는 것 같아 은근히 부아가 난다.

그래도 반가사유상은 특별 대우를 받고 있다. 일본에 있는 불상치고는 그리 큰 편도 아니고 부처의 계보상 중심에 있는 캐릭터도 아니다. 그런데도 전시실의 중앙에 특별한 조명을 받으며 안치되어 있다. 일본의 국보 제1호가 백제에서 만들어준 불상이라는 점만으로도 시사하는 바가 크기 때문일 것이다. 국보 제1호로 지정된 배경이야 어쨌건 간에 백제와 일본의 교류, 특히 백제에서 일본에 얼마나 많은 문화를 전수해 주었는지를 증명해주는 역사적 가치는 적지 않다.

일단 이렇게라도 가장 중요한 목적을 달성했으니 조금 안심이 된다. 다음 목표는 교토의 황궁이다. 백제와 일본 천황가는 뗄래야 뗄 수 없는 관계였으니, 백제가 망한 후 교토로 옮겨간 천황이 어떻게 살았는지 한 번쯤 봐두어야 한다는 생각이다.

하지만 가는 길에 금각사를 둘러보기로 했다. 황궁으로 가는 중간 즈음에 있으니 가는 길에 들러보자는 발상이다. 김병기 선생께서는 이쯤에서 택시 한번 타보자고 하시지만, 기본요금만 650엔이라는 스티커를 달고 다니는 일본 택시를 보면 겁부터 난다. 버스 기사를 붙들고 악착같이 노선을 물어보았다. 그나마 한 번에 가는 버스도 없단다. 택시는 고사하고 버스 한 번만 갈아타도 교통비가 눈덩이처럼 불어난다.

금각사는 그 이름이 무색하지 않게 먼발치에서만 봐도 금빛이 휘황찬란하다. 옛날에 뭘 모르는 외국인들이 저런 것을 보고 절이 모두 금으로 만들어진 줄 알고 소문을 퍼뜨리는 바람에 일본이 '금과 은의 나라'가 되었다고 한다. 직접 보는 것도 중요하지만, 이렇게 껍데기만 보고 유언비어나 만들어 낼 거면 아예 안 보는 편이 나을 것이라는 생

금각사

각도 든다. 현대에 와서도 중요한 교훈이 될 듯 싶다.

지도를 보니 황궁 근처에 교토의 명물 관광지인 니조성이 있다. 거기서부터는 황궁까지 걸어갈 수 있는 거리로 판단했다. 조금은 여유가 있으니 가는 길에 여기도 들러보자고 합의가 되었다.

버스를 집어타고 니조성으로 향했다. 이번에는 방향을 잘못 잡아 반대편 종점까지 갔다가 되돌아갔다. 시간 낭비가 이만저만이 아니다. 이렇게 헤매면서 시간이 하염없이 지나간다. 이런 식으로 가다가는 몇 개 보지도 못할 게 뻔하다. 어제까지 얼마나 편하게 답사를 했는지 새삼스럽게 깨닫게 된다. 접대와 선물에 나름대로 거액을 썼지만 결코 낭비가 아니라는 생각이 든다.

중세의 건물들은 고대의 것보다 시간이 많이 지나지 않아 보존도 제법 잘 되어 있고, 그만큼 볼 것도 많다. 따라서 시간도 많이 잡아먹는다. 밟으면 새소리가 나는 복도에, 용도별로 만들어진 방을 둘러보는 데에도 1시간 가까이 걸린다. 금각사와 니조성을 위주로 관광코스를 잡는 이유를 알 것도 같다. 좋은 구경거리이기는 하지만, 이런 걸 보는 게 이번 답사의 목적

이 아니라는 생각에 자꾸 조바심이 난다. 그래도 비싼 입장료 내고 들어온 본전 뽑겠다고 성벽에 망루까지 다 둘러보고 나왔다.

여기서부터 교토 황궁은 별로 멀지 않은 것 같으니 걸어가기로 했다. 마침 점심시간도 한참 넘어가고 있어 가는 길에 적당한 곳이 있으면 겸사겸사 처리하기로 결정했다. 그런데 한참을 걸어도 목적지가 나타나지 않는다. 지도를 보아도 종잡을 수가 없다. 지도를 너무 정확하게 만들면 전쟁 났을 때 적이 이용한다고 엉터리로 만들던 발상을 지금의 일본이 가지고 있는 것도 아닐텐데, 지도만 가지고는 찾기가 어려울 정도로 부실하다.

선진국이라고 완벽한 것은 아닌 모양이다. 그런 김에 점심이라도 처리하려고 식당이 나타날 때마다 식사나 하시자고 했다. 하지만 미식가이신 김병기 선생께서는 일본의 맛을 느낄 수 없는 평범한 곳만 나타나는 게 마음에 들지 않아 자꾸 싫다고만 하신다. 배가 땡땡 부른 필자야 전혀 점심이 아쉬울 것 없으니 내친 김에 굶기로 하고 발걸음을 재촉해 본다. 결국 한국말을 하며 옆을 지나던 사람에게 물어 방향을 잡았다. 여기 저기 한글 안내서/안내판에, 교토 한복판에서도 한국말로 길을 물을 수 있는 것을 보면 대한민국이 크기는 컸나 보다.

황궁이 눈에 들어오자 서둘러 역사자료관부터 찾았다. 뭐가 있을 줄 알고 여기부터 찾은 건데, 김병기 선생은 입구에서부터 이상하다고 한다. 아니나 다를까 자료관이랍시고 지도와 문서 몇 장 붙여 놓은 게 전부다. 누가 여기 가보라고 등 떠민 것도 아닌데 속았다는 기분이 든다. 이럴 줄 알았으면 여기보다 훨씬 남쪽에 있는 쿄토 박물관부터 가보는 거였다고 말씀하신다. 니조성에서 박물관으로 직접 갔으면 헤맬 일도 별로 없었을 것이고, 교토 역도 가까우니 돌아가기도 편했을 건데.... 어떤 답사건 완벽하게 될 수는 없지만 계속 아쉬움이 남는다.

그래도 이왕 온 것, 황궁은 보고 가야 되지 않느냐고 해서 걸음을 옮겼다. 한 번 봐둘 만한 가치는 있는 것 같다. 천황과 관련된 게 대개 그렇듯이 황궁도 일단 크다. 경복궁의 몇 배는 될 것 같다. 그러고도 뭐가 그렇게 할 일이 많은지 사방에 공사중이다. 아파트 큰 거 하나 장만했으면 살면서 할 건 다 한 거 아니냐고 부러워하던 사모님의 어제 모습이 황궁과 오버랩 된다.

급기야 김병기 선생께서 잔디밭에 주저앉아 버리신다. 더 이상은 못 가시겠단다. 아침 이후로 계속 굶으면서 지금까지 다녔으니 그럴 만도 하다. 그렇다고 여기까지 와서 한번 둘러보지도 않고 포기할 수 없어, 짐만 맡겨놓고 계속 발걸음을 재촉했다. 그렇게 큰 황궁을 한 바퀴 빙 돌아보았다.

돌다보니 황궁 관람의 입구라고 써 있어서 달려가 보니 일본 아줌마 둘이 먼저 도착해서 들어갈 수 있느냐고 한다. 경비원이 복잡하게 설명하는데, 무슨 말인지 자세히는 몰라도 안 된다는 뜻은 분명해 보인다. 옆에 영어로도 설명이 붙어 있다. 들어가려면 20분전에 허가를 받아야 한단다.

여기서 천황과 관련된 또 하나의 특징이 드러난다. 바로 까다로와진다는 것이다. 김병기 선생도 포기한 지금, 되지도 않는 일본어로 허가를 받아낼 자신이 있을 리 없다. 벌써 해가 뉘엿뉘엿 지고 있다. 돌아와 의논해 보지만 돌아가야 한다는 결론밖에 나오지 않는다. 돈 아끼지 말고 택시라도 탈 걸 하는 생각도 들지만 이미 때는 늦었다. 서둘러 철도를 집어타고 호텔로 돌아왔다.

모든 일정이 끝났다고 생각하고 있던 밤중에 갑자기 히라키 선생께 전화가 왔다. 이런 저런 인사말을 하신 후, 오늘 아침 신문에서 사상 최초로 학자들이 어제 답사를 했던 신공황후릉에 들어간다는 기사가 났다고 하신다. 얼른 뛰어 내려가 신문을 찾아, 호텔 프런트에 복사를 부탁했다. 한국 신문에는 이런 기사 나지 않을 테니 귀중한 정보가 될 것이다.

마지막 날

그 동안 다른 일정 때문에 접어 두었던 나라 지역의 유적들을 마저 둘러
보기로 했다. 김병기 선생은 지친 탓인지 식당이 시작하는 7시에 못 일어
나신다. 마음이 급해 먼저 가겠다고 말씀드리고 식당으로 달려갔다. 한참
후에야 식당에 오셨지만, 그래도 끝내는 시간은 같다. 조금 정감이 떨어지
더라도 효율을 생각해서 한 조치라 이해를 구했다.

박물관은 9시 30분이나 되어야 열기에, 우선 시간제한이 없는 가라쿠니
신사부터 보기로 했다. 어제 열차를 타기 위해 지나친 곳인데도 한동안 헷
갈리고서야 찾아냈다. 대정大正 3년에 세웠다는 비석이 입구에 있다. 의미
심장하다. 문화정치 한답시고 역사조작에 열을 올리던 시기다. 한국韓國의
신을 모시고 있다는 신사의 이름이 한자로 한국漢國신사라는 것부터가 이
상하다. 비석이 세워진 시기와 관련되어 뭔가 냄새가 난다.

신사 한 군데에서 신을 여럿 모시고 있다는 점도 이채롭다. 시간에 쫓겨
좀 더 보지 못하고 서둘러 나라현 국립박물관으로 발걸음을 옮겼다. 나라
현이 비록 작은 도시라고는 하지만 이 박물관만큼은 도쿄, 교토와 함께 일
본의 3대 박물관을 꼽힌단다.

여기에 전시된 유물 중에 중국의 청동기 유물이 눈에 확 들어온다. 규모
가 어마어마하다. 2개의 전시실을 꽉 채우고 있다. 중국 여행을 많이 다녀
본 김병기 선생께서는 현지에서도 이렇게 다양한 청동기를 전시한 박물관
을 본 적이 없다고 하신다. 하긴 전문 박물관도 아닌 이스이엔에서만 해도
중국의 청동기 유물이 전시되어 있었다. 사정이 이러니 근대에 힘 좀 썼던
선진국들에서 문화재 반환이라면 경기를 일으킬 수밖에 없을 것이다.

보존 상태는 매우 좋다. 이것만 떼어놓고 보면, 일본에서 약탈해왔기 때
문에 이렇게 잘 보존될 수 있었다는 논리도 가능하다. 하지만 이런 식이라

면 그저 옛날에 만들 청동기를 보관
하고 있다는 의미밖에 찾을 수 없다.
이런 유물들이 그 이상의 가치를 발
휘하려면 어디서 어떻게 발굴되었느
냐가 밝혀져야 한다. 약탈품이 그런
거 제대로 챙기기도 어렵고, 혹 챙겨
놓았다 하더라도 그 말을 액면 그대
로 인정받기도 어렵다. 결국 유물이
가지는 역사적 가치는 그대로 미궁
속에 던져지는 것이다.

가라쿠니 신사 표지석

　이 지역 자체에서 발견된 유물도
만만치는 않다. 상당 부분이 불교와
관련된 유적과 유물이다. 8세기 때
만들어진 동전이 여기에도 비중 있게 전시되어 있는 등, 지금까지 본 것과
겹치는 부분이 많아 특이하다고 언급할 것이 별로 없다. 돌아가는 비행기
편을 의식해야 하니 마음이 급해 관람을 접었다.

　오는 항공기는 갈 때와 달리 JAL을 타게 예약이 되어 있었다. 여객기를
많이 타는 편이 아니지만, 그대로 국내 항공사와 비교해서 낯이 설다는 느
낌이 든다. 아니나 다를까 서비스에서부터 확연히 차이가 난다. 먹이는 인
심부터 야박하다. 기내식이라고 크래커 같은 과자 하나씩 던져 준다. 별로
먹고 싶지 않아 받아만 두고 콜라나 한 잔 달라고 하려는데 영 눈도 마주쳐
주지 않는다. 겨우 말 걸 기회를 잡아 일본어로 '이게 콜라냐?'고 물었다.
그랬더니 말없이 한 잔 따라 준다. 뜨뜻한 게 커피다. 아무리 필자의 일본
어가 형편없다 하더라도 만국공통어인 '콜라'를 못 알아들었을 것 같지는

않다. 분명 말을 성의 없이 들은 것이다.

　무슨 수작 붙이는 것도 아닌데 너무하다. 일본 사람들은 대개 친절하던데 JAL은 왜 이 모양인지 모르겠다. 갈 때 국내 항공사의 친절했던 승무원들 생각이 무럭무럭 난다. 옆에 계신 김병기 선생께 불평 좀 했더니 원래 국내 항공사만큼 인심 좋고 친절한 데도 별로 없다고 하신다. 전에 파업 사태 때문에 외국에 나갔던 아들 녀석이 늦게 오는 일이 있어 감정이 안 좋았었는데... 이제 그 마음 접어야 할 것 같다.

　공항에 도착해서 낯익은 한글과 한국말에 둘러싸이니 긴장이 좀 풀어진다. 연구소에 일이 있다며 서두르시는 김병기 선생과 헤어지며 집으로 가는 공항버스를 탔다. 답사 일정도 이걸로 끝이다.